普通高等学校"十四五"规划公共管理类专业新形态精品教材
华南师范大学政治学与行政学国家级一流专业建设点示范教材

编委会

主　编　王金红

副主编　万晓宏　张　强

编　委（以姓氏拼音为序）
陈奕平　郭台辉　唐　昊　唐小松
吴巧瑜　肖　滨　杨爱平　颜海娜
周方银　张振江

普通高等学校"十四五"规划公共管理类专业新形态精品教材
华南师范大学政治学与行政学国家级一流专业建设点示范教材

政务流程分析与优化

Government Process Analysis and Optimization

主　编◎刘劲宇　于刚强
副主编◎颜海娜　吴泳钊　吴玮莹　卢瑞莹

中国·武汉

内 容 提 要

本书从政务流程管理的基础知识出发,提出了一种分析理解和优化再造政务流程的方法,即"业务规范分析——组织结构和职能分析——职责和业务活动梳理——内部管理流程和对外服务流程分析——政务流程优化——移动政务流程搭建——政务流程再造"。按照此过程方法,本书以车辆购置税征收管理模式和流程变革为案例,采用"一案到底"的方式,考察和展现了政务流程变革中诸多细节性问题。

本书聚焦政务流程管理的理论和实践,紧贴"放管服"、行政审批改革和数字政府建设的实际,内容丰富、原理简明、材料可靠,注重体系的完整性。本书适合政治学、公共管理等专业高年级本科生和研究生使用,对学习和研究数字政府、流程管理的人士而言,也是一本理想的教材和参考用书。

图书在版编目(CIP)数据

政务流程分析与优化/刘劲宇,于刚强主编. —武汉:华中科技大学出版社,2022.7
ISBN 978-7-5680-8494-9

Ⅰ.①政… Ⅱ.①刘… ②于… Ⅲ.①电子政务-研究-中国 Ⅳ.①D63-39

中国版本图书馆 CIP 数据核字(2022)第 121939 号

政务流程分析与优化　　　　　　　　　　　　　　　　刘劲宇　于刚强　主编
Zhengwu Liucheng Fenxi yu Youhua

策划编辑:周晓方　宋　焱
责任编辑:张汇娟　宋　焱
封面设计:原色设计
责任校对:张汇娟
责任监印:周治超
出版发行:华中科技大学出版社(中国·武汉)　　电话:(027)81321913
　　　　　武汉市东湖新技术开发区华工科技园　　邮编:430223
录　　排:华中科技大学出版社美编室
印　　刷:武汉开心印刷有限公司
开　　本:787mm×1092mm　1/16
印　　张:11.75　插页:2
字　　数:272千字
版　　次:2022年7月第1版第1次印刷
定　　价:49.90元

本书若有印装质量问题,请向出版社营销中心调换
全国免费服务热线:400-6679-118　竭诚为您服务
版权所有　侵权必究

总 序
Introduction

华南师范大学政治学学科具有较为悠久的历史,在中华人民共和国成立之前的广东省立勷勤大学师范学院、广东省立文理学院时期,已有政治学相关学科和课程。中华人民共和国成立之后,政治学学科的发展同国内多数大学一样,经历了曲折起伏。改革开放之后,政治学学科得到快速发展。1987年,学校获批第一个政治学二级学科硕士学位授权点;2004年,获批政治学一级学科硕士点;2006年,获批第一个政治学二级学科博士学位授权点。至此,我校形成了相对完整的政治学学科体系和人才培养体系。2012年,政治学获批广东省优势重点学科,进入一个较好的发展机遇期。

与政治学学科的发展相适应,我校思想政治教育(师范)本科专业一直将政治学作为该专业的重要支撑性学科之一,开设了完整的政治学类课程。从2000年开始开办政治学与行政学本科专业,政治学成为本科专业的主要支撑性学科。我校重视政治学与行政学本科专业建设和人才培养,把教学质量提升作为人才培养质量的重要保证。20多年来,政治学与行政学专业培养了大批合格的专业人才。2020年,政治学与行政学专业获批国家级一流本科专业建设点,对政治学与行政学本科专业的发展和我校政治学学科建设提出了新的更高要求。

长期以来,为了保证教学质量,在课程教学和教材使用方面,我们根据有关要求,坚持选用教育部推荐精品教材,尤其是近年来,坚持把选用"马工程"系列教材作为课程教学和教材使用的基本原则。当然,这并不意味着,我们不重视本校的教材建设和教学创新。事实上,我们政治学与行政学系的专业教师在以教育部推荐精品教材特别是"马工程"教材为主开展专业课程教学的同时,也在不断因地制宜,根据我们的人才培养方案、教学计划、国内外环境因素的变化,开展教学改革与创新的探索,开设了一批有特色、有价值的专业课程,适应了人才培养的需要。例如,"政务流程分析与优化""社会转型与公共治理""基层社会治理现代化案例分析""国际危机管理案例解析"等课程,都是具有开拓性、创新性的专业课程。这些课程受到学生的好评。

随着学科和专业的发展,我校政治学与行政学系一批中青年教师已经走到了教学和科研的前台。这批年富力强的中青年专业教师大多数毕业于国内著名重点高校,受过良好的专业训练,专业理论基础比较扎实;多数中青年骨干教师通过在国内外一流大学访学进修、合作研究,开阔了学术视野,提升了专业能力,更新了思想观念。近年来,一些骨干教师的教学经验日益丰富，教学能力日益增强，教学内容逐渐成熟完善，他们将多年课堂教学的内容进行精心整理，一批教学创新成果呼之欲出。

为了促进我校政治学学科发展，进一步提升政治学与行政学专业人才培养质量，不断满足大学生对学习新知识、掌握新技能的需要，我们决定出版政治学与行政学系列教材。我们希望，这套系列教材不仅为我校，而且也能够为有关兄弟院校专业人才培养奉献绵薄之力。也诚恳地欢迎学界同行批评指正。

华南师范大学政治学与行政学国家级一流专业建设点示范教材编委会

2022 年 4 月

前 言
Preface

迈克尔·哈默曾指出,一个组织走向以流程为中心,它并不创造或发明它们的流程。因为流程本来就在那里,只是没有受到相应的尊重和了解。今天,"流程"已经成为公共部门实现管理规范化的必备工具之一。它是实现组织管理从人治到法治转变的重要手段。政府业务流程既是运行于组织内部的,又随着政务服务的展开而不断"外溢",深刻地影响着国家、社会和人民生活。因此,设计科学合理的政务流程是当代政务管理的一项重要内容。

但在实际应用中,政务流程管理的实施尚有许多不尽人意之处。一是存在着流程环节设置较随意、过程稳定性不高等现象,透射出流程管理意识不足、制度规范保障乏力等深层次问题。二是简单套用企业或商务流程管理的某些思路与方法来分析政务流程,过于注重价值链而缺乏针对性和实操性。三是实例分析的深度不足,未能从历史的目光和中国的实践来透视政务流程形成、发展和变革的动因与机理等,本土化程度亟待提升。总的来说,"就流程而谈流程"显然是不够的。因此,我们力图从政务流程的特性出发,结合中国的实际,探讨构建和运行政务流程的业务规范基础,通过建立分析框架,从业务规范出发,将职能细化为岗位和职责,将职能的实现转化为具体的业务活动,进而探讨政务流程的优化和再造等问题。

本书从策划到成稿,得到了许多支持和帮助。首先感谢华中科技大学出版社将本书列入规划教材。感谢华南师范大学政治学与行政学系的同事们,以及2011级至2018级全体同学。同学们将理论学习和实习实践紧密结合,从多个维度考察了众多具体的案例,并运用自己的智慧和能力去探索可能的优化和再造路径。同学们所提交的每一份案例研究报告,都在促使我们不断反思政务流程分析优化理论、修正实证调研方向,最终汇聚在这本薄薄的教材之中。最后感谢廖丽霞、吴婧仪、徐子明、陈卓和李东泽等同学。他们积极参与实地调研、细致地编整了案例、校对了全部文献资料,付出了辛勤劳动,极大地推进了我们的工作进程。

本书的出版得到了国家社科基金重点项目"基于数据赋能的基层社会治理现代化研究"(20AZD088)和2018年广东省高等教育教学改革项目"电子政务教学3.0:基于'互联网+政务服务'的课程改革"(粤教高函180号)的支持,在此表达真挚的谢意。

本教材编写过程中参考了许多学者、公务员的思路和成果,尤其是得到了广州市国税局车辆购置税征收管理分局不少同志的大力支持。本教材中还存在一些不足,敬请提出宝贵意见。我的邮箱:liujinyu@sina.com。

编　者

2022 年 2 月

目 录
Contents

第一章 政务流程基础与分析框架 ···1
 第一节 研习指导 ···1
 第二节 政务流程的概念、目的与特性 ···4
 第三节 政务流程的功能与分析框架 ···5
 第四节 政务流程的制度规范框架 ···7
 第五节 研习报告示例：车辆购置税征管流程的制度规范分析 ···14

第二章 政府业务和内部管理流程 ···30
 第一节 研习指导 ···31
 第二节 政府业务与政务流程 ···33
 第三节 政务内部管理流程体系 ···38
 第四节 通用管理流程简介 ···42
 第五节 研习报告示例：车辆购置税征管机构内部管理流程 ···44

第三章 电子政务流程建模与设计 ···58
 第一节 研习指导 ···58
 第二节 电子政务流程概述 ···61
 第三节 电子政务流程设计 ···66
 第四节 政务流程图的绘制 ···76
 第五节 研习报告示例：车辆购置税征管核心业务流程分析 ···83

第四章 政务流程优化与并联审批流程应用 ···95
 第一节 研习指导 ···95
 第二节 行政审批与审批事项 ···98
 第三节 政务流程优化 ···101
 第四节 并联审批与行政审批流程优化 ···108
 第五节 研习报告示例：车辆购置税征管跨部门业务流程分析与优化设计 ···114

第五章　移动政务与移动政务流程的应用　　……123
第一节　研习指导　　……123
第二节　移动政务概要　　……126
第三节　移动政务流程概要　　……130
第四节　移动政务流程的应用形式　　……134
第五节　研习报告示例：车辆购置税移动征收服务流程设计　　……139

第六章　政务流程再造　　……145
第一节　研习指导　　……145
第二节　"再造"思想的发展与流程再造的一般方法　　……148
第三节　政府再造与电子政务流程再造　　……156
第四节　政务流程再造的层次类型　　……160
第五节　研习报告示例：关于车辆购置税征管流程再造的思考与设计　　……163

参考文献　　……176

第一章

政务流程基础与分析框架

研习目标

1. 掌握政务流程的基础知识,包括概念、目的、特性和功能等内容。
2. 把握政务流程与国家法律法规、部门规章和行业标准之间的关系。
3. 以制度为基础定义特定的政务流程,考察具体政务流程的性质、目的和特征等内容。

本章从政务流程管理的基础知识出发,提出了基于业务规范框架来把握政务流程的方法,即通过梳理各层级政策制度,包括国家法律法规、国家行政机关和行业行政主管部门规章、地方性政策法规和行业标准等,对业务活动起决定性的内容,来理解政务流程的概念、目的与特性等。在政务部门的日常业务活动中,上述各层级政策制度是以内部规范体系的形式呈现出来,并作用于常规运行管理,从而形成了对具体流程的规定性。在案例研究设计与研习报告示例部分,本章以车辆购置税征管业务规范体系分析为例,在明确车辆购置税基本性质、考察其制度建设和征收管理模式变迁的相互关系的基础上,定义了车辆购置税征管流程,明确了其特性、作用与目的等。

第一节 研习指导

一、情景设问

材料一

流程管理(business process management,BPM)是业务流程管理的简称。这是一种以规范化地构造"端到端"的业务流程为中心,以持续地提高组织业务绩效为目的的系统化管理方法。它兴起于20世纪80年代。现代意义的流程管理重视流程设计的规范性,重视运用信息技术不断优化或变革业务流程,从而持续地提高组织绩效。

在政府管理研究与实践领域,早期的学者们,如本利特、威尔逊和杜鲁门等人都关注过政务流程问题。他们主要是从传统政治学研究的视角切入政务流程研究领域,倾向于将政府视作某种意义上的"过程",认为集团之间的相互作用构成其运行的机理。例如,戴维·杜鲁门的 *The Governmental Process* 一书书名直译过来就是"政府过程",但人们习惯将之称为"政治过程"。

随着新公共管理运动兴起,现代流程管理思想与方法首先是作为某种"工具性"的存在,而进入公共部门管理的视域之中。几经波折,它最终对公共部门管理产生了革命性的影响。如今,人们对于政务流程管理已经形成了共识。有学者指出政务流程管理(government process management,GPM)就是政务部门利用现代信息技术、流程管理技术对政府业务流程进行设计与优化的过程。[①] 它以整个政府业务为对象,包括政务部门内部管理流程、对外服务流程等。它力图在政府业务流程化的基础上,建立起"跨职能、跨部门、跨平台"的政务流程,并不断优化与再造这些流程。

实施政务流程管理的目的在于转变职能,打破条块分割,消除信息孤岛,从而不断提升政务服务的质量与水平。如今,政务流程管理已经成为现代政府管理的重要工具与手段。它以"为人民服务""便民利企"为根本,以面向社会公众的服务事项(业务)为对象,以"优化公共服务流程""规范公共服务事项办理程序"为目标,通过清理整顿行政审批事项、简化办理环节、优化流程等方式,来消解政务服务中的"难点、痛点和堵点"问题。

> **材料二**

美国管理学家佩帕德和罗兰认为流程可以分为两个不同的区域:前区(front-office)与后区(after-office)。前区具有接待、咨询与服务功能,后区则汇聚了支持与管理功能(见图1.1)。[②] 具体而言,前区就是一个业务流程中与其直接服务对象(客户)发生接触的区域。对于政务流程而言,就是社会公众能直接触碰政务服务的区域。在现代社会,一条政府热线、一个政务网站等都可以纳入"前区"的范畴。"后区"指的是政务内部管理区域,是支持前区的各种活动的汇总区域。各种内部管理流程就运行在后区之中,它们全部都指向前区,最终融汇于面向社会公众输出的各种管理与服务事项之中。对于一般的服务型组织来说,其前区通常大于后区。但在传统政务流程领域,受制于多方面的因素,存在"前区小、后区大"的问题,而且前区与后区之间的衔接也存在着一定的问题。为了解决上述问题,政务部门需要充分发挥信息技术的优势,不断优化政务流程,打造电子政务流程,将管理与服务的重心向前区倾斜,实现前区、后区的无缝连接。

---

① 戴泰,刘劲宇.电子政务管理导论[M].北京:高等教育出版社,2011:113.
② J.佩帕德,P.罗兰.业务流程再造[M].高俊山,译.北京:中信出版社,1999:76.

图 1.1 流程的前区、后区示意图

二、问题与思考

1. 什么是政务流程？它有什么功能与特性？
2. 从制度的视角看，政务流程的分析框架主要包括哪些内容？
3. 为什么要运用流程管理思想与方法来规范政务服务事项的办理程序？

三、研习步骤建议

1. 自主选择某面向公众（自然人）的行政服务事项（业务）及其制度体系为研习对象。
2. 了解该事项（业务）的设定依据、管理模式及其变迁情况。
3. 定义该事项（业务）的处置流程，分析该流程的特性与目的等。

四、研习报告要求

1. 本作业可采用小组的形式完成，每组不超过 5 名学生。小组成员必须分工明确，各有侧重。
2. 研习报告名称由"对象名称＋政务流程的制度基础"构成。
3. 研习对象应是县（区）级及以上职能部门承担的具体行政服务事项（业务），重点梳理该事项的制度依据，包括法律法规、部门规章和行业标准等。
4. 研习内容重点考察设定该事项的历史背景（缘由），管办模式的发展历程及其成因分析等。
5. 研习结果应包括两个部分的内容：一是该事项（业务）的概念、内涵和特性等内容，二是该事项处置流程的内涵、特性和目的等。
6. 建议 6 个学时。其中理论与案例讲授 2 个学时，学生自主调研、形成研究报告 4 个学时。

第二节
政务流程的概念、目的与特性

一、政务流程的概念

政务流程(government flow)可以指由政务部门主导的一系列事件的链条,也可以指一组为相关政务部门或社会公众提供特定的服务或产品相关的、结构化的活动集合。这些活动集合或事件链条是有起点、有终点,并且有目的的。它是对政务部门管理服务业务(事项)过程及其内在逻辑关系的反映,是政务部门在行使其职能过程中一系列有计划的活动的总和。

政府业务可被简称为"政务",即由政务部门承担的各种工作任务。在政府的日常管理活动中存在着大量重复性的过程,把形成上述工作过程的最佳步骤、方法及其先后次序确定下来,并运用于所有同类事务的处理,这就是政务流程。一个政务流程有清晰可辨的输入与输出过程。例如,执行政府采购、开展执照审批、进行税务稽查、实施交通监管以及编制统计表格等具体工作都有其特定的流程。流程就是规则,高效而畅通的政务流程更体现了执政党和政府的形象、公信力。各级各类政务部门应当按照有关政策法规的规定,明确各部门、各岗位的职责,理顺各部门、各岗位之间的权责关系,从而形成规范有效的政务流程。

二、政务流程的目的与特性

(一)政务流程的目的

与一般的业务流程相比,政务流程的核心目的就是政府本身的目的,如保卫国家安全、维护社会经济秩序、保障公民利益等。它体现了国家与政府的意志与职能。因此,政务流程的形成有其特定的政治与行政背景。在我国,政务流程就是服务于社会主义国家建设,以为人民服务为根本目的。

(二)政务流程的特性

人类的任何活动都有或简或繁的流程,即无论有无组织、有无规划,主体都会自觉或不自觉、主动或被动地按照一定程序(次序)来处理各种事务,这就是流程。当人们为一些活动赋予了特定目标,并将之组成为一套具有内在逻辑关系、具有一定层次结构的流程,这就构成了具有管理意义的业务流程。这样的业务流程不仅具有较强的可操作性,更可以根据外部条件的改变,如制度环境的变化、新技术的引入等,进行必要的拆分与重组,从而实现其自身的优化乃至彻底的再造。但与一般的业务流程相比,政务流程总是运行在特定的制度框架内的。因此,政务流程除了具有目标性与逻辑性、层次性与结构性、可分解性与可操作性等一般属性外,还具有约束性、确定性、稳定性与公开性等特性。

1. 约束性

政务流程的制定必须以法律规章为依据,必须运行在制度规范框架内。没有法律规章或政策制度的授权,任何机关部门或个人不能在政务流程中为自身创设权利规范,也不能给管理和服务对象设定责任与义务规范,否则就构成违法。

2. 确定性

政务流程必须由法定的机关制定,并由规定的部门执行。政务流程的设置要有明确的规定,有书面的确定性形式,并向相关方公示。政务流程应当被严格执行,任何部门与个人不能改变流程中任一环节,更不能随意增减政务流程。

3. 稳定性

政务流程是对政务工作规律的反映,同时也是国家与政府意志的表示。因此,政务流程必须在极长的时间范围内保持稳定、有效,而不能反复无常。因此,政务流程的设定必须经过充分的调研,充分考虑各方的利益,进行科学、合理的组织与规划。

4. 公开性

政务流程是一种公共资源。人类文明历经了数千年的发展,形成了形形色色的管理思想、理论与方法,但落实到底的、付诸执行的流程只有一套。它是人类社会共有的财富。政务流程产生于现代文明,也应当服务于追求政治民主的现代社会。因此,在流程面前人人平等。政务流程一旦被明确,就应当及时向社会公开,主动接受社会公众的监督。

第三节
政务流程的功能与分析框架

一、政务流程的功能

政务流程有两个基本功能:一是事务处置功能,二是规范管理功能。在事务处置功能方面,一个完整的政务流程通常包括实体性操作与政务信息处理这两方面的基本内容。所谓实体性操作,就是通过直接劳动来处置实物对象。以固定资产采购工作为例。普通人的采购,就是直接去购买物品。而作为"工作"意义上的采购,包括物品验收、入库、使用、维护、调拨与报废等具体操作行为。如果采购量不大,那么可以认为因采购而产生的工作流与物流总是保持一致的。但是，如果要面对大规模、多批次、多主体参与的采购项目，工作流与物流之间可能会掺入许多其他环节。例如，采购者要编制计划，主管部门要核准计划，监督部门要监控执行过程等。这就需要将工作流与物流之间的共同要素提炼出来，以保障它们之间的无缝对接。由此，就涉及事务处置功能，即政务信息处理。同样以固定资产采购工作为例。在政府采购工作中通常会产生四种类型的政务信息：一是关于采购对象的基本信息，包括物资名称、品牌、规格、价格、生产厂家、出厂日期、保修期、出厂编号、销售与售货服务机构；二是关于采购项目的管理信息，包括负责人、经费号、采购日期、执行人、批准人等；三是资产管理方面的信息，包括资产使用人、管理员、固定资产调拨与折旧等；四是可以用于提供年度决算，或会计审计等监控的统计信息等。由此形成了一个较完整的政务信息体系。

从上述四个方面的信息需求，我们可以看出资产采购工作不是孤立的。它还涉及资产的日常运行与维护工作，涉及会计核算乃至公共部门预算与决算等方面的工作。为了将实体性操作与政务信息处理等方面的工作有效结合起来，保证资产的良性运行，提升资产管理的效率，为相关工作提供政务信息资源，就必须制定相应的制度规范，明确各个岗位、各个环节的责任，明确政务信息流与工作流相结合的机制。由此，就涉及政务流程的第二个方面的基本功能——规范管理功能。因此，政务流程规范管理功能的核心内容就是它能够将各种岗位职责、政务知识与操作技能连接起来，使政务信息能够按照制度规范的要求进行处理与流转。

二、政务流程的分析框架

政务流程作为一个总体性的概念，具体到特定的政务部门，就是其基本的业务流程。任何一个政务部门的业务流程都是一个综合体。其综合性体现在与业务流程有众多密切相关的外在因素，例如，技术应用、公共权力、信息资源、物流资源、规则（法律法规、规章制度、技术规范）等。这些因素为理解与认识政务流程提供了多维度的分析框架。

从技术应用的视角看，政务流程体现了手工操作、机械做功、电子化处理等手段与工具的逐层替代而形成的政务科技应用发展方向。从公共权力的视角看，政务流程体现了权力制衡后而形成的合力的方向。从信息资源管理的视角看，政务流程体现为"输入—输出"过程中信息流的方向。从物流管理的视角看，政务流程体现为实体性资源优化配置的方向。从制度规范的视角看，政务流程体现为政务管理法治化以及政府管理改革的发展方向。这些看似千差万别的外在因素存在着某种一致性，即它们都昭示着某种"方向"，而为我们理解与认识政务流程提供了一个相对统一的基本结构。

由此，基于对政务流程的功能分析与影响因素分解，我们可以在政府管理意义上明确，政务流程是一个建立在制度规范基础上的，由政务信息流与政务工作流互相作用而构成的动态过程。对于政务流程来说，制度是基础，编制供给、机构设置、信息资源配置与物资保障等是机制。由制度规范分析、组织结构分析、信息流和工作流分析等维度构成的政务流程分析框架，是理解、认识与把握政务流程的基础。

第四节
政务流程的制度规范框架

制度是管理的基础。政务流程必须运行于特定的制度规范框架内。对于政务管理而言,其政务流程的规范框架是以国家法律制度体系为基础的。这通常包括了四个层次的内容,即法律法规、部门规章、组织内部规范和管理标准。它们从不同层面形成了对政务流程的规定性。

一、政务流程的法律法规层次

法律与法规是两个既有联系又有区别的术语。法律有广义和狭义的区分。广义的法律是指国家立法机关制定和认可并以强制力保证其实施的行为规范总和。狭义的法律特指国家立法机关制定和颁布的行为规范。法律由全国人大及常委会依法制定、修改、补充和废止。法规指国家机关制定的规范性文件,是法令、条例、规则和章程等法定文件的总称。法规包含于广义的法律范畴内,例如,由国务院制定和颁布的行政法规,省、自治区、直辖市制定和公布的地方性法规等。2018年,我国有关部门对《立法法》进行了修订。修改后的《立法法》扩大了地方的立法权。目前,全国284个设区的市都享有地方立法权。

政务流程的法律法规层次主要指上述两大类型的行为规范。其中,又以行政法规对政务流程的影响最为直接、最为显著。它们都是建立和完善政务流程的法律依据。以政府采购工作为例,其依据的、最直接相关的法律法规包括《中华人民共和国政府采购法》《中华人民共和国政府采购法实施条例》《中华人民共和国招标投标法》《中华人民共和国招标投标法实施条例》《广东省实施〈中华人民共和国政府采购法〉办法》,等等。

其中,《中华人民共和国政府采购法》作为政府采购工作的"基本法",既明确了"何为政府采购行为""政府采购当事人的权利义务"等基本问题,又对政府采购的方式、政府采购的程序、政府采购合同的签订备案的形式与时限、质疑与投诉的渠道等基本内容进行了规定。这实际上是对政府采购流程的目的、对象等具体内容进行了规定,也为进一步完善政府采购管理和工作流程体系提供了法律依据。

第一,《中华人民共和国政府采购法》的立法宗旨规定了建立政府采购工作流程的目的,即"规范政府采购行为,提高政府采购资金的使用效益,维护国家利益和社会公共利益,保护政府采购当事人的合法权益,促进廉政建设"。

第二,明确了"采购—供应"交易主体(政府采购当事人)之间的地位,规定了政府采购工作流程服务的直接对象,即采购人、供应商和采购代理机构等。政府在进行采购交易时是具有双重身份的:一面是代表国家履行管理职责的管理者,另一面作为采购的一方又是市场的参与者。制定与实施政府采购法,可以明晰管理职能与采购职能之间的关系,使政府采购行为受市场规则和法律的约束,从而保障交易主体、交易行为之间的平等地位,进而保障交易流程的合法性。

第三,通过规定采购交易的内容,规定了政府采购工作流程所承载的具体(实体)对象,即纳入采购预算的货物、工程和服务。

第四,通过规定政府采购方式,明确了政府采购工作的核心流程,即应以公开招标、邀请招标、竞争性谈判、单一来源采购、询价以及国务院政府采购监督管理部门认定的其他采购方式等,作为政府采购工作的核心流程。这就是说,政府采购工作流程应围绕法定的采购方式来组织实施。

第五,通过规定政府采购程序,规定了政务采购流程的主要环节,从而明确了建立政府采购工作流程的起点、终点。一个完整的政府采购工作流程应包括预算、采购、验收、质疑与投诉、监督检查与文件存档等主要环节,并应以"编制年度预算"为起点,以"采购文件归档"为终点。其中,预算环节应包括编制、汇编、审批等子环节;采购环节应根据不同的采购方式,设定招投标、谈判、询价等子环节。由此,它又为政务流程的进一步分解与细化奠定了制度基础。

第六,规定了与采购工作流程并行的采购信息流的主要内容,即各种采购文件,包括采购活动记录、采购预算、招标文件、投标文件、评标标准、评估报告、定标文件、合同文本、验收证明、质疑答复、投诉处理决定及其他有关文件、资料等。

第七,规定了政府采购工作流程中的重要时间节点。如,"采购文件的保存期限为从采购结束之日起至少保存十五年","实行招标方式采购的,自招标文件开始发出之日起至投标人提交投标文件截止之日止,不得少于二十日","采购人与中标、成交供应商应当在中标、成交通知书发出之日起三十日内,按照采购文件确定的事项签订政府采购合同","采购合同自签订之日起七个工作日内,采购人应当将合同副本报同级政府采购监督管理部门和有关部门备案",等等。

作为政府采购工作的"基本法",《中华人民共和国政府采购法》从总体上规定了政府采购工作的目标、性质与一般流程等内容。但政府采购工作总是处于一个动态变化的环境中的,虽然政府采购流程有相对的稳定性,但也是需要与时俱进的。随着《中华人民共和国政府采购法实施条例》(中华人民共和国国务院令第658号,下文简称《条例》)的颁布,政府采购流程得到了进一步的完善。《条例》明确了政府采购经费的性质、管理要求,说明了列入政府采购管理目录的"服务"的类型与范围、集中采购及其目录的范围,对政府采购项目信息公开等做出了更详细的规定。《条例》同时将政府采购电子化上升到法规层面,指认了采购文件可用电子档案方式保存等。这一方面扩大了政府采购的规模,扩大了政府采购流程的适用范围,提升了政府采购流程的规范性;另一方面为实施电子化采购流程提供了制度依据。这就对优化政府采购流程,增强流程的可操作性等方面提出了新的要求。

与政府采购流程密切相关的法律法规还有很多,例如《中华人民共和国招标投标法》《中华人民共和国合同法》《中华人民共和国行政处罚法》《中华人民共和国行政复议法》《中华人民共和国行政诉讼法》,等等。其中,《中华人民共和国招标投标法》规定了政府采购中的招标、投标的工作方式方法及其相应的流程。《中华人民共和国合同法》规定了政府采购中的合同签订、合同纠纷处置等工作的方式方法及其相应的流程。《中华人民共和国行政处罚法》《中华人民共和国行政复议法》《中华人民共和国行政诉讼法》等法规对政府采购中出现质疑与投诉、违法违纪等情形做出了相应的规定，对于政府采购流程体系建设中的相关子流程有着重要的指导意义。因此，在考察政务流程时也不能忽略这些部门法。总之，对于政务流程的法律法规层次来说，通常会有主体法规规定流程的核心环节，规定工作流程的目的、对象、起点、终点、重要时间节点以及政务信息流的主要内容。同时，与之相关的若干部门法规将对子流程的内容进行补充规定。由此，为建立与完善相应的政务流程体系，提供了系统化的法律法规依据。

二、政务流程的部门规章层次

部门规章是指国务院所属各部委办根据法律和行政法规制定的规范性文件。部门规章的主要形式是命令、指示、规定等。由全国人大公布的法律与国务院颁布的行政法规，往往是从全局性的视角，对普遍领域进行了规定；部门规章则更加具体，关注特定领域的行为规范。

以政府采购工作为例，对于财政部门来说关注的焦点主要包括采购经费使用的规范性，以及资产使用、保管、维护、调拨与报废中所产生的增值、成本与折旧等费用问题，主要通过预算、决算、审计等手段进行管控。因此，财政部门以《中华人民共和国政府采购法》《中华人民共和国招标投标法》《中华人民共和国合同法》等法规为依据，围绕自身的职能与相应的管理需求，发布了《政府采购评审专家管理办法》《集中采购机构监督考核管理办法》《政府采购供应商投诉处理办法》《关于做好政府采购信息公开工作的通知》《政府采购信息发布管理办法》等一批与政府采购相关的规范性文件。

以《政府采购货物和服务招标投标管理办法》(中华人民共和国财政部令第18号，下文简称《办法》)为例。该《办法》以《中华人民共和国政府采购法》等法规为依据，明确规定了招标活动的类型，招标与投标文件的具体内容，投标活动的类型，开标、评标与定标的过程及法律责任，进一步明确了"政务采购流程的相关方"的权利与义务等。可以说，该《办法》的公布与实施，使得政府采购工作流程所涉及的要素(环节)得到了更充分的描述。尤其是对"开标、评标、中标"这三个环节的明确表述，使得政府采购工作的重点环节有了较规范的描述术语。这不仅有利于在全国范围内形成统一的政府采购工作模式，更有利于不同行政区域、不同行业领域、不同管理层级的相关工作流程之间的对接。

不仅是财政部，为落实《中华人民共和国政府采购法》等法律法规精神，相关机关、职能部门也会出台相应的管理办法来配合政府采购主管部门的工作，例如，国家发展和改革委员会的《必须招标的工程项目规定》，教育部的《教育部政府采购管理暂行办法》，商务部的《机电产品国际招标投标实施办法(暂行)》等。这些部门规章从不同行业管理领域的视角，对特定采购行为、行业采购管理工作进行了规定。它们具有较强的操作性，在规范采购工作、推动跨部门合作治理和建立跨部门流程等方面有着显著的意义和作用。

三、政务流程的地方性政策法规层次

这主要指由地方政府、职能部门单独或会同有关部门制定、发布的规章制度。从规章发布主体上看,包括地方人民政府发布、多部门联合发布和地方行政主管部门发布等类型。

同样以政府采购为例,各级地方政府、职能部门根据本地区、本部门的实际情况出台配套的规章制度,例如,《广东省人民政府办公厅关于进一步深化政府采购管理制度改革的意见》《广东省教育部门政府采购协议供货管理办法(试行)》等。这些地方性规范制度,一方面能够结合部门职能或地方具体情况,规定本行业或本地区政府采购工作的主管部门、执行部门,使得各种流程可以"落地";另一方面对本行业或本地区政府采购工作的细节性问题等做出了详细规定,从而使得相应的政务流程的适用面更加具体,起到了承上启下的作用。这些"红头文件"通常是建立和改善政务流程的直接依据,它们使得政务流程具有了更强的适应性和可操作性。

四、政务流程的标准化层次

(一)标准与标准化概述

从管理的视角看,人们制定和实施法律法规、部门规章与内部规范都是为了使得管理工作更加科学、规范。这可以视作一个制度化的过程。那么,如何将制度执行过程中好的经验与做法稳固下来,并在最大限度内予以推广,以帮助更多的组织机构提升管理效能?这就可以运用到标准与标准化的方式。

这里所指的"标准"就是对重复性事物和概念所做的统一规定,而形成的规范性文件。标准作为现代管理的一种重要手段与资源,它通常以生产作业与管理活动为直接对象,以科学技术和实践经验的综合成果为基础。一份标准的形成,通常需要多个方面的专业人士共同协商,并取得主管机构的批准,然后以法定形式发布,才能成为生产作业与管理活动共同遵守的准则。与一般法律规范相比,一份具体的标准所涉及的领域相对有限,层次也不高,但标准具有更强的可操作性与实践性。需要指出的是,在一些特殊领域,如安全生产管理、食品安全等,国家或相关部门会制定强制性标准要求企业必须遵守。这些强制性标准是具有法律效力的。标准化则是为在一定范围内获得最佳秩序,对现实问题或潜在问题制定共同使用和重复使用的条款的活动。标准化不但包括了规范化的过程,也包括了标准的实施、改善、提高的无限循环过程。因此,标准是过程的一个产物,标准化是一系列活动的过程。

(二)标准的类型

根据不同的划分依据,标准可以分为多种不同的类型。按照制定主体,可划分为国际

标准、区域标准、国家标准、行业标准、地方标准与企业标准；按标准化对象的基本属性,可划分为技术标准、管理标准和工作标准等。

1. 按制定主体划分

国际标准,在全球范围内,得到较多国家认可,并共同遵守的技术要求。例如,ISO族系列标准就属于国际标准。

区域标准,在一定范围内得到部分国家或地区认可,并共同遵守的技术要求。

国家标准,即在全国范畴内统一的技术要求。我国国家强制性标准代号为GB,其他标准是推荐性标准代号为GB/T。对于技术尚在发展中,尚不能制定为标准的项目,以及采用国际标准化组织、国际电工委员会及其他国际组织的技术报告的项目,需要有相应的标准文件引导其发展或具有标准化价值,可以制定国家标准化指导性技术文件,代号GB/Z。例如,《质量管理体系　地方政府应用GB/T 19001—2000指南》(GB/Z 19034—2008/ISO/IWA 4:2005)就属于国家标准化指导性文件。其中,"GB/Z"表示属于指导性文件类,"2008"表示发布年份,"ISO/IWA 4:2005"表示所采用的国际标准化组织的相关标准的编号。

行业标准,在全国某个行业范围内统一的技术要求。不同行业标准有其规定的代号,例如,教育行业的代号为JY,批准发布部门是教育部。教育部于2012年发布了《教育管理信息　教育管理基础代码(JY/T 1001—2012)》等7个教育信息化相关标准。尽管这些标准只是行业推荐性标准,但它们的公布对推动行业标准化建设与信息化发展产生了显著性的影响。

地方标准,没有国家标准和行业标准而又需要在省、自治区、直辖市范围内统一的工业产品的安全、卫生要求等,可以制定地方标准。地方标准的代号为DB。

企业标准,没有国家、行业和地方标准,由企业自行制定的标准。对已有相关国家、行业或地方标准的,国家鼓励企业制定更严格的企业标准。

2. 按标准化对象的基本属性划分

技术标准:对标准化领域中需要协调统一的技术事项所制定的标准。常见技术标准包括基础标准、产品标准、设计标准、工艺标准、检验和试验标准。例如,《标准化工作导则》属于基础标准,《信息化工程监理规范》可以看作是一种检验标准。

管理标准:对标准化领域中需要协调统一的管理事项所制定的标准,包括管理基础标准、经济管理标准、行政管理标准、技术管理标准等。常见类型包括管理体系标准(ISO系列标准)、管理程序标准、定额标准等。其中,管理程序标准主要规定具体事务(事项)的过程、流程、活动、顺序、环节、路径、方法等。

工作(作业)标准:为实现整个工作过程的协调,提高工作质量和效率,对工作岗位制定的标准,以及用来规定作业程序和方法的标准。这些标准常以作业指导书或操作规程的形式存在。其主要内容包括规定工作岗位的工作内容、工作职责和权限,本岗位与组织内部其他岗位纵向和横向的联系,本岗位与外部的联系,岗位工作人员工作的能力和资格要求等。

（三）政府业务流程化与标准化

政府业务流程化是从规范政务工作的角度出发，按照有关政策法规的规定，明确本部门内部以及多部门协作时各项操作之间的逻辑关系（先后次序），制定工作规则，从而形成规范有效的流程。例如，企业申请营业执照、公民申请出入境等业务都要详细地描述其办理流程，标注清楚各职能部门处于流程中的哪个环节，每个环节的职责是什么。其中，面向公众的部分还应向社会公示。随着标准化理念与方法的推行，政府业务标准化思想得到了越来越广泛的认可。

当前，政府业务流程化是政府业务标准化的一项重要内容，得到了党和国家的高度重视。2017年3月，国务院办公厅《关于印发贯彻实施〈深化标准化工作改革方案〉重点任务分工（2017—2018年）的通知》（国办发〔2017〕27号），要求大力推进"标准化＋"行动，促进标准化与各领域融合发展，强化农业现代化、新型城镇化、生态文明建设、行政许可、政务公开和基本公共服务等方面标准化工作。《开展基层政务公开标准化规范化试点工作方案》明确指出：开展基层政务公开标准化规范化试点，是推进"五公开"工作的具体举措，对于深化基层政务公开，提高行政效能，加快建设法治政府、服务型政府，均具有重要意义。该方案提出了四项重点任务，即梳理政务公开事项、编制政务公开事项标准、规范政务公开工作流程、完善政务公开方式。

国内比较全面而系统的政务流程标准主要集中在电子政务领域。早在2002年，国务院信息化工作办公室和国家标准化管理委员会就共同组建了"电子政务标准化总体组"。该组提出把标准与规划统一起来，遵循"以应用出标准，以重大工程带动标准"的原则来推动标准化建设。当年5月，《电子政务标准化指南》总则部分发布，次年初《国家电子政务标准化指南（第二版征求意见稿）》和《电子政务相关标准（征求意见稿）》发布，2005年部分标准正式发布。其中，与政务流程关系最为直接的就是《GB/T 19487—2004 电子政务业务流程设计方法 通用规范》。这些标准在一些电子政务示范性工程中通过了测试，从而在统一的国家电子政务网络管理过程中得到广泛应用。

在地方标准建设层面，不少地区积极探索标准化的推行路径，以促进管理标准化与政务流程标准化建设的有机融合。例如，深圳市2006年施行了《深圳市电子政务标准化管理暂行办法》。按照《深圳市行政机关制定技术标准文件指导规则》的有关规定，市质监局和市信息办联合组织制定了深圳市标准化指导性技术文件《深圳市电子政务应用服务规范》。2008年，深圳市推出了《电子政务应用服务规范（SZDB/Z 17—2008）》系列标准，包括《总则》《应用系统分类及代码规范》《应用系统描述规范》《组织身份模型数据规范》《应用服务运行管理框架规范》《组织身份服务接口规范》《访问控制服务接口规范》《单点登录服务接口规范》《电子表单服务接口规范》《业务流程服务接口规范》等10个部分。这预示着传统政务流程将逐渐为电子政务流程所取代，新一代的"互联网＋政务服务"流程将全面兴起。

五、政务流程的内部规范层次

政务部门的内部规范是其在日常运行中需要遵循的各种法规制度的统称。它实质上对国家法律法规、部门规章、地方性政策法规和行业标准等层次制度的整合、细化和践行。内部管理规范有广义和狭义之分。

广义的内部管理规范就是对全体政府机关与职能部门的管理规定。对于垂直管理部门来说，可以用来规范各层级、横向层次之间的关系。这主要包括两个方面的内容：一是各层级机关、业务部门全体人员需要共同遵守的行为规则，二是用以规范机关与机关之间、部门与部门之间的交往、协作等行为。需要指出的是，广义的内部管理规范通常会以公文的形式发布，即成为部门规章。

狭义的内部管理规范，主要指单个政务部门内部事务的管理制度，如会议制度、工作制度、廉政制度、人事管理制度、公章管理制度、公文管理制度、档案管理制度、车辆管理制度、资产管理制度、财务管理制度、卫生管理制度等。狭义的内部规范侧重于具体的"操作化事务"，是特定政务部门内全体工作人员的行为规范。这些内部规定只运行于部门内部，而不会公开发布，但对于全体工作人员的日常工作行为等具有极强的规范和指导作用。

从流程管理的视角看，政务流程的内部规范层次重点首先是狭义的内部管理规范，即用来规范政务部门内部管理事务的相关管理制度。政务流程的内部规范最主要的功能体现在操作层面上。它需要明确流程体系的全部具体环节，包括各环节的具体工作内容、各环节涉及的各种岗位、各种岗位的职责，直至岗位职责到人，从而实现全流程的可操作性。其次是跨层级、跨部门规范，即用来明确层级间、部门间流程的逻辑关系的各种规定。

以政府采购管理工作为例，对于该业务的主责部门来说所需制定的内部管理规范，通常需要覆盖预算决算编制、需求计划、招投标、信息公示、资产验收、登记、使用、维护、调拨、报废、信息存档直至专业人员管理"定岗定编定责，定期轮岗、培训"等诸环节、全过程。对此，需要制定《资产管理工作制度》《资产管理员培训规范》《资产管理信息系统运行规范》《物资采购网上申报流程》《零散竞价采购操作流程》《协议采购操作流程》《在用资产增值建账工作流程》《家具、图书建账工作流程》《仪器设备报增流程》《资产调拨流程》《资产报废流程》《资产清查流程》等一批相应的内部规范。这些流程规范将进一步明确本级及下级单位，应如何根据政府采购与资产管理的相关规定来执行具体工作任务。各部门的资产管理机构、需求（预算）单位、采购经办人以及相应的采购管理信息系统的研发与运行，都必须以它们为操作指南，严格按照这些规范来操作。由此，才能建立起一套"以编制年度预算为起点，以采购文件归档为终点，覆盖政府采购工作全过程"的内部管理流程。

从上例可以看出，无论广义还是狭义的内部规范都是以规范本组织机构全体内部人员的行为为目的的，是履行政府职能的基础。这些具有高度操作性的行为规范，通常也会成为政务部门编制对外服务规范的基础。这符合"通过优化内部管理来提升对外服务质量与水平"的理念。

第五节
研习报告示例：车辆购置税征管流程的制度规范分析

本节以车辆购置税征管制度为对象，收集整理了相关业务规范资料。一是梳理概括车辆购置税征收管理的制度规范体系，为流程的概念化提供分析框架；二是考察车辆购置税征收管理制度（模式）的变迁情况、分析其成因，为厘清制度及其变迁对流程的规定性提供理解的视角；三是定义车辆购置税征管流程，把握其特性、作用与目的等内容。

一、研习对象：车辆购置税业务规范体系

按照国家法律法规、国务院及相关部委办发布的制度规章、国家税务行政主管部门发布的规章、地方性政策法规、行业标准的层次逻辑和相关政策法规发布时间线索，梳理了车辆购置税征管制度的依据和主要内容。其中，国家法律法规主要规定了车辆购置税本身及其征管流程的基本性质和总体过程，明确了车辆购置税征管流程的强制性、约束性等特性。国务院、各部委及其税务行政主管部门的规章，对车辆购置税征管工作的各个方面进行了具体规定，为建立和运行车辆购置税征管流程提供了较全面的制度保障。地方性政策法规作为对国家法律法规、部门规章的重要补充，对结合地方实际情况构建适宜的征管流程体系，具有重要的意义、价值和作用。行业标准作为征管实践经验的总结、凝练和提升，为构建、运行和完善征管流程提供了大量具有较强可操作性的方案和方向指引。

（一）国家法律法规

车辆购置税（简称车购税）是一种国税。开征车购税必须符合"依法治国""依法治税"的要求，亦即在税收法制化建设中促进征税主体依法征税、纳税主体依法纳税，在税收法治中不断改善车购税征管质量，提升纳税服务水平。当前，我国税收征管的"根本法"是《中华人民共和国税收征收管理法》。该法首次颁布于1992年，历经了1995年、2001年和2015年三次修订。为保证《中华人民共和国税收征收管理法》得到全面贯彻实施，增强其可操作性，我国于2002年颁布实施了《中华人民共和国税收征收管理法实施细则》（国务院令第362号）。

《中共中央关于全面深化改革若干重大问题的决定》提出"落实税收法定原则"，制定《中华人民共和国车辆购置税法》是贯彻落实中央精神重要任务之一。据此，车购税法立法工作被列入《全国人大常委会2018年立法工作计划》和《国务院2018年立法工作计划》。财政部、税务总局和司法部等部门在原《中华人民共和国车辆购置税暂行条例》（国务院令〔2000〕294号）的基础上，经征求发改委、公安部、交通运输部等26个有关部门和单位以及地方人民政府、有关企业和社会团体等方面的意见，并公开向社会征求意见，起草形成了

《中华人民共和国车辆购置税法(草案)》(以下简称草案)。① 该法草案于2018年12月29日,在第十三届全国人民代表大会常务委员会第七次会议上通过,自2019年7月1日起施行。相较于原《车辆购置附加费征收办法》(国发〔1985〕50号)、《中华人民共和国车辆购置税暂行条例》(国务院令〔2000〕294号)和《车辆购置税征收管理办法》(国家税务总局令〔2005〕第15号)等政策文件,现行《中华人民共和国车辆购置税法》具有更高的立法层次。

《中华人民共和国车辆购置税法》作为车辆购置税的"总体性"法规,对车购税的征收范围、征收机关、征收程序、计税依据、免税项目、退税条款、完税证明和配合机制等内容,在法律上进行了全面的规定。它的颁布与实施是贯彻落实税收法定原则的迫切要求和重要体现,有利于进一步完善车辆购置税法律制度,增强其稳定性和权威性,有利于构建适应社会主义市场经济需要的现代财税制度,有利于推进国家治理体系和治理能力现代化。

从政务流程管理的视角看,《中华人民共和国车辆购置税法》是国家立法机关制定和认可并以强制力保证车购税征管流程运行顺利的行为规范总和。它从立法的高度对车购税征管流程的核心环节作出了明确规定,具有普遍性、规范性、权威性和社会性。它为健全车辆购置税制度体系,厘清征管流程的目的、对象、起点、终点、重要时间节点,理顺政务信息流,有效开展征管业务等提供了强有力的法律保障和根本依据。

(二)国务院(办公厅)发布的规章制度和规范性文件

从发布主体来看,该层次规范主要指以国务院或国务院办公厅名义发布的车购税征管相关文件。发布此类政策文件,至少要发挥两种作用。

一是在尚未制定车购税法前,作为开征车购税的制度依据。例如,车购税的前身——车辆购置附加费,就是以"国发〔1985〕50号文(《车辆购置附加费征收办法》)"为依据开征的。又如,实施"费改税"、将车购费"升格"为车购税的一项重要的制度依据就是《国务院批转财政部、国家计委等部门〈交通和车辆税费改革实施方案〉的通知》(国发〔2000〕34号)。

二是通过制定"国家级"政策来解决车购税征管中的重大问题,尤其是涉及跨部门协同方面的问题。例如,1994年,国务院办公厅在《关于调整轿车价外税费政策的通知》(国办发明电〔1994〕5号)中进一步明确了车辆购置附加费征收环节和征费标准,即由车辆落籍地交通征管部门直接向义务缴费人征收;对国产车和进口车统一按10%的费率征收车购费。又如,"费改税"实行两年后,为做好车购税征管人员、财产和业务划转移交等方面的工作,由国务院牵头,联合中央机构编制委员会办公室(简称中央编办)、国家税务总局、交通部、财政部、人事部等多部门,以国务院办公厅的名义发布了《国务院办公厅转发中央编办等部门关于车辆购置税费改革人员划转分流安置意见的通知》(国办发〔2002〕4号)。

(三)国家级部委办(联合)发布的规章制度和规范性文件

车购税征管的部门规章,主要指由国务院所属的部委(局、办)等根据法律和行政法规

---

① 刘昆.关于《中华人民共和国车辆购置税法(草案)》的说明[EB/OL].(2018-12-29)[2021-08-13].http://www.npc.gov.cn/zgrdw/npc/lfzt/rlyw/2018-12/29/content_2070128.htm.

制定的,以命令、指示、规定等形式发布的与车辆购置税征管密切相关的政策性文件、管理制度等。这些规范性文件的发布与实施,为构建车购税征管跨部门协作流程,尤其是"跨层级、跨职能、跨区域"的协税护税工作流程奠定了制度基础。

与法律法规相比,这些文件主要更关注特定领域的行为规范。例如,《中华人民共和国海关对回国服务的留学人员购买免税国产汽车管理办法》(署监二〔1992〕1678号)第七条规定:"经海关批准过户转让的车辆,交通部门凭海关出具的证明,办理车辆购置附加费凭证的过户转让手续。新车主须补缴车辆购置附加费。"又如,财政部相关司局为加强车购税资金管理、提高资金使用效益,会同交通运输部、商务部等部门联合发布了《关于印发〈车辆购置税收入补助地方资金管理暂行办法〉的通知》(财建〔2014〕654号)和《关于〈车辆购置税收入补助地方资金管理暂行办法〉的补充通知》(财建〔2016〕722号)等文件,进一步明确了车购税收入补助地方资金补助标准和责任追究事项等问题。

多部门联合发文,通常会有一个"牵头"部门。例如,《国家发展改革委等部门关于稳定和扩大汽车消费若干措施的通知》(发改产业〔2020〕684号),就是以国家发展和改革委员会的名义规定了新能源汽车免征车辆购置税的优惠政策。其具体任务由财政部牵头,工业和信息化部、科技部和税务总局等部门共同负责执行。

在车购税征管业务领域,多部门联合发文,以国家税务总局牵头为主,相关部门从各自业务领域出发"协同治税"。例如,为了解决好车购税征管机构设置、人员编制等问题,以国办发〔2002〕4号文为依据,中央编办、人事部、国家税务总局、交通部和财政部等"五部委"在2002年至2004年期间,联合发布了系列文件。这包括《关于核定车辆购置税人员编制及有关问题的通知》(中央编办发〔2003〕12号)、《关于做好车辆购置税费改革人员划转分流安置工作的通知》(国税发〔2002〕113号)、《关于做好车辆购置税费改革人员考试录用工作的通知》(国税发〔2002〕114号),等等。直至2004年,以国家税务总局为主责单位,在发布《关于做好车辆购置税费改革人员财产业务划转移交工作的通知》(国税发〔2004〕144号)中,才要求交通部门停止代征车购税工作,将所有财产、业务于当年12月31日前划转、移交国税部门。

再如,为规范银行账户管理、实现税款直接入库,2009年国家税务总局联合财政部、中国人民银行发布了《关于车辆购置税征缴管理有关问题的通知》(国税发〔2009〕127号)。为加强部门间合作,发挥好相关部门的协税功能,国家税务总局和公安部于2017年联合发布了《关于建立车辆购置税完税证明和机动车销售发票信息共享核查机制有关工作的通知》,规定建立车辆购置税完税证明信息共享和核查工作机制,严格审核车辆购置税完税证明,加强对嫌疑车辆购置税完税证明的稽查,加强机动车销售发票核查管理以及优化便民服务的相关要求;2018年,发布了《关于试点应用车辆购置税电子完税信息办理车辆登记业务的公告》等。

(四)国家税务行政主管部门发布的部门规章和规范性文件

国家税务总局作为车购税征管业务的主责单位,由国家税务总局及其直属业务司局等为主体,以国家法律法规,国务院、国务院各部委办及国家税务总局发布的相关文件为依据,以"国家税务总局公告""国家税务总局令""税总发""税总函"等形式,发布的用来规范车购税征管业务的某些方面或者某些环节的政策文件,是车购税征管制度的重要组成部分。它们是构建车购税征管业务流程最直接的依据。

例如,在机关工作规则方面,根据《中共中央办公厅、国务院办公厅关于党政机关汽车配备和使用管理的规定》(中办发〔1994〕14号)、国务院机关事务管理局《关于印发〈中央国家机关公务用车编制和配备标准的规定〉的通知》(国管财〔2004〕120号)等文件精神而制定的《国家税务局系统公务车辆配备管理暂行规定》(国税发〔2008〕76号),根据《中华人民共和国立法法》《规章制定程序条例》等法律法规来制定的《税务规范性文件制定管理办法》(2017年5月16日国家税务总局令第41号公布,2019年11月26日国家税务总局令第50号修正),以《党政机关公文处理工作条例》(中办发〔2012〕14号)等为基础来制定的《全国税务机关公文处理办法》等文件规定,是各级车购税征管机关内部事务管理最直接的依据。

在车购税征管机构设置方面,以《国务院办公厅关于转发国家税务总局深化税收征管改革方法的通知》(国办发〔1997〕1号)和《关于修订省、自治区、直辖市国家税务局职能配置、内设机构和人员编制方案的意见》(国税发〔1997〕144号)等文件精神为指导,以《关于进一步规范国家税务局系统机构设置明确职责分工的意见》(国税发〔2004〕125号)为依据,国家税务总局发布了《关于车辆购置税机构设置及有关问题的通知》(国税函〔2005〕756号),对各层级的车购税征收管理机构的设置形式及相关要求等作出了具体说明。

在车购税的数据信息管理方面,国家税务总局发布了《关于加强车辆购置税档案管理有关问题的通知》(国税函〔2009〕757号)等文件,对车购税档案的内容和电子化管理等作出了具体规定。《在车辆购置税征收管理工作中应用车辆合格证电子信息有关问题的通知》(税总发〔2013〕17号)规定了车辆合格证电子信息的传输与管理,及其在车购税征管工作中的应用。《车辆购置税价格信息管理办法(试行)》规定了车价信息的采集、审核、汇总、上传以及车辆最低计税价格的核定、下发的管理工作。

在车辆购置税管理信息系统建设与应用层面,2005年国家税务总局发布了《关于印发〈车辆购置税征管软件及"一条龙"清分比对系统操作规程〉的通知》(国税函〔2005〕768号),对已有的涉及车辆税收"一条龙"管理软件进行了修改完善,结合人工采集、软件清分和利用软盘、网络传递信息等方式,推进车辆税收"一条龙"管理改革。随后,国家税务总局又发布了《关于全面推行车辆购置税征收管理系统的通知》《关于推行车辆购置税征收管理系统后会统核算和税款征收有关问题的通知》等文件,决定在全国推行新版软件,并就该工作的有关事项,作出了进一步的规定。

(五)地方政府、地方税务行政主管部门发布的规章制度和规范性文件

这主要指由地方政府、省(市)级国税征管机关单独或会同有关部门发布的车购税征管相关文件。从发文目的看,该类型文件主要用以规范地方车购税征管机构的日常运行及其

相应的征管行为。从发文主体上看，存在地方人民政府发文、多部门联合发文和地方税务行政主管部门发文等子类型。

一是由地方人民政府发布的政策文件。例如，1994年广东省针对组（拼）装小汽车缴纳车购费问题，以省人民政府办公厅的名义发布了《关于统一处理的组拼装小汽车缴纳车购费问题的通知》（粤府办〔1994〕28号）。文件进一步明确任何单位和个人不得越权减免车购费，并规定在该通知下发前已办理入户但未缴交车购费的车辆，应责成车主补交。又如，在《上海市人民政府关于取消和调整一批行政审批等事项的决定》（沪府发〔2015〕67号）一文中，上海市政府决定取消"列入车辆购置税免税图册的审批""设有固定装置的非运输车辆免征车辆购置税的审核""公共汽电车辆免征车辆购置税的审核"等行政审批事项。

二是由地方多个职能部门联合发布的规范文件。例如，为落实国家"费改税"政策，广东省财政厅、广东省物价局、广东省交通厅和广东省国家税务局联合发布了《转发财政部 国家计委 交通部 国家税务总局关于开征车辆购置税取代车辆购置附加费等有关问题的通知》（粤财综〔2001〕7号）。该通知明确要求从2001年1月1日起，在全省范围停止征收车辆购置附加费。在推行"费改税"初期，车购税征管实行交通部门代征制。这样，有关车购税征收的一些具体业务问题，主要采取地方税务局和交通行政主管部门联合发文的形式来明确。例如，2001年广东省国家税务局和广东省交通厅联合发布了《转发关于车辆购置税若干政策及管理问题的通知》（粤国税发〔2001〕115号）。

三是由省（市）级税务征管机关发布的规范文件。例如，广东省国家税务局于2014年发布了《广东省国家税务局车辆购置税征收管理实施办法》（广东省国家税务局〔2014〕4号文）。该实施办法以《中华人民共和国税收征收管理法》、《中华人民共和国车辆购置税暂行条例》（国务院令第294号）、《关于修改〈车辆购置税征收管理办法〉的决定》（国家税务总局令第27号）等法规的相关规定为依据，结合本省的实际情况，对辖区范围内办理车购税业务进行了具体规定。该实施办法于2015年进行了修订（《关于修订〈广东省国家税务局车辆购置税征收管理实施办法〉的公告》广东省国家税务局公告2015年第25号）。

一些市（县/区）级税务行政主管部门会根据本地实际情况对车购税的征管工作作出具体规定，以作为对国家税务总局、省级国家税务局各种管理规定的补充。例如，《深圳市国家税务局关于车辆购置税征管问题的公告》（深国税告〔2004〕23号），《深圳市国家税务局关于明确〈车辆购置税征收管理办法〉有关规定的通知》（深国税函〔2006〕87号），《深圳市国家税务局车辆购置税征收管理分局关于金三上线车辆购置税相关事项的通知》，等等。

（六）税务行业标准

车辆购置税征管标准规范是国家税务系统标准体系的一个重要组成部分。实行车辆购置税征收管理标准化，主要是从提高一线征管工作效能和规范征管业务体系的需求出发，以有关政策法规和上级部门发布的标准规范等为依据，将各层级、各地方车购税征管机构一些好的经验做法以标准化的形式固定下来的一种管理活动。目前，车辆购置税征管尚无统一的标准规范,主要是依照国家税务行业标准来制定相应的技术标准和管理制度。

根据国家税务总局《税务行业标准管理办法(试行)》(国税发〔2010〕61号)第二条的规定,税务行业标准是指尚无国家标准、且需要在税务行业范围内统一的业务和技术标准规范。具体来说,这包括《税务系统数字证书格式标准》(SW 6—2013)、《税务系统数字证书应用接口规范》(SW 7—2013)、《自助办税终端系统技术规范》(SW/T 9—2014)等系列强制或推荐性行业标准,以及《税收征管操作规范》《全国税务机关纳税服务规范》《税收管理领域基层政务公开标准指引》等规范性、指导性文书。

目前,国家税务行业标准研发、建设和应用的主要依据是2010年颁布的《税务行业标准管理办法》(国税发〔2010〕61号)。该管理办法对国家税务行业标准制修订工作的整个工作过程,即形成、下达修订计划、发布和出版正式文本等,所涉及的主要工作内容作出了详细的规定,包括税务行业标准管理办法总则、组织和职责、标准立项、标准制修订、标准的实施和复审等具体内容。该标准管理办法可供税务标准管理部门、标准制修订项目承担单位和标准管理技术支撑单位等使用。

二、研习内容

本节基于车购税(车购费)的业务规范体系,明确了车购税的基本性质,考察了其征管制度和模式变迁的历程及其成因,为进一步把握车购税的概念和特性、目的和作用,阐明制度对业务流程的规定性,定义车辆购置税征收管理流程奠定了基础。

(一)车辆购置税征管制度建设和征管模式的变迁

本节从开征车辆购置税的历史背景出发,考察其制度建设与征管模式变迁的历程,分析其成因,为把握车辆购置税征管制度对征管流程的规定性提供理解的视角。从其征收管理制度及其相应的征管模式的发展历程看,可以划分为车辆购置附加费时期和车辆购置税时期两个阶段。其中,车辆购置附加费时期又可以分为开征初期的"车辆生产(经营)部门代征制"与"车辆落籍地集中征收制"两个阶段。

1. 车辆购置附加费时期

改革开放之初,我国百业待兴。具体到公路建设领域,数据显示至1975年末,中国公路里程达78.3649万公里[①]。到1998年底,我国高速公路共0.8733万公里。[②] 同比,1974年的美国拥有公路614万公里,其中高速公路近6.4万公里。[③] 可以说,经过20多年的建设,我国的公路建设尽管远高于1952年的12.67万公里[④],但与同期的世界主流国家相比,

---

① 中国统计年鉴[J].北京:中国统计出版社,1999:504.
② 中国统计年鉴[J].北京:中国统计出版社,1999:503.
③ 美国公路现状和技术发展趋向[J].中南公路工程,1978(01):83-85.
④ 中国统计年鉴[J].北京:中国统计出版社,1999:504.

仍存在总里程量低、等级低和路况水平差等问题。

为了扭转交通运输紧张状况,筹集更多资金来加快公路建设,国务院决定开征车辆购置附加费。1985年4月2日,国务院正式发布《车辆购置附加费征收办法》(国发〔1985〕50号),并于当年5月1日起施行。该办法规定:车辆购置附加费在全国范围内征收,凡购买或自行组装使用的车辆(不包括人力车、兽力车和自行车),在购买时或投入使用之前必须缴纳车辆购置附加费,每辆车只征一次。

(1) 车辆生产(经营)部门代征制

《车辆购置附加费征收办法》(国发〔1985〕50号)规定,车辆购置附加费的征收管理工作由交通部门负责,并实施代征制。所谓"代征制",根据1985年颁布的《车辆购置附加费征收管理办法》第八条规定,国内生产或组装的车辆,其车辆购置附加费由生产厂或组装厂代征,以车辆的实际销售价格为计费依据。组装自用的车辆向所在地交通部门缴纳车辆购置附加费,参照同类车辆的当地价格计费。国内生产和组装的车辆购置附加费率均为10%。

同时,根据《车辆购置附加费征收办法实施细则》((85)交财字760号文)的相关规定,各省(自治区、直辖市)、地区(市)、县(市)交通部门都要在所在地中国工商银行开设"交通部车辆购置附加费专户",将所收车辆购置附加费,于3日内存入所在地中国工商银行交通部门专户,再由各级交通部门按期限将当月应缴费款汇交上级交通部门专户。另外,代征单位也需要制作相关报表,交由上级部门审核。征收和代征单位在每月月终后三日内编制车辆购置附加费征收月报表,连同全月的车辆购置附加费收据及退款凭证,一并送所在地交通行政主管部门审核。主管部门收到征收和代征单位车辆购置附加费征收月报表后,审核无误,将汇编车辆购置附加费(简称车购费)征收月报表送上级部门审核、汇编。经逐级汇总后,由省交通部门上报交通部审核。

(2) 车辆落籍地集中征收制

1993年,《交通部、财政部关于贯彻国务院办公厅国办通〔1993〕35号文件精神有关问题的通知》(交财发〔1993〕1356号)第一条规定,车购费征收管理工作由省级交通部门在车辆落籍地设置的车购费征收管理单位或机构(以下简称"征管单位")负责。其他任何单位或个人无权征收。除交通部、财政部外,其他任何单位或个人均无权减征或免征车购费。由此,车辆购置附加费由车辆落籍地征收,代征制逐渐被取代。

1994年,在《关于发布〈车辆购置附加费征收业务规定〉的通知》(交财发〔1994〕1161号)一文中,交通部、财政部对车购费征收主体、征收方式等作出了详细规定。例如,《车辆购置附加费征收业务规定》第二条规定,交通部、财政部负责全国车购费征收管理工作。各省、自治区、直辖市、计划单列市交通厅、局(含天津市市政工程局、上海市市政工程管理局,以下简称"各省市交通厅、局")负责本省(区、市)车购费征收管理工作,各省市交通厅、局应设置相对独立、名称统一的车购费征收管理办公室(以下简称"省级征管机构"),具体负责本省(区、市)车购费征收管理工作。各地(市、州)、县可根据业务需要,由省市交通厅、局决定设置相适应的车购费征收管理办公室(以下简称"地、县级征管机构"),具体负责本地(市、州)、县车购费征收业务。1994到2000年间,车辆购置附加费由交通部门直接征收。

2. 车辆购置税时期

"费改税",也称税费改革,其实质是为规范政府收入机制而采取的一项重大改革举措。在此背景下,车辆购置附加费作为一种行政事业收费,被"升格"为车辆购置税。自2000年以来,为落实国家税费改革目标结合税制改革的进程,车购税实现了从"平移"到"去(纸质)凭证化"的征管模式变革。

(1) 落实"费改税"政策实现征管工作"平移"

所谓"平移"主要是指在基本不改变征收标准、环节和流程的情况下,将承担征收任务的具体部门,由原交通运输部门转交给国家税收征管部门。2000年10月22日,国务院公布了《中华人民共和国车辆购置税暂行条例》。该条例在总体上与原《车辆购置附加费征收办法》没有太大差别。公布该条例的目的,主要是从依法治税出发,力争实现从车购费到车购税的平稳过渡。在过渡期间,车购税仍由原交通运输部门代征。从征管的规范性来看,该条例的公布明确了车购税是一种国税。由此,它所应具备的强制性、无偿性和固定性,其征管活动受到法律的约束,征收流程应具有的规范性等得到了更高层次的法制保障。

经过5年的过渡期,至2004年底,车购税征管业务全面移交到税务系统。2006年,《车辆购置税征收管理办法》正式公布。由此,车辆购置税的征收管理依据由"暂行条例"上升为"管理办法"。2018年,随着《中华人民共和国车辆购置税法》的公布,车辆购置税的征收管理依据由行政规章上升为国家法律。

(2) 推行"互联网+税务"征收管理迈向"无纸化"

车购税作为一种一次性征收的税种,采用了较烦琐的"凭证+档案"管理模式,尽管这对打击偷、漏税有较大的积极意义和作用。但是,由此也推高了征管成本,造成了较大的社会成本付出,而受到多方面的批评。随着"放管服"改革的深入和"互联网+政务服务"的全面推行,运用信息技术简化办事程序、优化征管流程在车购税征管领域的呼声越来越高。

2015年以来,伴随着"互联网+税务"行动计划的深入实施,在以"互联网+在线受理、互联网+申报缴税、互联网+便捷退税、互联网+自助申领、互联网+移动开票、互联网+电子发票和互联网+发票查验"等为显著特征的业务管理模式改革的助推下,各级税务行政主管部门积极与相关部门通力合作,逐步实现了政务数据的互通。2019年4月12日,国家税务总局、公安部联合发布《关于应用车辆购置税电子完税信息办理车辆注册登记业务的公告》(国家税务总局 公安部公告2019年第18号),规定"自2019年6月1日起,纳税人在全国范围内办理车辆购置税纳税业务时,税务机关不再打印和发放纸质车辆购置税完税证明"。这表明车购税征管已经迈入"无纸化"时代。

(二)车辆购置税征管模式变迁的成因分析

从"代征制"到落籍地交通部门直接征收,再到推行"费改税"实行国税部门征收制,车辆购置税征管模式为什么会发生这样的变化?征管模式的变化又会对征管流程产生怎样的影响?本节以"计划—市场"转型为背景,从以下五个方面进行了分析探讨。

1. "多快好省"征集公路建设资金

改革开放以前,我国的公路建设运行于计划经济体制之下,采取的建设办法是以地方为主的分级管理体制。公路建设主要的资金来源是国家预算内财政性资金、政府拨款。国家在财力有限的情况下,仍投入了不少资金在公路建设方面。例如,1949年全国公路建设资金投入仅0.05亿元,到1978年增长为5.16亿元。随着改革开放的实施与推进,"要想富,先修路"的观点得到了普遍认同。国家投入了巨大资源开展基础设施建设。1976—1980年间,我国基本建设支出为1854.09亿元,相比前五年,增加了近300亿元,占当时国家财政总支出的37%。① 但相比之下,公路建设总投资仍显得不足。

对此,国家决定开征车辆购置附加费。1985年,国务院发布了《车辆购置附加费征收办法》(国发〔1985〕50号)。该办法规定,车辆购置附加费的征收管理工作由交通部门负责,并实施"代征"制,即国产车辆的车辆购置附加费由生产厂家代征,进口车辆的车辆购置附加费由海关代征。1985到1993年间,车辆购置附加费主要是通过"代征"的方式进行征收。政务部门采用这种端到端的"代征"形式,从汽车生产和销售环节的"源头"进行把关,其征收管理流程链条较短,在市场化程度不高的情况下,能够节约制度和资源成本,提高征管效率、防止规费流失,从而使车辆购置附加费在优化公路基础设施建设投资环节中发挥出更积极的作用。

2. 适应社会主义市场经济体制建设规范征收管理

随着社会主义市场经济体制的不断完善,"代征制"的问题不断暴露:一是容易给代征企业增加负担,二是容易混淆代征部门的职能,三是存在一定规模的规费流失现象。为进一步转变政府职能、增强市场主体活力,国家决定改变车购费的征收环节,将"代征制"改为车辆落籍地交通部门直接征收制。

1994到2000年间,车购费全部由车辆落籍地的交通部门负责征收制。各地纷纷组建专职的车辆购置附加费征稽管理部门来落实这项任务。这期间车购费收入有了显著的增长。例如,1998年车购费在公路建设投资中占5%。它不仅为筹措其他渠道的资金提供了较有力的支持,使有限的资金实现了投资效益更大化的目的,较好地发挥了调控与导向作用,充分调动了中央和地方的积极性,有力地促进了"国家投资、地方筹资、社会融资、吸引外资"的公路建设投融资机制的形成。

3. "费改税"规范国家财税收入管理

1998年,我国开始进行税费改革。在改革开放前,我国长期处于计划经济体制下,政府包办一切行政、社会公益和福利事业,各行政机关和事业单位严格按国家规定进行财务管理,没有充足的理由向社会公众收费。改革开放后,随着市场经济体制的建立,中央政府和地方各级政府的功能逐渐增多,公共事务日益繁杂,为了满足完成工作的资金需要,收费

---

① 中国统计年鉴[J].北京:中国统计出版社,1999:269.

规模开始逐渐扩大。

但是由于费收的不稳定性和不规范性,浮现出不少管理问题。具体到车购费征管领域,主要存在以下三点问题。一是它属于集资性收费,其实质是一种隐性税收,即政府以隐蔽方式占有企业或居民部分收入,表现形式以无偿的非征税方式征筹一部分国民收入。这种收费具有非规范性,不利于国家资源的优化配置和政府的行政管理,不利于我国财税体制改革。二是它不具备税的法律效力,缺少相应的强制性和固定性,使得规避征费的违法成本较低。三是某些代征部门为了节约成本、提高汽车销量与利润,出现了故意规避、拖欠征费的现象。因此,为了使车购费及其相应的征管行为更为规范,与国际通用做法接轨,国家决定对车购费实行"费改税"。

4. 标准化建设提升征管质量与水平

从政务管理的视角看,税务行业标准化建设,第一,有利于税务机关控制税务征管成本。通过对人员配置、工作量确定、机构设置等方面进行调整和规定,树立投入产出观念,可切实降低税收成本。第二,有利于强化税务机关为纳税人服务的意识。税务机关可以服务标准的形式向社会公众作出各种公开承诺,为加强服务监督提供有效的"抓手"。第三,有利于税务机关对税收征管流程进行系统识别。税务机关可以通过明确每一项工作(过程)的程序、规范和考核标准等方式,使每项工作均有章可循、有章可依,从而提升行政组织的整体性。第四,有利于税务机关建立起一整套切实有效的绩效管理系统,通过明确岗位职责、分解责任、过程控制、考察奖惩、实施评价,从而充分调动人的能动性,最佳配置人力资源,促进税收管理的科学化、系统化、制度化,最大限度地提高税收管理的水平和效率。①

回溯我国税务行业标准化建设的历程,是从引进的 ISO9000 国际质量管理标准起步的。例如,深圳市国税局在 1999 年初就提出借助 ISO9000 标准的管理方法,实现税种征管规范化和现代化,并率先在蛇口分局试点推行。2000 年 9 月蛇口分局试点成功,成为全国首家同时通过 ISO9002:1994 版和 ISO/DIS9001:2000 版的单位。② 此后,以《税务系统国际通用管理标准 ISO9001:2000 质量管理体系》等质量管理标准为蓝本,我国税务系统不断推进行业标准体系的研发、建设和应用。

近年来,国家税务系统在行业标准化建设方面投入了大量的资源,取得了不少成果。例如,在纳税服务方面,2005 年国家税务总局首次推出《纳税服务工作规范(试行)》(国税发〔2005〕165 号)。2014 年,进一步推出了《全国县级税务机关纳税服务规范(1.0 版)》。在税收征管方面,2015 年,国家税务总局推行了《税收征管操作规范(1.0 版)》。截至 2019 年底,《税收征管操作规范》和《全国税务机关纳税服务规范》均已升级到 3.0 版本。它们的落地实施,更能有效地推进税收工作规范化、标准化建设,有力推动税收服务国家治理体系和治理能力现代化。其中,《全国税务机关纳税服务规范》(3.0 版)主要从减少各类办税证

---

① 斯越强.税务部门贯彻 ISO9000 标准初探[N].中国国门时报,2006-7-25(3).
② 胡世文.创新理念 规范管理 深圳市国家税务局导入质量管理体系国际标准理论与实践[M].北京:社会科学文献出版社,2003:2.

明、简化办税流程、压减办理时间等方面,对既有规范进行了改进与完善。《税收征管操作规范》(3.0版)从"互联网+""大数据"等信息化视角出发,统一业务标准,简化征管流程。该规范实施后将实现业务事项和报送资料精简近50%,表证单书精简超过20%,从而更好地促进办税缴费、提速减负。①

5. 信息化建设提升征管效能

自20世纪80年代起,计算机应用逐步进入税收征管领域,改变了传统征管的手工模式,大幅度提升了工作效率。各地税务机关先后开发了会统报表处理、票证处理、电月报处理、征收管理、税收法规查询、重点税源管理、人事档案管理、涉外税收管理、海洋石油税收管理、工资计算、财务管理等十余种应用软件,覆盖了税务管理的各个方面。

进入20世纪90年代,国家税务机关开始兴建统一的"金税工程",并以此为"抓手"来提升征管的整体效能。其中,通过工程一、二期的建设,构建了国家税务总局、省级国税局、地市国税局、县级国税局4级网络和全国增值税发票监控网,实现了对发票信息的"电子采集、网络传输、电子比对",较好地解决了人工操作的低效且易错的问题。2007年8月,金税工程三期项目规划启动,重点是解决如何进一步强化征管功能,扩大业务覆盖面,实现与金财、金审、金关、金信等工程以及银行等部门互联,实现信息共享等问题。与工程建设相配套,2009年国家税务总局组织研制了《税务信息化标准体系》。该体系包括了税收征管系统数据元目录、纳税人识别号、车船税税目代码、发票种类代码等一批关键数据标准。

2010年,三期工程正式启动,率先在6个省及直辖市试点。2015年,随着《互联网+税务"行动计划》的推出,国家税务总局提出升级"三期工程",实现平台相通、系统相融、融合相生。2019年,金税三期(并库版)完成全国上线,原国税、地税两套金税三期系统合并,实现了数据合流和办税系统的统一。这为税收征管服务规范化建设和税制改革提供了强有力的信息化支撑。2021年以来,在"非接触式"办税常态化的背景下,金税工程建设着力解决内部数据的互联互通与聚合共享等问题,为形成线上线下融合、前台后台贯通、统一规范高效的电子税务局提供技术和规范平台。

三、研习结果

(一)车辆购置税的概念内涵

车辆购置税是对在境内购置(含进口)规定车辆的单位和个人所征收的一种财产税。它实行一次性征收制。车辆购置税前身为车辆购置附加费(即车购费)。车购费开征于1985年,是国家为筹措公路交通建设经费而面向车辆购置单位(个人)征收的一种规费。2000年,原车辆购置附加费"升格"为国税,即现行的车辆购置税。开征这种特定目的的

---

① 国家税务总局办公厅.全国纳税服务规范和税收征管操作规范"升级版"11月1日起实施[EB/OL].(2019-10-31)[2021-08-13]. http://www.chinatax.gov.cn/chinatax/n810219/n810724/c5138807/content.html.

税,既有助于国家统筹安排资金,保证国家财政支出的需要,也有助于满足国家支撑特定事业的建设需求。

1. 征收目的

车辆购置税是具有专门的用途的税种。中央财政以国家交通建设投资计划为基础,进行车购税征收的统筹安排。这种特定目的的税收,既能够保证国家财政支出的需要,也有利于保证特定事业和建设支出的需要。

2. 征收管理对象

根据《中华人民共和国车辆购置税法》第二条规定,凡是发生了"购置(包括购买、进口、自产、受赠、获奖等)"行为的单位和个人,其自用应税车辆都属于征收管理对象。由此,结合《中华人民共和国车辆购置税法》第一条、第九条和第十一条等规定,车辆购置税征收管理对象,既包括了"应税车辆",即在中华人民共和国境内购置汽车、有轨电车、汽车挂车、排气量超过一百五十毫升的摩托车等,也包括了"免征车辆",即外国驻华使馆、领事馆和国际组织驻华机构及其有关人员自用的车辆,中国人民解放军和中国人民武装警察部队列入装备订货计划的车辆,悬挂应急救援专用号牌的国家综合性消防救援车辆,设有固定装置的非运输专用作业车辆,城市公交企业购置的公共汽(电)车等。对于不需要办理车辆登记的车辆,也应当由车辆购置单位或个人向税务机关申报车辆购置税相关手续。

3. 征收管理机关

根据《中华人民共和国车辆购置税法》第十条规定:"车辆购置税由税务机关负责征收。"因此,在我国应由国家税务机关来负责车辆购置税的征收管理工作。结合《关于进一步规范国家税务局系统机构设置明确职责分工的意见》(国税发〔2004〕125号)、《国家税务总局关于车辆购置税机构设置及有关问题的通知》(国税函〔2005〕756号)等文件精神,国家税务总局设置了专门的机构来管理相应的车辆购置税征管工作,即在货物和劳务税司下设了车辆购置税处来统筹、指导全国的征收管理业务。各省(直辖市)成立了相应的内设机构来负责车辆购置税的管理工作。面向纳税人的车辆购置税征收服务工作,则由各地根据实际情况来设置相应的征管机构,以车辆购置税征收管理分局、管理办公室、办税服务厅和办税窗口等形式,来落实各项具体业务工作。

4. 征收环节

2000年10月22日,国务院颁布了《中华人民共和国车辆购置税暂行条例》,规定从2001年1月1日起开征车辆购置税。该税种是在原交通部门收取的车辆购置附加费的基础上,通过"费改税"方式平移而来,征收环节为使用环节(最终消费环节)。车辆购置税由购买和使用车辆的单位或个人承担。

5. 定价依据

《中华人民共和国车辆购置税法》第六条规定,应税车辆的计税价格为纳税人购买自用应税车辆的计税价格,为纳税人实际支付给销售者的全部价款,不包括增值税税款等。这就是说,车辆购置税税额是附加在价格之外的,纳税人即为负税人,税负不发生转嫁。

6. 完税凭证

车购税以完税凭证为发票。《国家税务总局关于修改〈车辆购置税征收管理办法〉的决定》(国家税务总局令第38号)第二十二条规定,主管税务机关在税款足额入库后发放完税证明。完税证明不得转借、涂改、买卖或者伪造。

(二)车辆购置税的特性

1. 征收范围单一

车辆购置税是一种特种财产税。《中华人民共和国车辆购置税法》第一条规定,在中华人民共和国境内购置汽车、有轨电车、汽车挂车、排气量超过一百五十毫升的摩托车(以下统称应税车辆)的单位和个人,为车辆购置税的纳税人,应当依照本法规定缴纳车辆购置税。

2. 征收环节单一

车辆购置税在消费领域中的特定环节一次征收。《中华人民共和国车辆购置税法》第三条规定,车辆购置税实行一次性征收。对于已征车辆购置税的车辆,不重复征收。

3. 征税具有特定目的,所征款额有专门用途

《车辆购置附加费征收办法》(国发〔1985〕50号文)第一条规定,为加快公路建设,以满足社会经济发展和人民生活水平提高对公路交通日益增长的需要,决定设置车辆购置附加费,作为公路建设专用的一项资金来源。实行"费改税"后,车辆购置税税款的用途没有发生实质性变化。

4. 价外征收,不转嫁税负

《中华人民共和国车辆购置税法》第六条规定,纳税人购买自用应税车辆的计税价格,为纳税人实际支付给销售者的全部价款,不包括增值税税款。

(三)车辆购置税的作用

1. 有利于规范政府行为,深化和完善财税制度改革

实行"费改税"、理顺税费关系,是健全社会主义市场经济宏观经济调控体系,满足经济

快速协调发展及健康运行的需要。将车辆购置附加费"升格"为车辆购置税,有利于增强资金征收的规范性、强制性、固定性,有利于理顺政府的分配关系,规范财政管理,接受社会各界监督。这也有利于进一步提升其征稽管理流程的效能。

2. 有利于调节收入差别,缓解社会分配不公的矛盾

随着社会主义市场经济体制的推行,早在20世纪80年代初"不平衡、不充分"等问题已现苗头。开征车购费不仅有利于国家筹措公路建设经费,也有利于调节不同单位、不同个体之间的收入差别。由购置车辆、使用车辆的单位和个人直接承担一定部分的公路建设经费,有利于调节收入差别、缓解分配不公的压力。对此,国家从车购费(税)使用途径等方面进行了详细规定。例如,《车辆购置附加费分成资金使用管理暂行办法》(财工字〔1997〕136号)第三条规定,分成资金比例的确定原则既不影响国家宏观调控能力的发挥,同时又有利于调动各地交通部门征收工作积极性;适当照顾中西部地区及公路交通基础设施欠发达地区;对于车购费征收管理工作取得较好成绩的单位,交通部可在分成资金预算规模内,根据情况给予适当奖励,奖励的分成资金用于交通部核定的公路、场站建设项目。

3. 有利于合理筹集建设资金,积累国家财政收入,促进交通基础设施建设事业的健康发展

公路是经济的"动脉",社会主义市场经济发展需要大量高质量公路的支撑。但作为一种公共产品,公路及其配套设施的建设一方面需要投入大量资源,另一方面其本身所具有较强非排他性、非竞争性,也使得这种资源的投入高度依赖国家财政。因此,我国决定对购置车辆、使用车辆的单位和个人开征车购费(税)。采用征收费(税)的方式,不仅有利于快速筹集普通公路建设资金,更有利于积累资金去建设更大规模、更高层次的高等级公路和站场等。

例如,《车辆购置附加费管理办法》(财工字〔1996〕440号)第六条规定,车购费应主要用于国家计划内干线公路项目建设及与公路建设有关的支出。主要包括重点用于纳入行业规划的国家干线公路、特大桥梁、隧道及重要的公路、铁路交叉道口的改建,以及具有重要意义的省级干线公路建设;适当安排与上述公路相配套的重点汽车客货场、站设施建设;用于纳入国家计划补助的建设项目所需材料而对筑路材料工业的投资及供应筑路材料所需的周转资金;用于承担征收车购费的管理和监督工作的开支;专项性支出,包括:老旧汽车更新改造支出,内河航运建设基金支出,省级征收分成资金支出,省级周转性借款支出等;国务院和财政部批准的其他支出。

4. 有利于规范车辆交易行为与市场,维护国家权益

首先,车辆购置税具有同一应税车辆税负相同的特性。对同一课税对象的应税车辆,不论来源渠道如何,其车购税都按同一比例税率征收,能够平衡进口车辆与国产车辆的税收负担,体现国民待遇原则。其次,在车辆上牌使用时征收车辆购置税,具有源头控制的特点,能够配合有关部门打击走私、惩治犯罪。最后,车购税对进口自用的应税车辆的计税依据为含关税、消费税的组成计税价格,通过对进口应税车辆征收较高的税收,限制其进口,有利于保护国内汽车行业的发展。《国家税务总局关于修改〈车辆购置税征收管理办法〉的决定》第五条规定,纳税人购买自用应税车辆的,应自购买之日起 60 日内申报纳税;进口自用应税车辆的,应自进口之日起 60 日内申报纳税;自产、受赠、获奖或者以其他方式取得并自用应税车辆的,应自取得之日起 60 日内申报纳税。加强车辆购置税的税源管理有利于打击走私车辆、不法车辆的购置行为,保护合法产业和民族工业。

(四)车辆购置税征管流程的概念

通过对车辆购置税概念、特性等的理解,结合政务流程管理一般知识,可以明确车辆购置税征收管理流程是承载车辆购置税征收和管理业务的一种政务流程。设定该流程的基本依据包括《中华人民共和国车辆购置税法》《税收征管操作规范》等法律法规、部门规章和行业标准。

从"前区"和"后区"的视角出发,车辆购置税征收管理流程可以区分为:(1)面向纳税人的纳税服务流程;(2)车辆购置税征管机构的内部管理流程。从面向纳税人的服务视角看,车辆购置税征管流程可以定义为由国家税务机关组建的,面向纳税人展开车辆购置税征收管理与服务的一系列活动的组合。从内部管理的视角看,车辆购置税征管流程可以定义为由车辆购置税征管机构依法组建的,以征缴税款、维护税源等为目的的一系列管理活动的组合。

(五)车辆购置税征管流程的特性与目的

1. 车辆购置税征管流程的特性

作为法定税种,车辆购置税征收管理流程具有约束性、确定性、稳定性和公开性等特性。

(1)约束性

车辆购置税征管流程的制定以法律规范为依据,在部门规章和内部规范的制度框架内运行。车辆购置税征管流程受到《中华人民共和国车辆购置税法》等法律法规、《国家税务总局关于修改〈车辆购置税征收管理办法〉的决定》等部门规章以及《国家税务总局关于车辆购置税机构设置及有关问题的通知》《国家税务总局关于加强车辆购置税档案管理有关问题的通知》《关于建立车辆购置税完税证明和机动车销售发票信息共享核查机制有关工作的通知》等内部规范的约束。

(2)确定性

车辆购置税征管流程由法定的机关制定、由法定的部门执行,每一环节的设置有明确的规定,以书面的确定形式向相关方公示。这就要求征管流程的主要环节在全国范围内保持总体的一致性。每一环节都有对应的职责和岗位,有明确的操作规范。各种操作规范必须被严格执行,任何部门与个人不能改变流程中任一环节,更不能随意增减征管流程。采用电子化征管或电子化征管水平较高的地区,虽然可以将若干环节进行归并、精简操作环节,但征管流程的核心环节,尤其是"输入—输出"端的设置必须符合总体性要求。

(3)稳定性

作为政务流程,车辆购置税征管流程一旦设定,就需要在一定时期内保持不变。实施流程变革的地区,必须征得上级主管部门批准。获批准后,应及时向相关方公示,经过充分检验后才能在所辖地区推广应用。这一是有利于征管部门和征管工作人员熟悉操作规范,在保持稳定的征收效率前提下,不断提升服务水平。二是有利于保持服务水平的稳步提升,避免纳税人因流程变化而要耗费更多时间精力去了解政策变化、熟悉办税手续等。三是有利于监管部门设计相应的监管流程,同步优化监控流程,提升监管水平。因此,设定车辆购置税征管流程需要经过认真调研,充分考虑各方的利益,进行科学、合理的组织与规划,使之持续保持稳定有效。

(4)公开性

车辆购置税征管流程具有公开性。一是凡涉及车辆购置税征收工作的法律法规、部门规章都要向社会公开,接受社会公众的监督。二是由各级征管部门根据有关规定编制的车辆购置税纳税服务流程,都要面向全体服务对象公开,接受纳税人的监督。

2. 车辆购置税征管流程的目的

车辆购置税征管流程服务于开征车辆购置税的根本目的,承载着车辆购置税征收管理的全部业务,是业务体系的过程化反映,是对组织分工和职责、部门或岗位之间的业务活动事件及其相应步骤的反映,体现了业务运行的程序化。

车辆购置税征管流程的核心目的就是政府本身的目的,体现了国家与政府维护社会经济秩序、保障公民利益等的意志与职能。开征车辆购置税,有利于健全宏观经济调控体系,理顺税费关系,合理筹集建设资金,积累财政收入,促进交通基础设施建设事业的健康发展。规范车辆购置税征管流程,有利于深化财税制度改革,规范政府行为,促进社会主义市场经济的快速协调发展和健康运行。不断完善车辆购置税征管流程,有利于配合打击走私行为,保护民族工业,维护国家和纳税人权益。

第一章习题

第二章

政府业务和内部管理流程

———○ 研习目标 ○———

1. 了解政府业务与其职能、组织结构和职责之间的关系。
2. 掌握政务流程的组成元素、活动关联等基础知识。
3. 通过职责与业务活动梳理，熟悉通用管理流程和专用管理流程的主要内容。

  本章从政府业务的概念内涵出发，探讨了政务流程与政府职能、组织结构之间的关系，介绍了政务流程的组成元素与活动关联等基础知识。政府业务可以分为支撑性业务和核心业务。从流程管理的视角看，各项具体的业务活动是对岗位职责的反映，政务流程反映了各岗位、各项业务活动之间的相互关系，政务流程体系从整体上反映了业务活动实现政府职能的全过程。政务流程包括数据信息、参与者、逻辑关系、传递时间、活动等组成元素。这些元素的任一成分变化都会导致流程的范围和规模发生变化。政务流程的分类和分级是交叉进行的。政务流程的层次结构是相对稳定的，可分为"岗位（操作）流程、跨岗位流程、跨部门（科室）流程"这三个层次。政务流程可分为内部管理流程和对外服务流程。内部管理流程可以进一步分解为通用管理流程和专用管理流程。在案例研究设计与研习报告示例部分，本章以G市国税局车购税征管分局为例，描述了其主要职能与组织结构，梳理了其主要科室的职责和基本业务内容，概括了其内部管理流程体系的主要内容。

第一节
研习指导

一、情景设问

材料一

有学者形象化地将"管理"描述为"定制度、走流程、抓执行",指出科学规范的制度,还需用规范的流程保证制度落地。[①] 这就是说"流程"一方面源于制度,另一方面也是保证"制度"与"执行"有效衔接的重要环节。通常认为一个具体的工作流程有五个基本要素,即活动、数据信息、参与者、逻辑关系和传递时间。这"五要素"是以概念的方式总结、归纳和表达了流程管理相关经验。它们对于当代高度信息化的社会,亦有着极强的指导价值、意义和作用。

例如,国家税务总局在《关于推行纳税人网上开具缴款凭证有关工作的通知》(国税函〔2009〕637号)中明确了网上开具缴款凭证的基本流程。我们可以将其概括为以下要点:一是以省辖市或省级税务机关为单位,在互联网上建立工作平台;二是按日将纳税人缴税信息和个人所得税代扣代缴明细信息,导入网上平台数据库;三是由商业银行将电子缴税扣款成功的税票信息上传到税务机关电子申报网站,供纳税人下载打印。对照"五要素",这里的"活动"主要是指围绕"网上开具缴款凭证",而形成的数据导入、上传、下载和打印等一系列"线上/线下"行为。"数据信息"就是指运行在网上工作平台中的各种基础数据、业务信息,如凭证编号、系统税票号、打印日期、税务征收机关名称、纳税人识别号、纳税人全称、银行账号、税(费)种类名称、税(品)目名称、所属时期、实缴金额、缴款日期等。"参与者"主要指税务机关、商业银行和纳税人。"逻辑关系"就是指每一个环节、步骤之间的先后次序等。"传递时间"主要用来规定每一数据信息从一个环节到另一个环节的限定时间,例如规定应"按日"将纳税人缴税信息、扣代缴明细信息等导入网上平台数据库。

以对"五要素"的认识为基础,结合数字证书技术的应用,我们可以在实践中将上述基本流程进一步具体化为以下过程:第一,税务机关收取纳税人公钥,定期将纳税人公钥按商业银行上传至财税网站;第二,商业银行定期下载纳税人公钥;第三,纳税人在线申报成功后,税务机关发起扣款报文至商业银行;第四,商业银行将扣款成功数据通过纳税人公钥加密、商业银行私钥签名后,生成付款通知数据包上传至财税网站;第五,纳税人登录财税网站,下载商业银行公钥,通过商业银行公钥验证签名、纳税人私钥解密付款通知数据包后,查看、下载商业银行提供的《电子报税付款通知》。完成上述"规定动作"后,纳税人就可以足不出户地接受纳税服务、完成缴税义务。

[①] 秘祖利.管理就是定制度、走流程、抓执行[M].北京:中国纺织出版社,2018:49.

材料二

内部控制(internal control)是现代管理的重要组成部分和组织机构内部进行有效管理的工具,也是一种重要的风险控制机制。它提出于20世纪40年代的美国,是社会经济发展到一定阶段的产物。历经几十年发展,它在实践中通过与政府质量管理、管理标准化等思想理念相融合而逐渐成熟起来。

一般认为政务部门的内部控制与其他组织相类似,主要有内部会计控制和内部管理控制这两种基本类型。政务部门的会计控制主要是指与保护国有资产与资金的安全性、会计信息的真实性和完整性以及财务活动合法性相关的会计审计类风控手段与行为。政务部门的内部管理控制主要指与保证国家方针、决策和法规得到贯彻落实,促进业务活动的经济性、效率性、效果性以及业务目标的实现相关的管控活动。近年来,我国越来越重视行政事业单位的内部控制管理问题。财政部在《行政事业单位内部控制规范(试行)》中指出,行政事业单位内部控制是指通过制定制度、实施措施和执行程序,实现对行政事业单位经济活动风险的防范和管控,包括对其预算管理、收支管理、政府采购管理、资产管理、建设项目管理以及合同管理等主要经济活动的风险控制。

无论是会计控制还是内部管理控制都依赖内部流程控制来落实。党的十八届四中全会报告指出:"加强对政府内部权力的制约,是强化行政权力制约的重点,对财政资金分配使用、国有资产管理、政府投资、政府采购、公共资源转让、公共工程建设等权力集中的部门和岗位实行分事行权、分岗授权、定期轮换、强化内部流程控制,防止权力滥用。"这是我国首次将"内部流程控制"写进党的决议。如今,内部流程控制已成为公共部门管理的一项重要内容。这就是要在一个单位内部建立和健全使各项业务活动互相联系、互相制约的措施、方法与规程,从而不断提升公共服务与管理的质量与水平。这对加强政务部门内部管理,规范政府业务流程有着重要的价值、意义与作用:一方面有利于充分发挥内部控制制度的优势,强化内部权力的制约;另一方面有利于发挥流程化管理的优势,促进岗位流程、跨岗位流程、跨部门流程的一体化,使得权力制衡与行政效能之间得到有效平衡。

二、问题与思考

1. 流程的"五要素"指什么?如何把握它们的相互关系?
2. 业务流程的前区、后区指什么?这样的划分对于规范政府业务有怎样的意义、价值和作用?
3. 政务流程与政府业务、政府职能和组织结构有什么关系?

三、研习步骤建议

1. 选择特定的组织机构,以其内部管理活动为研究对象。
2. 了解该机构的组织结构,描述各子单位(科室)和岗位的职责等。

3. 按照通用管理流程和专用管理流程，分类梳理其内部管理流程体系和内容，注意区分支撑性业务和核心业务，岗位操作流程、跨岗位流程和跨部门（科室）流程等。

四、研习报告要求

1. 本作业可采用小组的形式完成，每组不超过 5 名学生。小组成员必须分工明确，各有侧重。

2. 研习报告名称由"对象名称＋内部管理流程体系"构成。

3. 研习对象的选择，可以第一章的相关内容为基础，考察特定政务部门（机构）的职能和组织结构。

4. 研习报告至少应包括以下两个方面的内容：一是该机构各科室（组）的岗位、职责和基本业务内容，二是其内部规范体系的主要内容。

5. 研习结果，按通用管理流程和专用管理流程分类梳理其内部管理流程体系，重点考察支撑性业务及其流程的主要内容。

6. 建议 6 个学时。其中理论与案例讲授 2 个学时，学生自主调研、形成研究报告 4 个学时。

第二节　政府业务与政务流程

一、流程管理视域中的政府业务

（一）政府业务概述

政府业务，简称政务。它是对政府的事务性工作、国家的管理工作和行政事务的统称。政府业务有广义与狭义之分。从狭义上看，政府业务通常指仅限于政府机关的行政管理事务，如行政审批、行政服务和行政执法等，但不包括群众自治组织的村务工作、国家司法审批机关的法务工作等。但是，我国政府管理职能涉及面广，除了政府机关外，各级党务机关、社会团体等公共组织都具有泛行政化的倾向和特征。因此，广义上的政府业务，不仅包括行政事务、政党事务等有关政治与治理的事务，还包括立法、司法以及其他公共组织（事业单位）等承担的社会事务。

政府业务可以分为核心业务和支撑性业务。所谓核心业务就是指政府机关和政务部门为实现其职能、履行其职责，面向社会公众或其他管理服务对象而设置的管理与服务事项，及其相应的行政许可、行政审批、行政检查、行政执法、行政处罚、行政复议等行为活动。

所谓支撑性业务就是支撑核心业务的组织机构内部管理活动。对政务部门来说就是指为保障组织机构自身正常运行,而形成的机关行政管理事项和机关服务事务的总和。它一般包括公文、会议、印章、调研、档案、人事、监察等日常行政事项,以及机关财务、资产、生活、办公环境、接待等总务后勤事务。

从政务流程的视角看,政府业务是以法律赋予的权力与义务为基础,指向为实现政府目的和目标,而需要处理的各项政治、治理和社会事务及其相应的活动。这些事务即"业务"。每项业务活动都是有计划的,包含着依据计划(工作任务)所确定岗位(职位)、职责(职权)及其相互协调等内容。因此,厘清每项业务活动与其相应的职能、岗位和职责的关系,厘清由职能、岗位和职责所规定的业务内容及其相应的业务活动,就是政务流程管理活动。

(二)政务流程、政府业务与政府职能

一般来说,政府的基本职能包括政治、经济、文化、社会等方面的内容。政府的运行职能包括决策、计划、组织、控制、监督等基本环节。政府职能必须经由一系列的政府业务活动来实现。这些业务活动依据一定的逻辑关系组合起来,就是政务流程。

宏观层面的政务流程,就是实现政府各项基本职能的各项政务活动及其相互关系的总和,是对政府运行职能的直接反映。从微观层面上看,政府职能就是政务部门在社会经济中所承担的具体职责。政府的每项职责都需要特定的业务活动来支撑,从而实现其管理目的与目标。而这些职责又是由各个工作岗位上的工作人员来具体承担的。因此,微观层面的政务流程就是对各个岗位职责之间逻辑关系的反映。构建政务流程的过程就是分析梳理岗位职责、部门层级之间围绕特定业务活动而形成的逻辑关系。政府职能的实现过程实际上就是政务流程管理的过程。

(三)政务流程、政府业务与组织结构

在企业流程管理领域,有这样一个经典争论,即"是流程决定组织结构"还是"组织结构决定流程"? 换句话来说就是"先有业务流程还是先有组织结构"? 不过,对政府机构来说,由于其职能、职位、职数等是法定的,其组织结构的框架是基本确定的。因此,有学者认为政府职能的确定和政府组织结构的建立是同一个过程。① 政府职能在很大程度上决定了政府组织的设置、规模、层次、数量以及运行方式。政府组织结构形成的过程就是将政府职能分配给各部门、各层级的过程。

由此可见,政府的组织结构,一方面受其职能的影响,另一方面又影响着政务流程。从流程管理的视角看,政务流程的主体部分是运行于组织机构内部的。任何一个政府组织都需要承担其职责范围内的全部工作任务(业务)。这些任务必然有其对应的岗位和职责。其中,有些任务只需要一个岗位就可以完成,有些任务需要若干个岗位之间的协调配合才

---

① 金太军,赵晖,高红,等.政府职能梳理与重构[M].广州:广东人民出版社,2001:7.

能完成。因此，政务流程反映了各岗位（职责）之间的相互关系，政务流程管理过程反映了政府业务活动对政府职能的实现过程。由此，人们可以通过观察分析一个政务部门的各种管理流程是否畅顺、运行是否平稳、效能是否有保障，来考察其组织结构是否合理、职能是否得到有效落实等问题。

二、政务流程的组成元素

（一）活动

活动又可以称为任务，是构成流程的最基本要素，是对实现政府业务处理逻辑过程的某项工作任务的描述。一切流程都是由活动组成的。如政府采购工作流程，就由编辑预算、提交需求、公布招投标信息、确认供应商与签约、验收入库等活动组成。一个政务流程包括哪些具体工作，实际上是由这个流程所包含的任务或事件的特性所决定的。任务不同，性质和规定也不相同，因此人们针对任务设计的步骤也不相同。但共通之处就是要找到为完成流程的最终目的而执行的"最小工作单元"。

最小工作单元可以是一个时间矢量，可以是一个空间度量，也可以是人力、物力等资源的投入量。在绝大多数情况下，最小工作单元应该是多维度的最优集合。简单来说，就是以最低限度的人力、物力投入，耗费最小的空间，从而在最短时间内完成一定量的工作任务。

对于已经成熟的程序性任务，活动目的及活动顺序明确，只需根据以往的操作方式，按照既定的规则就可以完成。对于非程序性即全新的任务和工作，管理者需要从之前的经验中反思与开发，明确执行任务的时间、步骤等，探索最佳的流程路线。技术的进步和专业化的分工使得流程可以具体划分边界，形成多个单独的小活动，这样原本由一个人完成的整个流程就可以分解给多个最合适的岗位来完成，从而保证高质高量地完成既定的任务。随着现代技术的普遍运用，活动逐渐被分为两类：一种是传统的手工操作，另一种是自动处理。随着自动化技术的引入，被分解的活动将得到最大限度的整合，从而使得流程更加畅顺。因此，流程工作中关于任务的划定是随着时代和科技进步而变化的，而不是一成不变的。

（二）数据信息

在流程管理中，数据信息是为了完成事前定义的一系列任务而被输入、处理和输出的"数字＋单位"的结构化对象。例如，行政相对人的基本信息，一项服务、一件物品的基本参数，等等。在政务流程中数据信息具有重大意义。对于业务流程发起岗位来说，启动流程实际是向下一环节提交一组数据信息，如一份成稿的文书或一张含有数据的表格，有时还要附上必要的文献资料、证明文件等。对于数据信息接受者，数据信息在当前或未来的行动和决策中具有实际的或可察觉的价值。例如，在处理企业经营执照的申请中，审批人员会根据申请者提供的申请表及相关证明文书中反映的信息,如企业注册资金额度等数据,决定下一个要执行的任务是什么。假如企业注册资金满足要求就进入下一个环节,而不满足最低要求则被拒绝返回。从数据信息的视角看,一个流程实质是将一些相对于本业务活动来说碎片化的数据信息,进行结构化的过程。不断推进数据信息的结构化,形成有价值、意义和作用的输出,亦是政务流程每一环节的价值所在。

(三)参与者

参与者指执行某项任务的人员或组织单元。一个业务流程可以由多项任务(活动)构成,而每一项任务或多项任务可以构成一个节点。当一个节点的任务需要不止一个岗位或者一个参与者来完成时,就要不断地分解和细化,分解到能够指导个人开展业务的程度。分解任务往往会形成子流程。为保持流程的畅顺和整体的工作效率,要结合最小工作单元来分配参与者。同时要不断提升参与者的单体工作效率和工作技能,尽量实现"一岗多能"。过长的流程链条、繁杂的子流程和冗余的节点会使得流程体系臃肿不堪,难以相互协调。

需要注意的是活动的执行者不仅包括人员,还包括各种相关设施设备等物质资源,资源的分配和调度对任务参与者来说应是可操作的。随着自动化技术的引入,一个节点上可能不止一个参与者,而存在着其他业务过程的特定节点及其参与者。这些"附加"节点通常不直接参与作业活动,但在关键时刻可以发挥某些重要作用。例如,电子监管流程会在监控对象的若干环节上同步设定监控点,这些监控点通常不干扰业务流程的正常运行。当被监控流程出现不稳定因素,例如发生违规现象,监控点随即被触发并发出警报,进而激发整个监控流程的运行。当多个参与者能够无缝衔接时,业务流程运行将会更加畅顺而稳定。

(四)逻辑关系

逻辑关系是对业务流程中任务(活动)之间的时间逻辑和处理逻辑关系的概括。时间逻辑是自然的、不可更改的。从一项任务到另一项任务,如果二者之间存在自然时间的规定性,那么它们之间的关系就是稳固而不可更改的。处理逻辑则与政府业务的制度规定性、管理服务的需求有关。因此,在处理逻辑中存在着两种执行顺序的关系:一种是并行关系,即一个任务的执行不依赖另一任务的完成,二者可以同时进行;另一种是串行关系,这种关系具体表现在甲任务必须在乙任务之前完成。如果不按照这种关系进行,那么流程最终会遇到执行障碍。政务流程中处理逻辑关系并不是固定不变的。它会随着外在环境的变化,如制度环境、技术环境的变化而变化。由此,一个业务流程的完成途径,即从流程的起点到终点的路线,是可以选择的。

(五)传递时间

传递时间指业务流程中每一个基本工作任务的完成到下一个工作任务启动之间的时

间间隔,间隔越小表明两者转换的时间越短,速度越快。在一个流程中,将工作任务合理分解然后由专职人员来执行固然能提高效率,但如果分解界定后的各种单项任务在不同的工作人员或职能部门之间的传递需要很长时间,也会导致效率的降低。

政府业务流程的建立是为了更高效地完成目标,因此在任务开始前需要进行合理分工,确定合适的工作单位并选择熟练的工作人员或设备,在完成任务之后,也需要按照已确定的逻辑顺序迅速传递工作成果,缩短任务与任务之间的传递时间。但是,某些工作在分工协作后,业务传递的效率没有升高,反而更低了,这类问题在政务部门中较突出。究其原因是多方面,既有权力制衡的需要,也有部门利益阻碍、"因人设事"乃至权力寻租等原因。发展电子政务,实施"一站式"的服务模式,不仅是为了利用信息技术,缩短业务传递的时间,更是为了在提升服务效率的同时,改变传统的制衡模式,提高行政效能。

三、政务流程的范围和规模

政务部门的业务繁多,流程的外在形式千差万别。但这些业务流程有着相同的基本结构,都是由相同的元素组成,即活动、数据信息、参与者、逻辑关系、传递时间。这些元素的任一成分变化都会导致流程发生相应的变化。

流程的变化涉及范围和规模两个层面。流程的范围主要指一个流程体系或一项业务流程所关涉的职能部门(科室)、岗位等的数量。范围较宽的流程则可能涉及多个职能部门的多个岗位,范围较窄的流程可能只局限在一个职能部门内。流程的规模取决于它所承载的业务内容。有些范围较宽的流程,所承载的业务内容逻辑关系清晰,仅需简单的活动就可以形成比较完善的流程。有些范围较窄的流程,可能由于业务内容庞杂,涉及层次多而关系到众多活动,其逻辑过程十分复杂。逻辑关系越复杂,越需要详尽的分析,以厘清其活动关联,从而有效支撑业务流程的展开。

流程的范围和规模往往与观察分析的视角密切相关。例如,对于车辆购置税的征管业务来说。如果只是从狭义的纳税服务看,仅涉及纳税人申报、缴纳税款和领取完税凭证等少数环节和岗位,因而流程的范围和规模比较有限。但是,从车辆购置税征管业务的全过程来看,对纳税人的服务还包括政策宣教、纳税人和车辆信息采集和完税信息传递等环节,同时征管机构内部要对征管人员、应收和已收税款、完税凭证、业务档案等开展相应的管理活动,这就涉及不同层级、不同岗位和不同部门之间的协同问题。因而,其流程范围和规模显然要宽泛很多,需要我们进一步厘清这些活动之间的关联。

四、政务流程的活动关联

政务流程由许多活动组成,活动之间存在着相互联系、相互作用的关系,这种关系可以归纳成串行活动、并行活动与可选活动。

串行活动是最简单的活动连接关系。串行活动是按照固定的先后次序逐个地被执行,活动之间有着明确清晰的依赖关系。例如,前一个任务的输出信息是后一个任务必需的输入信息。一个活动必须在另一个活动结束后才能开始,其动态特征表现为活动之间的串行依赖关系。

并行活动指多个活动可以被同时或者任意次序执行。活动之间无信息交互,相互依赖程度低,可以独立地进行。传统政务流程以纸质文档为主要特征,文档只能在某个时刻出现在一个地方,不利于多方共享。这就使得并行活动在实际运作中成为串行活动,而导致办事效率低下。在电子政务环境中,依托信息技术实现了政务数据信息的同步共享与多向传输,使并行活动得到执行保障,从而大幅度提升了流程的执行效率。

可选活动指需要在多个活动之间做选择。一般情况下,如果当前活动的输出信息符合特定条件,则会在多个活动中选择一个执行。在政务流程体系中,有些流程看上去处理环节一致,但在不同的情景下,有些活动需要激活,而有些活动则不必激活。例如,在政府采购工作流程中,根据采购项目占用金额的数量级,将会执行不同的操作活动。资金使用量大的项目,往往需要更高层次的审批权限。这就需要相关部门根据实际情况,对活动的执行做出合理选择。传统政务流程中,由于流程的规范性弱,可选活动成为任意设置审批事项的借口,导致了大量的不必要与重复的审批事项产生,从而降低了政务效率,甚至影响了政务部门的形象与公信力。在政务信息化环境中,利用信息技术将制度与规范"镶嵌"于政务信息系统中,不仅可以保障政务流程的规范性,更可以在政务流程的弹性与规范性之间作出合理的均衡选择,使得可选活动真正成为"可选择的"。这在保证审批规范性的前提下,既可以简化办事流程,又可以大幅度提升政务管理效能。

第三节
政务内部管理流程体系

一、概念界定与类型划分标准

政务部门的内部管理流程主要指以内部管理与控制工作为主要内容,承载组织机构内部事务的业务流程。它以国家机关单位相关管理制度为依据,以内部管理工作流与内部管理信息流相关的业务活动为主要内容,以政务部门内部机构与工作人员为主要服务对象,而不直接面向社会公众。

政务部门的内部管理流程可以按照它的法定效用、面向对象、所承载的业务的性质进行分类。按其法定性,可以分为强制性流程与选择性流程;按其对象,可以分为面向政务部门与面向内部工作人员的管理服务流程;按其业务性质,可分为通用流程和专用流程。通用流程即一般的公文、人事、档案、财务等各种类型机构常见的管理业务流程。对于大多数组织机构来说,上述业务的一般过程总是高度相似的,因而称之为通用流程。专用流程则是与特定机构的特定职能紧密联系的业务流程。例如,运行于教育行政主管部门的各种教育行业管理流程,运行于教育行业系统的各种管理和服务流程。

上述划分标准不是"排他的"。各机关单位与职能部门会根据其业务工作的需要,进行"交叉"应用。例如,教育行政主管部门既会按照"层级"标准来组建基础教育、高等教育等业务科室,也会按照"领域"标准来组建职业教育、继续教育等独立的处(科)室,从而形成各种承载特定职能的业务流程。

二、强制性流程与选择性流程

政务内部管理流程依照其法定的效用分为强制性流程与选择性流程。强制性流程属于"规定动作"。流程本身不可更改,流程中任一环节都必须严格执行。例如,政府采购工作中的预算编制、招投标、信息公示、验收、归档等环节都属于强制性流程的一部分。任何公共部门采购任何物品或服务,都必须执行政府采购流程。这在《中华人民共和国政府采购法》《中华人民共和国招标投标法》等法规中都有明确的规定。而在采购中具体选择哪种采购方式及其相应的流程,如公开招标、邀请招标、竞争性谈判、单一来源采购、询价或国务院政府采购监督管理部门认定的其他采购方式,则属于可选择性流程。当然,这些流程都属于政务流程,其本身就具有强制性。因此,即便是所谓的选择性流程,一旦启动就必须严格执行,而与对强制性流程的要求是一致的。

三、面向政务部门与面向工作人员的管理服务流程

政务部门内部管理说到底就是处理部门之间以及工作人员之间的关系,相应地,政务部门的流程又可以划分为各部门之间与部门内部的管理服务流程。政务部门之间最常见的流程就是机关单位之间的公文流转,职能部门之间的联合执法,以及政务部门之间的监督和评价流程等。在政务部门内部,最常见的流程包括办公环境管理、后勤管理、财务管理、会议管理、文书与档案管理、数据统计、监督和评价等。例如,国家权力机关对各级行政机构的监督流程,审计等专业机构对行政机构的监督和审核流程,以及上下级之间的监督与评价流程等。

面向工作人员的管理服务流程,以承载人力资源管理方面的事务为主要内容。其中有些流程并不直接面向个人,如工作分析、职位分类、定岗定编、薪酬定级等制度设计与策略规划流程等。有些流程需要直接面向个人,如岗位调整、培训考核、竞聘晋升、请假销假、福利申请、惩戒奖罚流程等。其中,有些是由事务主管岗位工作人员发起的,如岗位调整、考核、晋升等。有些是由管理对象发起的,如请假销假、福利申请、竞聘等。在内部流程控制中需要进一步分级分类管理。

四、通用管理流程与专用管理流程

政务内部管理流程按照承载的业务的性质可为通用管理流程与专用管理流程。所谓通用管理流程就是用于承载支撑性业务的政务流程,例如,公文、会议、档案、人事管理等。

与之相对应的就是专用管理流程。这是用于承载特殊管理事务，由专业（专门）人员使用，面向特殊人员或事项的流程。专用管理流程主要是根据政务部门的职能、所处区位的特殊性或特别情景所设置的内部管理流程。由于它与政务部门的职能密切联系，故而可以称为核心业务流程。例如，位于少数民族聚集区的政务部门，需要在统一的机关单位管理制度之下，结合民族地区与民族工作的特点，来安排具体的管理事项与服务内容，由此形成了符合民族地区事务处理特色的专用管理流程。又如高原高寒地带对车辆的使用与维护有着特殊的要求，位于此类地区的政务部门在公车管理方面就需要在通用流程中设定专用流程。例如，《四川省党政机关公务用车管理实施办法》将全省五类地貌区按三个层级设置了车辆配备使用标准，形成了相应的管理与服务流程。由此可见，所谓专用管理流程实质是通用管理流程的一种特殊形式。

五、内部管理流程体系内容

政务内部管理流程体系是运行于政务部门内部的各种业务流程的总和。任何流程都不是独立存在的，它总是以体系化的方式存在。为了精简管理层次、减少管理幅度，使得组织内部的纵向与横向之间的联系畅通，就需要明确流程的主要内容、确定流程的类型与层次。

所谓流程的"内容"，与其最直接关联的就是岗位职责与基本业务活动。每一个岗位有其特定的职责，其完成工作任务、履行职责的过程就是开展业务活动的过程。"活动过程"的最基础单元或最小单位，就是岗位操作流程。其最常见的形式就是一名工作人员，依据岗位制度规范，从事单一化的业务操作。例如，审核资料并给出审核意见。这是分工的结果。可以说，正是由于"分工"而形成了岗位职责，规定了相应的业务活动。有分工，必然有合作。被分解的工作任务，需要不同的岗位协作来共同完成，这就形成了"跨岗位流程"。跨岗位流程再向上一个层次推进，就是"跨部门（科室）流程"。因此，梳理岗位职责与基本业务（活动）内容，是理解政务流程的基础之一。

同时，分工的不同，必然产生不同类型的岗位，以及由不同类型岗位联结而形成的不同类型的跨岗位流程。因此，一般认为流程的分类和分级是交叉进行的，分类总是优先于分级，但又以分类结束。① 这是因为在一个组织机构内，流程最核心的作用就是承载不同类型的业务活动。同一形式的活动，包括了类型方面的岗位职责差异和层次性的岗位等级差异。同时，不同的业务信息（数据）经过同一层次处理之后，要么不改变其属性而回到其所属类别，要么形成新的类属，这样流程仍以分类为结束。因此，在考察内部管理流程体系的时候，我们先区分出其类型，然后考察其层次结构。

从政务部门的整体层级结构来看，政务部门一般由决策层、管理层和执行层构成。每个层级又可以分解出更多层次，但总体上是稳固的。对于内部管理流程而言，其层次结构同样也是相对稳定的，各层次之间主要依赖跨部门（科室）流程来实现协作和协同。由此，

---

① 金国华,谢林君.图说流程管理[M].北京:北京大学出版社,2013:80.

我们可以按照"支撑业务流程、核心业务流程、跨部门(科室)流程"的类型区分,也可以按照"岗位(操作)流程、跨岗位流程、跨部门(科室)流程"的层级架构,来考察各种类型流程的内在关系。

首先,从"支撑业务、核心业务、跨部门(科室)协作"的视角看,对于一个职能部门来说,通用型管理流程通常面向的是支撑性业务,专用管理流程通常承载的是核心业务,二者之间主要依赖跨部门(科室)流程连接起来。其次,从"岗位(操作)流程、跨岗位流程、跨部门(科室)流程"的视角看,岗位流程通常位于流程体系的一端,跨部门(科室)流程则位于另一端,二者之间通过跨岗位流程联系起来。

以固定资产采购流程为例。对于一个预算单位,即具有独立业务部门,以及独立的资产管理、财务管理岗位或部门(科室)的机构来说,一个由业务部门发起的资产采购工作流程至少包括"编制采购计划"与"执行采购计划"这两个基本环节。这两个环节不是孤立的,在运行过程中它们总是会涉及不同的岗位工作。一般来说,这至少涉及三个层次的流程(见表2.1)。

表2.1 某单位固定资产采购管理三级流程体系示例

一般过程	岗位(操作)流程	跨岗位流程	跨部门(科室)流程
编制采购计划	编制子部门计划	汇总各子部门计划	形成本单位年度计划
执行采购计划	按计划提交采购需求	汇总各子部门采购需求	执行本单位采购方案
	固定资产验收与报增	审核各子部门报增单	批准各部门报增单
	编制财务报销报单	审核各子部门报销单	批准各部门报销单

在编辑采购计划环节,通常涉及固定岗位的操作流程,即由每个子部门的相应岗位工作人员负责编制本部门的采购计划。然后,由本部门相应岗位工作人员汇总各子部门的计划,由此形成了跨岗位流程。所谓跨部门(科室)流程,就是进一步汇总各子部门的计划,形成本单位总的年度采购计划。在执行计划环节,按照现行的政府采购管理规定,需要完成"按计划提交采购需求—固定资产验收与报增—编制财务报销报单"等规定操作环节。这通常首先由各子部门相应岗位工作人员按计划提出采购需求。然后由本部的相应岗位工作人员汇总各子部门的采购需求并形成单位采购方案。最后由相应部门工作人员执行本单位的采购方案。随着采购方案的执行,固定资产验收与报增等业务被激活。相应部门还要执行审核各子部门报增单、报销单,以及批准各部门报增单、报销单等任务。

由此我们可以看出,在流程的这个层级体系中,下一级流程是上一级流程的某个环节,或者说若干个下一级流程组合起来构成了上一级流程的主体部分,而上一级流程的某个环节往往可以细化为下一级某个具体的流程。同时,流程自身还可以进一步分解与组合。详细梳理这一分解与组合过程,一方面可以厘清流程中每一环节所对应的职责、包含的具体业务活动内容,细化活动与任务管理;另一方面有利于标明各子流程以及各层级流程之间的衔接情况。由此,组织结构中的决策层、管理层和执行层就被不同类型、不同层次的流程连接了起来。

第四节
通用管理流程简介

一、内部信息处理流程

内部信息处理流程可分为静态信息处理流程和动态信息处理流程两大类型。关于本单位相关的政策、工作制度、单位组织人员和机构及其职能介绍、通讯录、统计资料、档案等信息都属于静态的内部信息处理流程。静态信息并不是绝对静止,而只是信息变更的周期相对长一些。关于内部通信、广告和通知、大型活动安排情况、领导工作信息、各科室及直属机构工作信息、公共邮件信息、个人信息等都属于动态信息处理流程。该类型的信息处理流程主要执行的是内部规范。

二、公文处理流程

公文处理是机关办公主要途径和手段。政务部门的公文处理基本上都在内部处理完成。可以说内部公文处理是整个公文处理的核心部分。公文处理有着严格的管理规定,需要按照《中国共产党机关公文处理条例》《国家行政机关公文处理办法》《国务院工作规则》等规章来组织实施流程。一般来说,内部公文处理流程可分为收文、发文、整理和归档三大环节。收文流程的主要任务就是先由指定的工作人员负责收取公文,再由这名工作人员将文件移交给文件的指定负责人,经过办文或批阅、传阅流程后归档。发文流程,首先是由专职人员负责起草文件,然后交相关负责人核对,终稿之后,须经主管领导们会签才能交文印部门(科室)印刷,再由印章管理负责人加盖公章后存档并发出文件。整理和归档环节通常由档案管理部门负责。对于涉密公文,有专门的处理流程。

三、会议管理流程

会议是一种有组织、有领导、有目的的议事活动。政务部门召开的内部会议也属于公务活动,而必须按照国家相关的会议制度,在限定的时间和地点,按照一定的程序进行,并及时将会议的相关内容整理成文。在我国已经形成了比较完善的政务会议制度。例如,《国务院工作规则》(国发〔2013〕16号文)设有专门章节,阐述了国务院的会议制度,详细规定了国务院全体会议和国务院常务会议的召集人与主持人,会议的主要任务以及议题的审核、文件的送达、会议纪要的起草、签发与印发等事项。但上述内容只是公文会议的核心流程。实际上,一场会议所涉及的管理服务流程更为复杂,还包括参与人数统计,会场布置(主持台、座次等),设备调试(扩音拾音、摄影摄像等),确定会议形式(主题发言、自由讨论等),礼仪茶水,资料印刷与发放等辅助工作环节。因此,一个完整的内部会议管理流程,实际上是由两个基本部分构成的,一个是涉及会议召开过程的流程,另一个是关于会议的服务(辅助)流程。

四、财务管理流程

从内部管理的视角看,政务部门财务管理主要指的是会计、出纳与审计方面的专业性工作。这包括两个方面的流程。一是日常财务管理流程,主要指常规性的财政预算、财务审批、支出申请和审批、报账报销、薪酬支付、福利支出和财政收入管理等方面的工作与信息流程。例如,部门年度预算决算工作,基建投资、内设机构的日常运行办公与人员支出性项目的审核工作等。二是内部控制方面的流程,主要是通过对贯穿于公共部门日常财务管理中的资金与资产信息流的监控,来开展内部会计控制工作。作为国家公共财政体系的一部分,政务部门的财务管理必须严格按照《中华人民共和国会计法》《中华人民共和国预算法》《行政单位财务规则》《事业单位财务规则》等法律规章的规定,组织相应的管理流程。

五、人力资源管理流程

公共部门人力资源管理是指公共部门依照宪法、法律和法规的规定,对管辖范围内的人力资源进行有效的规划、获取、维持和开发等一系列管理行为。人力资源管理流程是一种以面向内部工作人员为主要内容的管理服务流程。其中,既包括人力资源管理制度设计与策略规划等方面的工作流程,又包括直接面向个人的招聘、调动、升迁、培训、考核等方面的工作流程。

我国公共部门通常有公务员、事业编制干部、职工、临时工(雇员)等类型的工作人员。《中华人民共和国公务员法(修订草案)》(2018)建立起以职位分类为主,品位分类为辅的公务员职位管理制度。该法律规定了公务员应当采取公开考试、严格考察、平等竞争、择优录取的办法进行录用;按照管理权限,对公务员的德、能、勤、绩、廉进行全面考核;对工作表现突出的,坚持定期奖励与及时奖励相结合,精神奖励与物质奖励相结合、以精神奖励为主的原则;对公务员监督发现问题的,应当区分不同情况,予以谈话提醒、批评教育、责令检查、诫勉、组织调整、处分;对公务员进行分类分级培训。

六、后勤管理流程

公共部门后勤管理的内容繁多,主要涉及办公环境管理、消防安全管理、公务车辆管理、办公物品(低值易耗品)管理、医疗健康管理,职工就餐与食品卫生管理等方面的工作。随着后勤社会化改革的推行,由后勤管理部门直接承担的具体服务事项越来越少,而承担的管控任务越来越多。公共部门后勤管理流程主要承载三个方面的任务:一是维系好现有的工作任务,二是做好与外部供应商之间的衔接工作,三是对外部供应商实施有效的评价与监督。

第五节
研习报告示例:车辆购置税征管机构内部管理流程

本节以 G 市国税局车辆购置税征收管理分局为例,在考察其职能和组织结构的基础上,梳理了主要科室的职责和基本业务内容,从内部规范体系出发,区分并描述了其内部管理流程中的通用管理流程和专用管理流程及其主要内容。

一、研习对象

对于政务部门来说,其职能与组织机构设置是高度相关的。除了必要的行政办公与后勤事务科室外,其内设机构必然是紧扣其职能来设置的。例如,税务部门根据其职能规定与业务需求,组建了征收管理、税收收入管理、税收政策法规等处(科)室以及办税服务厅、电子税务局等实体或虚拟的子机构。对车购税征管机构来说,其机构设置主要以《国家税务总局关于车辆购置税机构设置及有关问题的通知》(国税函〔2005〕756 号)为依据。该通知规定,车购税征管机构主要采取"国税总局—省级—市级—县(区)级"的"垂直"管理,与地方管理相结合的"双重领导"体制,即人事、财务等由地方(含各计划单列市)国家税务局直接管理,业务由国家税务总局统一管理。

其中,省(自治区)国家税务局不再设置独立的车购税管理机关。原由省级车购办负责管理的车购税政策、收入计划、征收、票证、人事、经费等业务分别归省国家税务局各相关处室负责管理。直辖市、副省级市和市(地区、自治州、盟)国家税务局在过渡期内,结合本地区原已形成的机构设置布局,可以暂时保留市、城市的区原有车购税征收机构及独立场所,其级别与所属国家税务局内设机构级别一致;可以设置在汽车专业市场的车购税征收窗口,可作为所属市或城市的区国家税务局办税服务厅的征收窗口延伸,其隶属关系由市国家税务局予以明确。县级国家税务局不再设置独立的车购税征管机构,其征收工作由当地国家税务局办税服务厅负责。

(一) G 市国税局车辆购置税征收管理分局的职能

G 市国税局车辆购置税征收管理分局负责本辖区内的车购税征收管理工作。其职能主要包括:贯彻落实车购税征管法律法规和各项税收征管规章制度,组织税收宣传工作;负责组织和具体实施车购税征收管理工作;负责车购税档案管理工作的组织和具体实施;负责车购税税收计划、会计、统计、完税证明管理;负责办理车购税退税业务;负责车购新车型计税价格的审核和车价信息采集;负责车辆税收"一条龙"管理中涉及的异常价格比对、价格异常清单填制及基础信息传递;负责车购税税收征管软件的维护和应用培训;负责新车业务的申报征收;负责免征车辆及其他特殊车型资料审核;负责车购税征收政策的咨询和解释业务;负责车购税款的征收和车购税征收政策的执行;负责对办理纳税申报手续的新车进行实地查验。

(二) G市国税局车辆购置税征收管理分局的组织结构和业务分工组成

市级车辆购置税征收管理机构的工作内容,通常包括党务、人事、监察、教育、后勤事务,政策法规、督查内审、计会统、票证管理、纳税服务、征收管理、信息化建设、档案管理等。由此,其相应的组织机构可包括党政综合办公室、人事监察科、后勤科等机关事务科室,征收管理科(办税服务厅)、税政(政策法规)科、收入核算科等业务科室。

G市国税局车辆购置税征收管理分局共设六个科室和一个服务厅、四个征收点,分别是党政综合办公室、人事监察科、后勤科、收入核算科、税政(政策法规)科和征收管理科。其中,征收管理科下设办税服务厅、档案管理室和四个征收点(参见图2.1)。其中,党政综合办公室、人事监察科和后勤科重点负责内部管理(机关事务)工作。收入核算科、税政科和征收管理科既要参与内部事务管理工作,也要承担部分核心业务工作,但它们不直接面向纳税人。征收管理科下属的纳税服务厅、征管业务档案室和四个征收点,是直接面向社会公众提供纳税服务的窗口单位。

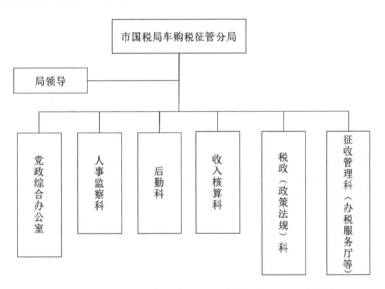

图 2.1 G市国税局车辆购置税征收管理分局组织结构图

二、研习内容

本节重点考察G市国税局车辆购置税征收管理分局的党政综合办公室、办税服务厅等科室的主要职责和基本业务内容,梳理其内部规范体系的结构和主要内容。

（一）G市国税局车辆购置税征收管理分局各科室主要职责与基本业务内容

1. 党政综合办公室

党政综合办公室主要负责党务、公文、印章、保密，以及各科室业务统筹协调等工作。一是负责党的思想建设工作，在本单位贯彻执行党的路线、方针与政策，加强党的全面领导，履行全面从严治党责任；二是负责制定并落实本单位日常规章制度和管理办法；三是负责本单位内部的综合协调及对外协调等工作。该科室主要设置科长岗位、综合文秘岗、综合调研岗、综合政务岗、党建（思想政治工作）岗来承担上述工作。

基本业务内容包括：负责处理文秘信息，拟定各类综合性文件和材料，审核各类文稿；组织全局性会议及各类重要会议，做好会议记录、会议纪要等会务管理工作；管理印章，按规定用章；负责公文处理自动化的管理工作，做好信息调研、文书档案管理、机要保密；负责来信来访、政务公开等工作；以及承办党委文件、会议，统筹思想政治建设、意识形态建设、税务文化建设、精神文明建设和统战工作等日常综合性事务。

2. 人事监察科

人事监察科主要负责本单位的人事、监察和教育等工作。一是负责本单位内部控制机制建设工作，开展对本单位贯彻执行党中央、国务院重大决策及上级机关工作部署情况的督查督办，组织实施税收执法督察。二是负责本单位基层建设和干部队伍建设工作，加强领导班子和后备干部队伍建设，承担税务人才培养和干部教育培训工作。三是负责本单位绩效管理和干部考核工作。四是承担负责本单位的执法监察工作，执行廉政谈话和诫勉制度，监督责任追究制度的实施情况，开展党风廉政建设宣传工作等。该科室主要设置科长岗位、绩效管理岗、人事档案管理岗、教育培训岗、监督工作岗来承担上述工作。

基本业务内容：一是组织实施本单位车购税收执法责任制工作等。二是组织实施干部人事制度及人才队伍建设，对全局机构设置、人员调配、职务任免提出方案，办理干部调配、任免的具体事务以及人事档案管理等。三是负责人员的劳动工资档案管理工作，办理人员调薪、定级、工资基金管理工作。四是承担下一级领导班子及领导干部管理、监督等工作。五是负责干部业务培训的组织工作，负责教育培训计划的准备与落实。六是负责考勤数据管理和请假销假、绩效管理、年度绩效考评工作等。

3. 后勤科

后勤科主要承担后勤保障工作，负责本单位后勤保障，车辆管理，物品的采购、保管、分配和维修，固定资产管理等工作。该科室主要设置科长岗位、采购管理岗、综合内勤岗、固定资产管理岗、后勤管理岗来承担上述工作。

基本业务内容：一是负责机关的固定资产管理工作，包括资产采购和保管、发放工作，各类报刊征订工作和办公室用品的编制计划、工作服装领取登记工作等。二是负责车购税征管系统、办公自动化系统等综合应用系统的安装配置日常维护和运行管理,包括车购税征管软件、网络设备和网管系统的运行维护等。三是管理全局车辆,做好车辆调配、维修费用的安排。四是负责机关的水、电及消防设备管理,包括办公楼环境卫生的检查工作。五是负责食堂和招待所管理,做好公务接待工作。

上述职责和业务内容的确定,其制度规范依据主要包括《机关事务管理条例》(中华人民共和国国务院令第621号)、《财政部关于进一步规范和加强行政事业单位国有资产管理的指导意见》(财资〔2015〕90号)、《国家税务局系统固定资产管理办法》(国税发〔2001〕28号)等。

4. 收入核算科

该科室主要负责机关内部和车购税征收相关的会计核算等工作。一是负责收集、审核税收会计月报表并及时上报和年终税收会计决算的对账及会计凭证的装订;二是负责税收票证的计划编制、领购、发放、安全保管以及对税收票证的核销和税收票证报表的编制;三是负责上缴税款及车购税退税工作;四是牵头编制年度税收计划、减免税计划;五是监督检查税款缴、退库情况。该科室主要设置科长岗位、完税凭证管理岗、会统岗和税收收入数据分析岗来承担上述工作。

(1) 证票账款管理

证票管理主要指车购税完税证明、发票的管理工作,包括出入库的登记管理等。账款管理主要指车购税应征税款、退税款的管理工作。

每日工作结束前,该岗位工作人员应进行票据、账款核对,填制车购税日报表,并于每月5、10、15、20、25日(遇节假日顺延)和月末最后一天工作日填制汇总缴款书,将税款缴入国库。上述工作完成后应将完税车辆档案进行清点,后移交业务档案管理室。

完税车辆档案资料清点工作,主要是对完税车辆适用的最低计税价格、征收税款、征收滞纳金等与征收台账进行核查。在审核过程中如发现错误,应逐级回退,引导相关工作人员根据情况修正错误或删除录入信息。

(2) 完税证明补办资料核查

该项工作主要内容是根据补发的完税凭证报表,与完税证明遗失补办台账、《换(补)车辆购置税完税证明申请表》进行比对。基本环节包括:① 审查报表、台账和申请表数据;② 将比对结果交主管科长审核;③ 相关资料信息存档。

(3) 跨部门数据比对

该工作主要是将相关部门(科室)传递过来的发票、完税凭证信息等汇总整理后,与业务档案存档信息进行比对。如若发现异常信息转交相关业务科室处置。

5. 税政(政策法规)科

税政科主要负责相关政策法规业务规章宣传、教育和解释,减免税审批和核定计税价格等工作。该科室主要设置科长岗位、法规岗、税政岗、税务行政法制岗、税收执法监察岗、重大税务案件管理岗来承担上述工作。

车购税的减免税审批业务：这一般由车主通过办税服务厅的服务窗口递交申请表，窗口工作人员审核表格填写无误并收齐相应资料后，提交到税政科审批。

计税价格核定业务：这主要指对于国家税务总局或上级税政机关未核定最低计税价格的车辆，由专职工作人员按有关规定核定的计税价格或已核定的同类型车辆最低计税价格来确定，并报上级税务机关备案。同类型车辆是指同国别、同排量、同车长、同吨位、配置近似等车辆。

6. 征收管理科

征收管理科主要负责本局征收管理、征管业务信息化建设、纳税服务及相关业务审批等工作。一是组织落实综合性税收征管法律、法规、规章及规范性文件，拟订具体操作办法；二是组织实施税务登记、税源管理、纳税申报、普通发票管理、税款征收和税收资料等日常征管工作；三是承担征管质量监控评价；四是组织落实信息化规划、方案和制度，承担信息化立项、实施信息化建设、考核评价和验收工作；五是承担税务行业标准和业务需求管理等。

该科室直接管理办税服务厅和征管业务档案室相关工作。主要设置科长岗位、税源管理岗、综合治税岗、税务登记岗、变更登记岗、税收票证管理岗、档案管理岗等岗位。

7. 办税服务厅（征收点）

办税服务厅是税务机关为纳税人、扣缴义务人集中办理涉税事项，提供纳税服务的机构和场所，受征收管理科直接管辖。它是直接面向纳税人的窗口单位，一般情况下，纳税人、扣缴义务人向税务机关申请办理的各类涉税事项，都由办税服务厅统一受理。它所提供的服务包括，引导纳税人到相关的服务区域或窗口办理各类涉税事项，辅导纳税人填写涉税资料、使用自助办税设施，解答纳税人办税咨询。重点负责新车纳税申报服务，接收、录入、审核纳税申报资料信息；负责免征车辆及其他特殊车型资料初审，汇总和反馈征税车辆价格信息；按规定使用、保管、注销、发出《通用完税证明》《车辆购置税完税证明》《通用缴款书》《汇总缴款书》；对办理纳税申报手续的新车进行实地查验，为纳税车辆建立征收档案；换发《车辆购置税完税证明》，接受遗失补办《车辆购置税完税证明》申请；实施税务违法的简易处罚等。

按照"窗口受理、内部流转、限时办结、窗口出件"的要求办理业务；根据纳税人的合理需求，办税服务厅可与纳税人约定适当时间办理涉税事项；及时提醒纳税人在法定时限内履行纳税义务或告知纳税人相关的税收政策；可通过网络为纳税人办理税务登记、申报缴税、报税认证、文书申请等涉税事项等。办税服务厅主管由征收管理科副科长兼任，根据实际情况设置验车岗、审核岗、复核岗、税票打印岗等岗位。

（1）纳税及免（减）税车辆申报受理

纳税申报受理主要包括受理纳税人的纳税（含减、免税）申报、审核相关资料、录入计算机、确定应征税额等内容。包括向纳税申报人发送《车辆购置税纳税申报表》，申报受理及相关资料审核，即审核纳税人提供的相关资料。

(2) 税款征收

税款征收主要由打印《车辆购置税完税证明》及专用缴款书（收据）、收取税款及发证建档等操作环节。打印完税证明及征收税款一般过程如下。

① 打印《车辆购置税完税证明》，对征税车辆在《车辆购置税完税证明》征税栏加盖车购税征税专用章，免税车辆在《车辆购置税完税证明》免税栏加盖车购税征税专用章。

② 复核相关资料，打印车辆购置税专用缴款书，交纳税人到指定窗口将款项存入税款专户。

③ 核对纳税人回执的各联缴款书，留存缴款书第三联记账联，第四联以备装订报核，第二联交纳税人作为交款依据。

④ 手续办理完毕后，发给纳税人完税证明和缴款凭证第二联，退还纳税人所提供的有关资料原件；将纳税（经办）人提供的身份证明、机动车销售发票报税联、车辆合格证明等有关资料复印件、纳税申报表、缴款凭证第一联等资料集中整理装袋。

(3) 承办退税业务

① 窗口工作人员受理并审核纳税人提交的退税资料，查询并调阅该车完税档案。

② 审核后报科长、税政科和收入核算科审批。

③ 收到审批意见（同意退税），登记台账，打印退税凭证，确认无误后按退税凭证金额，向银行发出退税通知。

④ 收回原车辆购置税完税证明存档，于当日转交档案室。

(4) 承办完税证明遗失补办业务

① 窗口工作人员受理并审核纳税人提交的申请资料，查询并调阅该车完税档案。

② 审核后报科长、税政科审批。

③ 收到审批意见（同意补办），登记《完税证明遗失补办台账》，打印完税证明交申请人。

④ 将相关资料存档，于当日转交档案室。

8. 征收管理业务档案管理室

征收管理科下设征收管理业务档案管理室，负责对已经办理车购税征、免（减）税手续的车辆按照"一车一档"的原则，收集、整理相关纳税资料，接收、分类整理、核对、归并和保管车辆购置税税收档案，办理车辆购置税档案的转籍、过户、变更、补建、报废、注销等业务，提供统计、查阅档案服务。档案室主管由征收管理科副科长兼任，根据实际情况设变更登记岗、档案咨询岗、档案管理岗等岗位。

(1) 档案的建立

对已核发完税证明的车辆，按照"一车一档"的原则建立档案，档案内容如下。

① 征税车辆档案应包含纳税人身份证明、车辆价格证明、车辆合格证明、车购税纳税申报表和完税凭证留存联。

② 免税车辆档案应包含纳税人身份证明、车辆价格证明、车辆合格证明、车购税纳税申报表、车购税免（减）税申请表和车辆免（减）税证明资料。

(2)档案的交换

车购税征稽档案随车转籍时,应办理档案交接业务。

① 车辆转出业务。

在将车主的车辆档案资料移交前,工作人员应逐一核对该车辆的档案资料,列明档案袋内资料目录及份数,与车主共同清点后存入档案袋内加密封章,连同向转入地的车购办发出的档案转移通知书,一并交由车主自带转籍,并请车主签收。

注意在车购税完税证明的"备注栏"注明档案转出日期和转出目的地车购办名称。向车主开具《车辆购置税档案转移通知书》,将纸质档案资料装袋签封移交给车主。

② 车辆转入业务。

根据转出地车购办发出的档案转移通知书,审核车主转交的档案内容及份数。

审核无误后,在原完税证备注栏填写新车辆单位名称和牌照号码,并加盖过户专用章或核发新的完税证明正本(副本留存)。相应资料存入档案袋。

(3)车辆变动业务

① 车辆过户业务。

审核过户车辆提交的《车辆变动情况登记表》、完税证明正本、购车发票和机动车行驶证原件及复印件。购车发票和机动车行驶证原件经审核后退还车主,留存复印件。

查询、调阅该车完税档案后,在原完税证明备注栏内填写新车辆单位名称,并加盖过户专用章。

进行"档案变更"业务操作。

② 车辆变更发动机号业务。

审核申请人提交的《车辆变动情况登记表》、完税证明正本、购置发动机发票和机动车行驶证原件及复印件。购置发动机发票和机动车行驶证原件经审核后退还车主,留存复印件。

查询、调阅该车完税档案后,在原完税证明备注栏内填写新发动机号码,并加盖变更专用章。

进行"档案变更"业务操作。

③ 车辆变更牌号业务。

审核申请人提交的《车辆变动情况登记表》、完税证明正本、机动车行驶证原件及复印件。机动车行驶证原件经审核后退还车主,留存复印件和登记表。

查询、调阅该车完税档案后,在原完税证明备注栏内填写车辆新牌号,并加盖变更专用章。

进行"档案变更"业务操作。

(4)档案的保管

车辆购置税档案按车辆征税时间存放,转籍档案按车辆落籍时间存放,原由市本级征收县(市)车辆转籍档案按车辆征税时间存放。车辆购置税档案保存十五年。

（二）G市国税局车辆购置税征收管理分局内部规范体系

车购税征管机构内部规范体系指运行于征管机构内部的全部管理规章制度。作为基层单位工作人员行为规范的总和，它是对各层次法规制度的整合、细化和践行。通过构建内部规范体系，基层车购税征管机构可以充分发挥自主性，制定符合本地区实际情况的征收管理细则，细化征收程序、条件和资料，针对不同类型的征管对象设定特定的管理流程。

G市国税局车辆购置税征收管理分局内部规范体系，按照核心业务和支撑业务来区分，可分为面向公众的办税服务制度、面向核心业务的内部管理规程和支撑性业务规范三种类型，主要以工作制度、工作规程、岗位责任等形式呈现。

1. 面向公众的办税服务制度

办税服务是车购税征管机构的核心业务。面向公众的办税服务制度在直接意义上是用来规范办税服务窗口工作人员行为的规章。它也是征管机构全体工作人员应遵循的规范。办税服务窗口主要职责是承办纳税人提交的各种业务申请申报，包括纳税、免（减）税、退税、补办和变更等。从办税服务的视角看，构建面向公众的办税服务制度体系，目的是更好地履行职责，为公众提供更为细致、便利、优质、高效的服务。因此，制度建设必然要紧扣"窗口单位"管理特性，覆盖办税服务的全过程，从而为制定、规范和固化政务服务流程，提供有力的保障。

面向公众的办税服务制度体系具有其内在的层次结构和逻辑线索。一是总体性的规范。作为制度体系的"总纲"，G市国税局车辆购置税征收管理分局制定了保护纳税人的合法权益的《办税公开制度》《办税服务厅全程纳税服务制度》《"一站式"服务制度》等规范。二是质量管理规范。G市国税局车辆购置税征收管理分局为提高纳税人的纳税遵从度，提升税收征管质量，制定了《办税服务厅纳税服务提醒制度》，这有利于及时提醒纳税人按期办理有时间限制的业务。为便利纳税人办税、杜绝推诿扯皮现象，分局制定了《办税服务厅一次性告知制度》，要求纳税服务工作人员一次性详细告知纳税人应准备的资料、符合的条件等。三是个性化服务制度。为提高纳税服务水平，切实便利纳税人，G市国税局车辆购置税征收管理分局制订了《办税服务厅预约服务制度》。为宣传解释相关政策法规、为纳税人提供纳税咨询服务，分局制定了《办税服务厅咨询服务制度》，汇编了《车辆购置税征收业务车主须知》《车辆购置税申报表及填写说明》等文书。

2. 面向核心业务的内部管理规程

面向核心业务的内部管理规程是规范车购税税款征收、完税证明和业务档案管理等业务活动的行为准则。

（1）完税证明管理规范

为保证完税证明使用的安全完整，根据《国家税务总局税收票证管理办法》《G省国家税务局税收票证管理实施办法》，G市国税局车辆购置税征收管理分局制定了《车辆购置税完税证明管理规定》。一是规定了完税证明的计划、领发、使用情况统计等工作规程,二是规定了完税证明接收、登记、入库、出库等工作规程,三是规定了完税证明的库存管理规程,四是规定了完税证明正确填用规程,五是规定了完税证明的结报缴销、作废、停用、损失处理、盘点等工作规程。编制了"车辆购置税完税证明领用计划表""车辆购置税完税证明领用单""票款结报手册""车辆购置税完税证明交接清单""车辆购置税完税证明明细账""票证缴销表""票证损失报告单""车辆购置税完税证明总账""车辆购置税完税证明用存月报表""车辆购置税完税证明年度统计报表"等系列表单。

(2) 涉税文书管理规范

为规范、简化税务文书的制作和使用,强化对涉税文书报表工作的统筹协调,根据《税收规范性文件制定管理办法》等规定,G市国税局车辆购置税征收管理分局制定了《通用完税证明格式规范》《通用缴款书格式规范》《汇总缴款书格式规范》。一是规定了纳税人已交纳税费的完税凭证的文书格式,二是规定了纳税人直接向银行缴纳及扣缴义务人代扣代收后向银行缴纳税款、费用、滞纳金和罚款等各项收入时使用的通用缴款凭证的文书格式,三是规定了税务机关直接收取的现金税款、费用、滞纳金和罚款以及委托代征代售单位(人)代征税款、基金费用及其滞纳金后向银行汇总缴款时使用专用缴款的凭证(文书)格式。

(3) 岗位责任制度

为了适应新形势发展和税制改革、征管改革、人事制度改革的需要,明确岗位职责范围、落实岗位责任,建立良好工作秩序,提高办事效率,G市国税局车辆购置税征收管理分局制定了《局长工作制度》《副局长工作制度》《科长岗位职责》《税务管理员岗位职责》《税收会计岗位职责》《征收业务岗职责》《档案管理岗职责》《办税服务厅值班长工作制度》《办税服务厅导税员工作制度》等。一是管理岗岗位责任制,《局长工作制度》《副局长工作制度》《科长岗位职责》。二是职能岗岗位责任制,《税务管理员岗位职责》《税收会计岗位职责》《征收业务岗职责》《档案管理岗职责》《办税服务厅值班长工作制度》《办税服务厅导税员工作制度》,根据科室的业务内容和岗位设置,规范岗位责任范围。

(4) 岗位操作规范

为加强车辆购置税征收管理,提高工作效率,优化纳税服务,根据《中华人民共和国税收征收管理法》,G市国税局车辆购置税征收管理分局制定了《车辆购置税征收业务岗工作规程》《车辆购置税征收档案管理工作规程》《车辆购置税车价信息采集工作规程》等。一是规定了车购税办税窗口的岗位设置,车购税办税窗口可根据工作需要设置验车岗、审核录入岗、税票打印岗、收款打证岗、档案管理岗、会统核算岗、综合业务管理岗。其中,验车岗、审核录入岗、税票打印岗、收款打证岗、档案管理岗为前台岗位,会统核算岗、综合业务管理岗为后台岗位。二是规范了车购税征税业务流程,本流程涉及验车岗、审核录入岗、税票打印岗、收款打证岗和档案管理岗。三是规范车购税免(减)税业务流程,本流程涉及验车岗、审核录入岗、综合业务管理岗、收款打证岗和档案管理岗。四是规范了车购税退税业务流程,本流程涉及档案管理岗、会统核算岗、综合业务管理岗。五是规范了车购税换(补)完税证明业务流程,本流程涉及档案管理岗、收款打证岗。六是规范了车购税档案转入业务流程,本流程涉及档案管理岗和收款打证岗。

(5)税源管理规范

为推进依法治税,加强对车购税税源的科学化、精细化管理,提高税收征管的质量和效率,根据《国家税务总局关于进一步加强税源管理工作的意见》(国税发〔2006〕149号)等规定,G市国税局车辆购置税征收管理分局制定了《税源管理制度》。一是深化政策宣传,提高纳税人的税法遵从度。二是细化征收管理,加强对车辆经营户的发票管理和核查,敦促车辆经营企业据实开具发票,不得少开售车金额,堵塞票据失真、规避缴税漏洞。及时采取各类车辆的计税价格信息,严格实行以票控税,对发票金额低于最低计税价格的,必须以最低计税价格计征。同时将该发票信息上传税源管理部门进行核实。三是强化数据分析。通过电子底账、金三系统增值税申报表、财务报表对车购税数据进行比对,做到征收车辆台台应征不免,减免税车辆辆辆应免不征,优惠税款笔笔查有依据,努力提高征管质量。

(6)信息化建设规程

为优化纳税服务,便利电子税务局车辆购置税纳税申报系统的使用,并维护信息系统与数据安全,G市国税局车辆购置税征收管理分局制定了《车辆购置税纳税申报系统使用手册》。一是说明了系统的主要功能,在纳税人登录系统、勾选机动车销售统一发票后,系统将自动生成申报表数据;网上缴纳税款后,将生成车购税完税证明等。二是说明了受理业务范围,受理纳税人开具机动车发票的车辆征税、新能源车辆免税、挂车减税等纳税申报业务。三是说明了系统登录路径,纳税人访问市税务局门户网站,根据系统提示进行注册后方可办理。

3. 支撑性业务规范

为规范工作流程,提高工作效率,G市国税局车辆购置税征收管理分局围绕政务服务和绩效管理,构建了内部管理规范体系。

一是机关行政管理制度。机关行政管理制度包括行政事务管理和办公事务管理两方面。一是行政事务管理制度,G市国税局车辆购置税征收管理分局制定了《行政管理制度》《档案资料管理制度》《人事档案管理规程》《财务管理办法》《纳税服务工作应急处理预案》等档案、财务、应急制度。二是办公事务管理制度,制定了《机关会议制度》《公务接洽工作制度》《公文处理制度》《文书处理制度》《机关来访接待制度》《文件管理制度》《印章管理和使用制度》《办公自动化制度》《党务、政务、财务公开制度》等会议、公文、信息公开制度。

二是纪律监察制度。为维护机关纪律,做好机关内部纪检监察事务,营造良好的工作氛围,G市国税局车辆购置税征收管理分局制定了《办税服务厅工作纪律》《机关工作考勤请销假制度》《工作月报制度》《机关学习制度》《督察工作制度》《党风廉政谈话制度》《廉洁自律制度》等纪律、学习、监察制度。

三是后勤事务管理制度。G市国税局车辆购置税征收管理分局制定了《机关国有资产管理办法》《车辆管理制度》《图书报刊资料管理办法》《办税服务厅设施设备管理规定》《办公用品及设备管理制度》《财产采购管理制度》《物品申领制度》《卫生绿化管理制度》等资产管理、采购管理、后勤管理制度。

三、研习结果

通过梳理分析车辆购置税征收管理分局的职能、组织结构和业务分工等,可以发现其征管模式的特点可以概括为"证票双全""四权分离""一车一档"。所谓"证票双全",亦即按规定收缴或免征车购税后,既要发放完税凭证,又要发放专用收据。"四权分离"主要指在征管机构内部实行"权、账、钱、证"四分开,即"开票的不收款、管证的不发证、发证的不盖章、管章的不发证"[①],做到"票管员、审核员、收费员、稽查员"四员分离。"一车一档"就是为每一应税车辆建立凭证档案,"凡发生车辆变化使用性质而更换凭证种类、车辆更换号牌、过户转籍、凭证遗失补证等情况时"[②]均记入档案。

按照上述模式可以发现,G市国税局车辆购置税征收管理分局在六个科室和一个服务厅、四个征收点中,党政综合办公室、人事监察科和后勤科主要承担支撑性业务,税政科、收入核算科、征收管理科和办税服务厅重点承担核心业务。其管理流程包括通用管理流程和专用管理流程。

(一)通用管理流程

G市国税局车辆购置税征收管理分局的内部管理工作,说到底就是为保障征管机构正常运行、处理各科室之间和工作人员之间关系的各项行政事务,亦即支撑性业务。这通常包括党务、公文、会务、财会、人事和后勤管理等工作。在不同类型、层次的单位中上述工作具有较高的相似性,但在具体处理事项中,还需要结合本部门的特殊性来"具体事务具体处理",本节将以G市车购税征管部门的固定资产、人事、会务和公文管理等业务为例,描述其流程的主要依据与内容。

1. 固定资产管理流程

对于车辆购置税征管机构来说,其固定资产管理流程可参考《国家税务局系统固定资产管理办法》(国税发〔2001〕28号)来组建与执行。该办法规定了固定资产的管理机构和工作职责,并规定了固定资产的增加、处置、清理、档案管理等流程,包括其方式、范围、权限、申报程序和资料。依据该规定,国税系统固定资产是指各级国家税务局所有、使用的单位价值在500元以上(含500元),专用设备单位价值在800元以上(含800元),耐用年限在一年以上,并在使用过程中基本保持原来物质形态的资产。单价低于500元,但耐用年限在一年以上的大批同类财产,也视同固定资产。国税系统的固定资产分为房屋及建筑物、一般设备、专用设备、文物及陈列品、图书和其他固定资产六大类。

---

① 宋剑刚.为国征费十五年矢志不移——山西省车辆购置附加费征收管理办公室巡礼[J].今日山西,2000,(02):12-14.
② 张锦章.建立档案管理 强化路检路查 加强车辆购置附加费的征管工作[J].交通财会,1991(08):50-51.

2.人事管理流程

国家税务总局从 2013 年起探索实施绩效管理,在构建税务系统绩效管理制度顶层设计上,国家税务总局充分考虑了组织绩效和个人绩效的目标一致性。在《税务系统个人绩效管理办法(试行)》中引入组织绩效,将组织绩效成绩作为个人绩效平时考核成绩的重要组成部分。通过科学有效的关联,建立起个人与组织绩效协同发展的考核模式,以期达到个人目标与组织目标的共同实现,形成个人绩效推动组织绩效、组织绩效拉动个人绩效的良性互动。①

《国务院办公厅转发中央编办等部门关于车辆购置税费改革人员划转分流安置意见的通知》(国办发〔2002〕4 号),对"费改税"时期的人员划转分流安置工作作出相关规定。该通知指出,原从事车辆购置费稽征工作的人员,按以下标准由各级国税局审查考试录用:公务员经审查后全部划转给国税局系统;事业编制干部,由税务总局会同人事部进行统一考试录用,原则上录用现有人员的 80%;职工按照国税局系统录用职工的标准,由税务总局组织考试录用,原则上录用现有人员的 20%。临时工全部予以清退。离退休的人员,经核定后与其经费一起全部划转给国税局系统。经考试未录用人员,由各级交通部门和国税局组成分流人员安置小组,商地方政府制定分流安置方案并实施。国税局系统录用人员所需行政编制,待考试录用工作结束后另行核定。

3.会务管理流程

会议管理一般包括会议召开过程的流程和会议的服务(辅助)流程。参考《国家税务局系统会议费管理办法》(税总发〔2013〕124 号)的相关规定,会议应实行分类管理、分级审批,建立会议计划编报和审批制度。各省国税局于每年 2 月底前,将本级和下属预算单位上年度会议计划和执行情况(包括会议名称、主要内容、时间地点、代表人数、工作人员数、经费开支及列支渠道等)汇总后报税务总局(财务管理司)。《党政机关会议定点管理办法》(财行〔2015〕1 号)规定,财政部门或财政部门委托的机构通过政府采购方式确定一定数量的宾馆、饭店或专业会议场所作为党政机关举办会议场所(以下称会议定点场所)的相关管理活动,并对会议定点场所及协议价格的确定、会议定点场所的变动调整、会议的管理和监督等方面作出相关规定。

4.公文管理流程

车辆购置税征管公文管理流程受到《国家税务总局关于印发〈全国税务机关公文处理办法〉的通知》(国税发〔2012〕92 号)文件的指引。该文件规定了税务机关的公文种类主要有命令(令)、决议、决定、公告、通告、意见、通知、通报、报告、请示、批复、函、纪要。规定了份号、密级和保密期限、紧急程度、发文机关标志、发文字号、签发人、标题、主送机关、正文、附件说明、发文机关署名、成文日期、印章、附注、附件、抄送机关、承办部门名称、印发部门

---

① 张敬,黄欣欣.税务系统组织绩效与个人绩效成绩挂钩方法研究[J].税务研究,2019(12):113-118.

名称和印发日期、页码等公文格式。规定了向上级、同级、下级机关的行文规则,公文的起草、审核、签发等拟制程序,复核、编号、校对、印制、用印、登记、封发等发文办理程序,签收、登记、审核、拟办、批办、承办、传阅、催办、答复等收文办理程序,以及公文归档和管理规则、电子公文规则。

(二)专用管理流程

狭义的车辆购置税内部管理流程,即围绕车购税征缴业务,而形成的税款、完税凭证和征管档案等内部控制流程。由于这些业务与该部门的特殊职能联系紧密,流程参与者、直接相关方都为内部工作人员,不以社会公众为直接管理服务对象,故称为专用管理流程。本节以车购税完税证明管理、税款入库管理和车辆购置税价格信息管理等业务流程为例,梳理其构建的依据与一般过程。

1. 完税证明管理流程

根据《中华人民共和国税收征收管理法》和《国家税务总局税收票证管理办法》规定,税收票证是纳税人实际缴纳税款或者收取退还税款的法定证明,包括税收完税证明、税收缴款书等。税务机关、代征代售人征收税款时应当开具税收票证。车购税完税证明即为税务机关征收或免征车辆购置税时,在纳税人缴纳车辆购置税或依法申报免税后,核发给纳税人使用的法定凭证。

车购税完税证明管理工作包括车购税完税证明的印制、领发、填用、保管、销毁以及收发交接、账簿设置、报表编制、使用检查等内容。车购税完税证明由国家税务总局印制,市级税务机关负责对车购税完税证明的具体领用、保管、缴销、检查等工作。车购税业务主管部门或办税服务厅主管完税证明的管理工作,并配备专职票证管理人员负责领发完税证明,具体工作由税收票证岗负责。车购税完税证明分正本和副本,纳税人办理车辆购置税完税证明需要提供:车主身份证明原件及复印件,车辆购置税纳税申报表,车辆价格证明原件及复印件,车辆合格证明及复印件等。

2. 税款入库管理流程

车购税税款入库管理工作以《中华人民共和国国家金库条例实施细则》等文件规定为主要依据。根据《国家税务总局关于车辆购置税征缴有关问题的通知》(国税函〔2007〕787号)有关规定,纳税人应缴的车辆购置税,实行就地缴库,通过车辆购置税专用账户办理税款的收纳和缴库。

根据《关于车辆购置税征缴管理有关问题的通知》(国税发〔2009〕127号)等文件精神,纳税人通过银行卡刷卡、转账、POS机刷卡等方式缴纳的税款,将从纳税人账户直接划缴入库。其中,车购税征收大厅布设的商业银行 POS 机具,专门用于核算纳税人使用 POS 机刷卡方式缴纳车购税的收纳、报解。所收税款入库工作流程为:首先,税务机关于每日工作完毕后进行 POS 机收款总额的核对工作,并开具税收缴款书,交指定国库经收处办理就地缴库手续。其次,指定国库经收处收到税收缴款书后,将税收缴款书金额与"待报解车购税专户"收款金额进行核对,经核对一致的划缴国库。再次,国库收到缴款书和资金,办理入库手续后,向税务机关返回税款入库报表和缴款书回执。最后,税务机关根据国库返回的税款入库报表和缴款书回执,在税务征管系统做税款入库销号。

3. 车辆购置税价格信息管理流程

车辆购置税价格信息管理以《中华人民共和国税收征收管理法》《车辆购置税征收管理办法》为依据,执行《车辆购置税价格信息管理办法》。车辆购置税价格信息(简称"车价信息")管理工作包括车价信息的采集、审核、汇总、上传以及车辆最低计税价格的核定、下发。

车价信息每年采集六次,主管税务机关根据《车辆购置税车辆(国产)价格信息采集表》和《车辆购置税车辆(进口)价格信息采集表》填表说明及《"序列号"编码规则》的要求,对采集的车价信息进行审核后,逐级汇总上传至省、自治区、直辖市、计划单列市国家税务局流转税管理部门,再由其上传至国家税务总局(流转税管理司)。车辆最低计税价格由国家税务总局定期核定并下发。

第二章习题

第三章

电子政务流程建模与设计

―――○ 研习目标 ○―――

1. 了解电子政务流程的特性，理解电子政务环境中电子化业务流程运行的机理。
2. 熟悉建模与流程设计之间的关系。
3. 掌握业务流程图的绘制要点。

本章从电子政务流程出发，介绍了电子政务流程的概念、特性、类型和发展趋势。重点是围绕业务建模讲述电子政务流程设计的主要内容和基本过程，介绍了绘制政务流程图的基础知识。在案例研究设计与研习报告示例部分，以车辆购置税征管的核心业务流程为对象，以一般纳税、车辆购置税价格信息管理、退税和免税申报、税收票证出库和退库等业务活动过程和信息流为例，通过绘制流程图来梳理其跨部门(科室)流程。

第一节
研 习 指 导

一、情景设问

材料一

2013年，广州市政协委员曹志伟在市"两会"上展现的一张"万里长征审批图"，引起了社会广泛关注。这是一幅长达4.4米的流程图。图中标明了一个投资建设项目从立项到验收的漫长征程：要经过20个委、办、局，53个处、室、中心、站，100个审批环节，总共盖108

个章,缴纳36项行政收费。如果流程要全部走完,审批工作日累计将达到2020天。即便按照最短的关键线路走,也需799个审批工作日。这又引发了人们对另一个问题的关注:中国人一生到底要办多少个证,证件的情况是怎么样的,有什么可以优化的余地。曹委员指导团队到处去找证件,搜出2000多个证件,光实物证件就有400多个。最后,他们压缩到103个与人生不同阶段相关的常用证件,并绘制了一幅"人在证途"的图表。①

"这些多余的审批项目都该'打叉'!把它送进历史。"2015年1月,李克强总理在广东自贸区南沙片区考察时指着这张审批流程图说:"万里审批图"制约市场活力,容易滋生腐败。2015年11月,国务院办公厅发布了《关于简化优化公共服务流程方便基层群众办事创业的通知》(国办发〔2015〕86号)。该通知指出:"各地区、各部门认真贯彻党中央、国务院决策部署,在创新和改进公共服务方面积极探索,取得了明显成效。但一些地方和领域,困扰基层群众的'办证多、办事难'现象仍然大量存在。"针对上述问题,该通知进一步提出了"简化办事环节和手续,优化公共服务流程,明确标准和时限,强化服务意识"、"善于运用法治思维法治方式,规范公共服务事项办理程序"、"全面公开公共服务事项,实现办事全过程公开透明、可追溯、可核查"等具体要求。

国务院率先开展了行政审批事项清理整顿工作。统计显示,截至2019年底,国务院部门行政审批事项削减超过了40%,工业生产许可证种类压减了1/3以上,取消减征减免中央和省级政府行政事业性收费超过1000项,企业开办、不动产登记等事项办理时间压缩50%以上。② 各级政府与职能部门也迅速开展了相关工作。例如,吉林市的企业投资项目审批的全部流程打印出来,曾需要一张4.3米长的A4纸。如今通过一系列优化精简,这张图缩减到了1米,企业办事效率不断提高。③ 在中央部委层面,自然资源部针对流程相对复杂、业务办理量大的26种不动产登记类型,绘制了相应的流程优化图,并以流程图为依据,指导监督各县(市、区)进一步规范不动产登记过程,着力解决办理环节多、流程不清晰、反复提交材料等问题,切实便民利企。④

材料二

电子政务在我国是一个兴起于21世纪初的概念。20世纪90年代以来,伴随着信息和网络通信息技术的飞速发展,为迎合公众对政治民主化、公共服务人性化等方面的诉求,以美国为代表的发达国家纷纷将信息技术作为政府管理与公共服务的重要手段纳入政务体系中,力图通过大力推进电子政务来变革传统的管理制度、组织结构和政务流程等。

---

① 人民政协网.曹志伟:制作"万里长征审批图"成立政协委员个人工作室[EB/OL].(2015-02-25)[2021-08-13]. http://www.rmzxb.com.cn/c/2015-02-25/450341.shtml.

② 中国政府网.国务院部门行政审批事项削减超过40%[EB/OL].(2019-12-27)[2021-08-13]. http://www.gov.cn/xinwen/2019-12/27/content_5464390.htm.

③ 中国政府网.吉林市:办事流程图从4米缩减到1米[EB/OL].(2019-01-15)[2021-08-13]. http://www.gov.cn/xinwen/2019-01/15/content_5358031.htm.

④ 自然资源部办公厅关于印发不动产登记流程优化图的通知(自然资办发〔2019〕23号)[EB/OL].(2019-10-15)[2021-08-13]. http://www.gov.cn/zhengce/zhengceku/2019-10/15/content_5439891.htm.

2002年,随着《国家信息化领导小组关于我国电子政务建设的指导意见》发布,我国的电子政务建设进入快车道。其中,在电子政务标准化建设方面,与政务流程关系最为密切的就是《GB/T 19487—2004 电子政务业务流程设计方法 通用规范》。作为一项国家推荐标准,它的发布具有重要价值、意义和作用。它面向现代信息技术环境下业务流程规范化的过程,规定了业务流程描述手段,目的在于帮助业务领域专家和软件开发人员更好地表达与理解业务流程,从而能够有效地理解用户需求、提出信息化的功能需求。该标准主体部分共分5个部分:一是"范围",说明该标准的适用范围;二是"术语和定义",对33个重要术语进行了详细定义;三是"建模图形符号",对标准中使用的36个图形进行了详细说明;四是描述了业务流程设计的关键过程;五是描述了业务流程设计的结果——"业务模型"。该标准还提供了业务建模技术的作用、业务调研表格示例、业务调研报告大纲要素示例等附录。

二、问题与思考

1. 什么是流程图?如何绘制流程图?
2. 什么是电子政务流程?电子政务流程与传统政务流程相比有什么优势?
3. 设计电子政务流程包括哪些主要环节?

三、研习步骤建议

1. 选择特定的职能部门,以其核心业务为研究对象。
2. 梳理该业务的主要内容。
3. 绘制业务流程图

四、研习报告要求

1. 本作业可采用小组的形式完成,每组不超过5名学生。小组成员必须分工明确,各有侧重。
2. 研习报告名称由"对象名称+核心业务流程分析"构成。研习对象的选择,可以模块一或模块二的相关内容为基础。
3. 研习报告的主要内容应以制度、职责和业务活动等为基础,从总体上梳理核心业务流程。
4. 研习报告的结果应以流程图的方式呈现承载核心业务的跨部门(科室)流程。
5. 建议9个学时。其中理论与案例讲授3个学时,学生自主调研、形成报告6个学时。

第二节
电子政务流程概述

一、电子政务流程的概念

电子政务流程(e-government process)是"互联网＋政务"环境中政务部门电子化业务流程的统称,是"互联网＋政务流程"的基本形态。在"互联网＋政务"中,电子政务流程以政务信息系统平台为载体,来承载各项政务工作。一项具体的业务,从其发起点到终点,都可以借助系统平台来完成。这促进了政府业务电子化、在线化与全流程化发展。

一般认为,电子政务流程是政府业务流程化与政务信息化相结合的产物。政府业务流程化主要是从规范政务工作的角度出发,通过明确业务活动各项操作之间的逻辑关系,来形成规范有效的办事程序。政务信息化是将各级各类政府机关与职能部门视为一个整体,通过全面运用现代信息技术来改善整体的运行模式,从而不断优化与完善政府运行管理的体制机制。在政务部门推行信息化建设,必然会深刻地影响承载着政府业务的流程。一方面,信息技术能支撑政务流程体系的优化,推动"跨岗位、跨部门、跨层级"流程的深入应用,无缝连接政务流程的前区与后区,从而做大做强政务流程前区。另一方面,作为信息技术应用的具体对象,流程可以通过规范化的体系建设,降低技术门槛,为信息技术的深入应用找准着力点。

电子政务需要流程,没有流程也就没有电子政务。电子政务是一种基于流程的政府管理形态。它以现代信息技术为基础,又超越了对信息技术的简单应用。它力图通过营建电子政务流程,将传统的政务流程升级为电子化流程,来改造既有的政府业务运行模式,从而大幅提升政务服务的质量与水平。

电子政务流程是政务流程的当代形态,它的应用与推广将极大地改变传统政务流程面貌。以普通居民户口迁移业务为例,这是我国户证管理业务中的一个常见项目。随着社会主义市场经济的发展,人口流动已经成为一种常态,户口迁移越来越频繁,因此户口迁移业务早已实现了流程化管理。在传统政务流程中,其办理过程如下(见图3.1)。

第一,申办人携带相关证明材料,如入户指标、房产证等,前往户口迁入地派出所提出申请入户,派出所经审核合格后开出同意入户证明。

第二,申办人携带同意入户证明等相关证明材料,前往原户籍所在地派出所提出迁出申请,派出所经审核合格后核销户籍,并开出户口迁出证明。

第三,申办人携带同意入户证明、户口迁出证明等,向迁入地派出所提交各种证明材料。迁入地派出所经审核合格后,执行登记入户、发放新户口本等操作。

上述就是政务部门关于户口迁移业务的具体操作流程。整个工作被分解成若干个环环相扣的节点。从管理的视角看,这项业务流程的主要参与者是待迁入地派出所和待

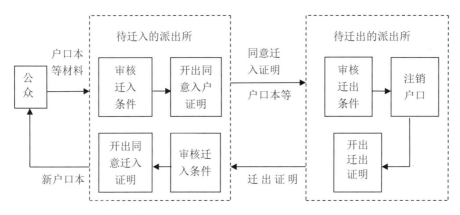

图 3.1 传统政务流程体系中户口迁移业务办理程序示意图

迁出地派出所,流程的目的是为公众提供户口迁移服务。它有明确的输入内容,主要由入户指标、房产证、户口本等材料来提供;也有清晰的输出活动,包括同意入户证明,待迁入地派出所开出同意迁入证明,为申请者办理新的户口本等。其中入户指标、房产证、户口本在每个环节属于需要输入的内容。而同意入户证明,既是第一个环节输出的内容,也是第二个环节需要输入的内容。这是一个以手工操作模式为基本特征的典型传统政务流程。它的问题也十分明显:一是同样的资料需要多次输入,二是申办人至少要跑 3 趟才能办理完手续。

随着电子政务流程的推行,户口迁移业务的办理模式发生了显著变化。在一些地区,居民如果只是在本行政辖区内迁移户口,而不必迁移到其他城市或省份,那么该业务的办理就可以利用公安部门的电子化政务服务平台来履行相关手续。具体来说,申请人首先要带齐相关证明文件,然后前往本行政辖区内任一公安办证服务中心或政务大厅提交申请,办事人员通过公安电子政务系统审核资料无误后,当场就可办理完结。在这种模式下,申请人无须多次往返于"迁出地—迁入地"派出所(见图 3.2)。

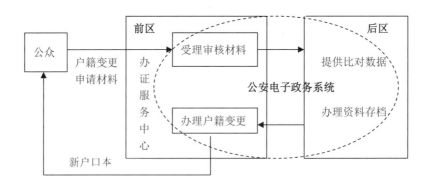

图 3.2 基于电子政务流程的户口迁移业务办理程序示意图

对于该业务来说,办证服务中心就是该业务流程的"前区"。前区既可以负责受理、审核材料,对于符合条件的申请,又可以及时办理变更手续,发出新的户口本。而前区用来审核材料的数据信息则是由"后区"提供的。后区在提供比对数据的同时,也可将相关资料存档。其中,统一的公安电子政务系统是连接前区、后区的关键枢纽。由此,公众"最多跑一趟",就可以完成户口迁移手续。

可以说,这种业务处理方式,在没有彻底改变既有管理制度的情况下,以流程变革的形式,最大限度地方便了群众办事,提高了政务服务的效率。其核心理念与方法就是利用信息技术,让政务活动(工作任务)以电子化形式,在电子政务系统内流转,在公安机关内部实现了"跨岗位、跨部门(科室)"的流程化管理,较好地实现了"让数据跑腿、群众少跑路"的改革目标。当然,电子政务流动的功能绝不局限于此,随着"互联网+政务流程"的提出与电子政务的深入发展,电子政务流程还会向更高层次的"跨职能、跨区域、跨平台"发展。

二、电子政务流程的比较优势与特性

在传统业务流程模式中,基于职能制的分工模式以及手工化的操作方式,不仅造成政务流程被人为地割裂,行政效率低下,社会公众也因此付出了巨大的成本。社会公众实际上扮演了某种政务部门之间流程的衔接人与政务信息的传递人角色。以串行式的行政审批事项为例,往往是由行政审批相对人将初审部门发出的业务材料(各种证件、审批文书等)传递到下一个审核部门,等到第二个部门审核完毕,再送往第三个部门,依此类推。这种操作模式不仅手续烦琐、效率低下,并且缺乏对信息传递过程的控制,时常被不法分子利用其漏洞伪造证件、文书,而进一步造成政务管理上的混乱。为了堵塞这些漏洞,政务部门又制定了更为严格的审批措施,制定了更烦琐的规章。这不仅导致社会公众要付出更多时间与精力成本,也造成了政务部门规模不断膨胀,管理成本居高不下。而应用信息技术,既为精简流程提供了契机,又为规范管理提供了保障。因此,政务部门有必要广泛应用电子政务流程。这不仅可以为公众提供优质高效的公共服务,更可以在规范政务管理的前提下节约管理成本。

结合上述实例分析,我们可以发现,融合了现代管理思想与方法的电子政务流程,与以手工操作为主要特征的传统流程相比,电子政务流程在信息处理方式、传递方式、信息沟通渠道建设、信息资源整合力度、简化中间环节、优化流程周期、提升透明度与参与度、提高工作效率等方面有着巨大优势(见表3.1)。电子政务流程不仅具有现代信息技术的一般外在特征,如电子化、在线化与模块化等,更具有开放性与透明性、高效性与协同性、规范性与动态性、全局性与精简性相统一等内在特性。

表 3.1 传统政务流程与电子政务流程的比较

传统政务流程	电子政务流程
信息人工处理	信息自动化处理
信息垂直历史性传递	信息水平共时性传递
信息沟通与工作协调受部门界限与范围制约	跨部门远程交互与协调办公、管理
信息资源整合、利用程度低	信息资源的挖掘、运用和处理能力强

续表

传统政务流程	电子政务流程
中间环节多	中间环节少或无
流程周期长	流程周期短
政务透明度低、参与性低	政务透明度高、参与性高
工作效率有限	工作效率大幅度提高

第一,开放性与透明性相统一。电子政务流程是建立在现代信息和通信技术基础上的。它可以通过政务信息化平台来整合传统政务流程的基本功能,使政务工作流与政务信息流充分融合起来。这就使政府业务的用户,包括企业、公民与其他政务部门等,能够更好地透过电子政务系统自主地交流,从而获取更优质的政务服务资源。这一方面增强了政务服务的开放性,使得电子化的政务资源能够更加及时、主动地向社会公众开放;另一方面增强了政务服务的透明性,使得政务资源的使用能够得到更加广泛的检查、监督。

第二,高效性与协同性相统一。在传统政务模式下,大量人力、物力被放置后区,一个重要原因就是要进行各种纸质资料的后期整理。各政务部门不得不投入大量资源将那些原本可以在前区完成的工作,在后区重复进行。可以说,传统模式下前、后区之间是断裂的。而在电子政务流程的支持下,前区可以通过电子化手段,将采集到的规范化资料直接传送给后区。这样就可以大幅度释放后区的工作量,而更好地服务前区,增强前区的功能。同时,电子政务流程可以跨越不同的部门,使得同一政务信息能够在极短的时间内,发送给不同层级的政务信息处理界面,促进部门间的优化资源配置与资源共享。这不仅可以打破传统跨部门、跨层级流程的技术瓶颈,更可以将多个岗位、多个部门的资源整合起来,形成"前后区一体化"的协同工作体系,从而全面优化传统的政务管理与服务体系。

第三,规范性与动态性相统一。集成了现代管理理念与方法的电子政务流程,一方面可以将制度与技术同步纳入电子化业务流程中,以可视化的方式实现对物流、资金流的全过程关照,从而提升政务工作的规范性;另一方面,以模块为基础的电子政务流程,可以及时适应用户需求的变化,支持工作任务的动态分配。同时,电子政务流程可以按照模块化来搭建,当政务流程需要改变时可以通过改变或重新组合政务流程的模块,及时构建新的电子政务流程。由此,电子政务流程既可以较快的速度满足外部用户的服务需求,也可以在最大限度上满足内部管理制度的规范性要求。

第四,全局性与精简性相统一。电子政务作为一种基于流程的政府管理形态,电子化的政务流程是它的核心要素。这样的流程一方面可以贯穿于政务部门之间、政府与社会公众之间,实现多维度的连接,体现了全局性;另一方面它可以在保持总体相对稳定的情况下,通过进一步的优化设计以删除、合并等方式简化冗余环节,实现整体的精简性。

三、电子政务流程的基本类型

从信息技术应用的视角看,电子政务流程其实是由一系列代码构成的模块。在各种软件、硬件设备的支持下，它通过编辑代码、发布指令等方式，将同一或不同政务数据库中的数据按照一定规则连接起来，支撑数据交换与数据处理业务的实现。这里所说的"一定规则"包含着两层含义：一是内在于代码的编程语言的规定性，二是附着于代码上的各种法律规范、规章制度的规定性。因此，电子政务系统最显著的特征就是将"代码所表示的技术规则"与"流程所表征的政务规范"，以电子政务流程的方式呈现出来。

从系统管理的视角看，基于电子政务系统的业务处理，实质上就是对数据信息的"输入—输出"处理过程。电子政务流程以"模块"形式存在的各种功能，内嵌于电子政务系统内，基于代码与法规的二重规定性，承载着政务信息流，支撑着政务数据与信息处理规则的电子化过程。当需要启用特定功能时，相应的电子政务流程就会被激活，设置好相应的参数，即可进行"输入—输出"的处理过程。

从政务数据与信息资源管理的视角看，电子政务流程有三种基本类型。一是"输入"类流程，即电子化数据采集流程。例如，一个人出生时，其生理特征以及社会身份等相关数据，就应立刻被输入到相应的政务数据库中。这包括国家人口基础数据库，以及计生、防疫、公安、社区等众多政务部门的专业数据库。二是"处理"类流程，即对采集回来的数据，进行结构化处理的过程。同样以新增人口为例，国家统一的电子政务平台接受新增数据后，将激活相应的政务服务流程，如出生证管理、新生儿疫苗接种管理等。随着内嵌于一体化政务服务平台的相关政务服务流程被激活，第三类流程——"输出"类流程，即电子化数据利用流程也将被激活。对于一个新生儿来说，"输出"类流程主要提供办理出生证、新生儿疫苗接种证等纸质或电子证件等服务。

按照运行平台的类型，电子政务流程可以分成运行于政务内网与专网、运行于政务外网这两种类型。第一，运行于政务内网与专网的电子政务流程，主要是支撑政务内部管理业务的流程，如办公自动化流程、电子会议管理流程、电子公文管理流程、电子资产设备管理流程、电子档案管理流程、电子财务（预算）管理流程、电子人事管理流程、应急指挥流程、决策支持流程、电子监察流程等。第二，运行于政务外网的电子政务流程，主要指面向社会公众的管理服务流程，如政务信息发布流程、电子审批流程、政府采购电子流程、公众意见征集流程等。需要指出的是，出于安全性的考虑，政务内网与外网之间是隔离的。但在实际运行中，内、外网之间总是要进行数据交换的。因此，在实践中还存在第三种电子政务流程，即专门负责政务内、外网之间电子数据交换的流程，以及相应的安全管理、安全审计等流程。

四、我国电子政务流程的发展趋势

联合国公共经济与公共管理部同美国公共管理协会曾将各国电子政务建设划分为起步阶段、提高阶段、交互阶段、在线事务处理以及无缝链接五个阶段。结合这一阶段划分，电子政务流程的建设亦将经历一个从"岗位流程、跨岗位流程、跨部门流程"建设向"跨职能、跨区域、跨平台"发展的渐进式过程，逐层实现岗位间、部门内、部门间、区域内与区域间业务流程的无缝连接（见图3.3）。

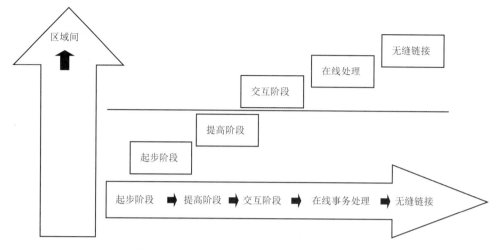

图 3.3　电子政务环境中政务流程的发展阶段

但就我国目前的实际情况而言,受多方面因素影响,政务流程建设水平还有待提高,主要表现在以下两点:一是应当建立的流程并没有建立,特别是跨职能、跨部门业务流程构建存在相当的困难,二是已经建立的流程也存在规范性不强、目标指向不明确或不合理、描述方法随意性强等问题。随着"互联网+政务"的提出以及电子政务的深入发展,传统政务流程的弊病还没有解决,一些新的问题又暴露了出来。这就要求我们加强对流程的研究,全面开展政务流程体系的优化设计工作,科学、合理地推行电子政务流程。

第三节　电子政务流程设计

电子政务流程是一种涉及多重信息、多渠道沟通与多种在线作业的电子化活动过程。有别于传统的政务流程设计,它需要建立一套业务模型,以方便对业务分工、业务进程、业务信息等内容进行细致的描述。

一、业务流程设计概述

传统的政务流程总是承载着特定的政府业务,从简单的民意调查到复杂的证照申请,如申办营业执照、申领施工许可证等,政务工作人员都需要依照特定的办理程序进行规范化操作。但这些千差万别的流程是有共通之处的。尤其是引入了信息技术之后,电子化的政务流程共性越来越显著。因此,可以通过流程设计,建立通用的业务模型,对通行的业务流程进行系统化的描述,为业务流程之间的衔接奠定基础。

(一) 业务流程设计的目的

开展业务流程设计,主要目的就是在业务流程描述的基础上,创建新流程,或者对已有流程进行规范和改进。实施业务流程设计,需要将构想中的流程转化为精准的内容描述,为需求方、业务领域专家(Business Domain Expert)(具备一定业务管理知识与管理实践经验的人员)[①]和开发人员提供业务流程的细节,从而为流程的实施打下坚实的基础。

(二)业务建模与流程设计

业务建模(Business Modeling)是一种"用例"分析技术,即以具体案例为基础的模型描述方法,包括业务流程建模、业务组织建模和领域建模等内容。建模的目的在于了解目标组织(信息系统需求方)的结构及机制,了解其存在的问题并确定改进的可能性。

业务描述是流程设计的前提,通常采用可视化建模方法来描述业务。这种方法主要由业务建模表示法和业务建模过程组成。其中业务建模表示法包括业务建模符号和业务建模图,具有全程一体化精细建模的特点。业务建模过程包括业务建模阶段、数据规范化阶段、文档规范化阶段等三个阶段(见图3.4)。

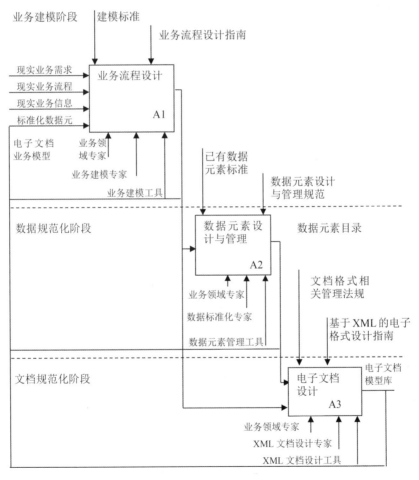

图 3.4　业务建模与数据标准化的参考模型(GB/T 19487—2004)

---

① 国家电子政务标准化总体组.GB/T 19486—2004 电子政务业务流程设计方法通用规范[S].北京:中国标准出版社,2004.

这三个阶段分别以图中 A1、A2、A3 三个功能块为中心。在 A1 阶段,需要业务领域专家与业务建模专家合作,采用建模工具等进行政务流程设计,主要用以满足处理具体的业务,例如,公文流转、社会公众的各种证照申报、年检等业务活动,形成一套完整的业务模型。

A2 功能块表示的是电子政务建模的核心部分,需要业务领域专家和数据标准化专家等通过提取各业务流中的数据元素实体名称、语境等基本属性和主要管理属性等,形成关于该业务所用的数据元素目录;A3 由业务领域专家和系统设计师(XML 文档设计专家等)根据相关数据视图和业务界面进行数据标准化处理,撰写电子文档,进行信息共享和业务合作等方面的详细设计。

建模的目的是提供一个一致的业务表现形式,提供统一的交流手段,使用户需求能被更好地表达与描述,使研发人员更容易理解并为用户提供所需的设计。此外,通过业务建模能帮助工作人员和软件开发人员建立详细的业务模型,实现业务流程分析和设计的可视化,为规范与改进业务流程提供基础素材,降低项目实施成本,提高项目的效益。模型的建立为管理与技术之间建立了良好的沟通纽带,使得双方能够以彼此熟悉的话语方式,实现共同的目标。

二、业务建模的主要环节

业务建模是根据"政府业务基本建模过程",结合实际业务应用,从业务分工、业务过程和业务信息等方面构建面向业务领域专家和软件开发人员的模型。

业务建模过程需要在一定原则指导下完成,其主要环节有 5 个(见图 3.5)。

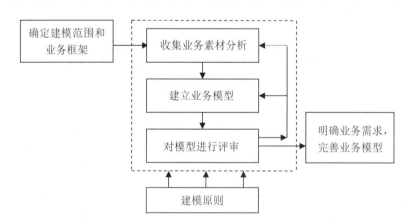

图 3.5 业务建模主要环节脉络图(GB/T 19487—2004)

① 确定建模范围和业务框架;
② 通过实地调查研究,收集业务素材进行分析梳理;
③ 利用基本建模过程建立可视化业务模型;
④ 根据主要建模指标对模型进行评审;
⑤ 完善和完成整个业务模型(包括术语界定和需求分析等),形成建模文档。

(一)业务建模的主要环节概述

在建模之前需求方工作人员可先绘出具体业务的工作原理示意图以帮助开发人员理解现有的流程,明确业务需求。业务工作原理示意图没有固定的形式,但应当包括以下要素:业务的最终目标、业务流程中的重要活动、重要活动的参与者、对重要活动的指标(如传递时间)要求和其他必要的说明等。

参与业务建模主要环节的人员,包括业务领域专家、业务分析员与软件开发人员等,他们是业务建模工作的主体。需要指出的是,建模每一个环节都需要业务领域专家的积极参与配合,并与业务分析员共同完成模型的建立(见图3.6)。

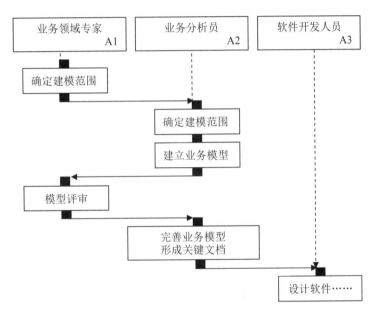

图 3.6 业务建模主要环节示意图(GB/T 19487—2004)

(二)确定政务活动建模范围、业务种类框架

对政务活动建模时,需要首先确定其范围,在这个过程中,需求方的主要负责人应参与进来,确保项目的目标与决策者的期望一致。确定了建模范围之后,下一步就是确定具体的业务功能或业务分类、业务流程和业务信息。

需要注意的是,许多政务服务项目涉及多个职能部门,其作业流程显然是跨职能、跨部门的。因此,在确定建模范围时,就应确定哪些政务部门的哪些子部门(科室)将成为哪一阶段作业的主办者或承办者。通常,每项业务将划分为若干个子流程,这些子流程就构成各部门间业务的类型框架。

业务分割涉及多个部门的职责,如果每个业务流程同时描述很多事项,会容易造成过高的期望值,不便于后续的建模;如果每个业务流程描述的事项太少,又会造成业务流程太多,看不清业务的组成。因此,在项目开始时就应该首先确定业务建模的总体框架,确定一个合理的平衡点。

在业务建模中,不仅包括业务协作流程,即通常所说的业务流程(它主要描述部门或岗位之间的业务往来流程),也包括岗位职责执行/操作流程(即每个工作岗位自身如何完成其具体的工作职责)。业务协作流程侧重于宏观描述,体现部门、岗位或角色间的工作交互关系,职责执行/操作流程是业务协作流程在每个工作岗位的微观展开。

业务信息包括业务流程中处理的信息内容、信息之间的关系、信息处理权限和信息共享方式等。其中信息处理权限表示了工作岗位对业务信息处理的权利,它从岗位角度描述了业务数据的浏览权限、编写权限、修改权限、删除权限、审查(核)权限、调用(复制)权限;信息共享方式表示了每种业务信息由哪些业务流程(业务协作流程)对它进行处理,它从流程角度描述了业务信息的编写权限、修改权限、删除权限、审查权限、使用权限。

(三)实地调查研究与业务素材收集

当框架和范围确定后,业务分析员要与业务领域专家进行广泛交流,对相关业务进行深入调研。调研的过程就是业务素材收集的过程,收集的主要步骤是:

——业务分析员制定详细的调研表格;
——将调研表格发放给业务领域专家;
——业务领域专家填写调研表格,并将自己所做的业务描述清晰;
——业务分析员收集调研表格,进行建模工作。

(四)利用基本建模过程建立业务模型

通过"基本建模过程",根据收集的调研资料和与业务领域专家交流,可以得到业务模型,描述如下:

(1)业务分工组成的描述

根据建模方法,描述单位组织分工和职责等内容,体现任务分工的责任化。

(2)业务流程的描述

描述部门或岗位之间的业务往来流程等内容,在业务管理中可以体现业务运行的程序化。

(3)业务信息内容和处理权限的描述

业务信息内容和处理方式的描述包括对业务信息的增加、读取、修改等权限,体现信息处理的精细化。

(五)根据主要建模指标对模型进行评审

初步确定业务模型后,通过对模型进行评审,与业务领域专家对模型的表示达成共识,以确保模型的准确性。

评审工作必须根据业务建模基本指标进行,通过业务领域专家对模型的评审,改正模型中存在的问题,使业务模型描述得更加精确。初期的模型可能存在与现在或未来的工作不一致的地方,通过评审找到模型中的不符之处,然后再通过重新收集素材、确定模型、反复修改逐步完成整个模型。

在业务模型评审过程中,不仅可以对流程模型进行检查以确定其对业务过程描述是否正确,同时可以结合实际,改变现有业务流程。

(六)完善业务模型形成建模文档

根据建模原则和基本建模过程,根据业务要求建立业务模型,同时通过不断地评审对模型进行确认,以逐步求精的方式构建最终的业务模型。这样在建模结束时,不仅可以得到符合要求的业务模型,同时还可以在此基础上把要开发的软件系统的可行性以可执行的形式明确表现出来。

建模结束时,应该形成包括主要建模图、相关业务解释的主要文档。在完成的业务模型中,包括信息化需求定义的重点内容:功能定义、数据定义和流程定义等。

在形成主要文档的同时,可以根据条件建立一个实际的模型演示原型软件,模拟已经建立的业务模型,通过对原型软件的运行,以实际运行的演示情况来评审模型。另外,在业务建模工作中,可以引进相关的质量管理体系,对建模过程进行监督。

三、政务活动基本建模过程

在收集了足够的业务素材后,即可以进行业务建模工作。常用的基本建模过程有三种:以业务分工分析为出发点进行建模的过程、以业务流程分析为出发点进行建模的过程和以业务信息分析为出发点进行建模的过程。每种建模过程都是由描述业务分工、描述业务流程、描述业务信息等基本建模活动组成,并在建模过程中对主要指标和主要文档作出要求。

应注意的是,实际业务建模过程往往是上述三种基本建模过程的有机组合,只应用单一建模过程的情况很少。

(一)以业务分工分析为出发点的建模过程

以业务分工分析为出发点的建模过程是根据业务建模的实际需要,从一个单位的业务分工描述开始,完成对这个单位业务描述。它主要有两种流程分支:第一个分支是描述业务信息、描述业务流程;第二个分支是描述业务流程、描述业务信息(见图3.7)。

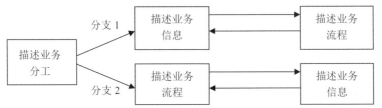

图3.7 以业务分工分析为出发点的建模过程(GB/T 19487—2004)

以业务分工分析为出发点进行业务建模时,需先从业务分工素材比较齐全的组织机构部分开始描述,以建立清晰的单位业务分工描述。在此之后,如果业务信息种类及其样式素材(如调查表)比较齐备,就选择第一个分支,即描述完业务信息后再描述业务流程,否则就选择第二个分支,即通过描述业务流程来发现业务信息,进而描述业务信息。而实际上,描述业务分工模型、业务信息模型和描述业务流程模型并不是独立进行的,而是一个相互交叉、反复的过程。

(二)以业务流程分析为出发点的建模过程

以业务流程分析为出发点的建模过程是根据业务建模的实际需要,从业务流程的描述开始,完成业务建模工作。它主要有两种流程分支:第一个分支是描述业务信息、描述业务分工;第二个分支是描述业务分工、描述业务信息(见图3.8)。

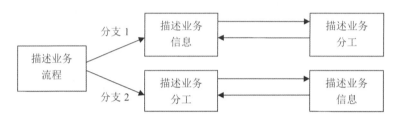

图 3.8 以业务流程分析为出发点的建模过程(GB/T 19487—2004)

以业务流程分析为出发点进行业务建模时,需先从占主导地位的业务流程部分开始描述,按业务步骤建立业务流程模型,此外,如果业务信息种类及其样式素材比较齐备,就选择第一个分支,描述业务信息后再描述业务分工,否则就选择第二个分支,描述业务分工后再描述业务信息。这一过程也不是一个独立进行的过程,而是一个相互交叉和反复的过程。

(三)以业务信息分析为出发点的建模过程

以业务信息分析为出发点的建模过程是根据业务建模的实际需要,从业务信息的描述开始,完成业务建模工作的。它主要有两种流程分支:第一个分支是描述业务分工、描述业务流程;第二个分支是描述业务流程、描述业务分工(见图3.9)。

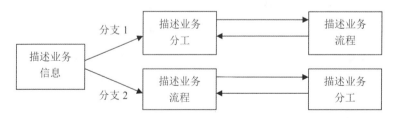

图 3.9 以业务信息分析为出发点的建模过程(GB/T 19487—2004)

以业务信息分析为出发点的建模过程是根据业务建模的实际需要,从业务信息的整理开始,建立清晰的业务信息模型的,在此之后,如果业务分工素材比较齐全明确,就选择第一个分支,描述业务分工后再描述业务流程,否则就选择第二个分支,描述完业务流程后再描述业务分工。这一过程也不是独立进行的,是一个相互交叉和反复的过程。

(四)业务建模过程中相关建模图和说明

业务建模过程需要通过相关建模图来完成,在整个建模过程中需要用到的主要的基本建模图如下:

① 描述业务分工的建模图,是分工组成树;

② 描述业务信息的建模图,是业务信息关系图和描述业务信息与组织单元作用关系的建模图;

③ 描述业务流程的建模图,是业务协作流程图和职责执行/操作流程图。

利用主要的建模图基本可以表示出业务模型,但是如果需要对主要建模图进行进一步补充,则需要利用派生建模图进行辅助描述,例如数据接口图、业务信息操作权限图等。

(五)业务建模的基本指标

对业务分工、业务流程和业务信息的描述必须达到下述基本指标,从而保证业务建模的质量。

1. 描述业务分工组成的基本指标

① 将需要规范化管理的部门及与之有业务联系的部门列举出来;

② 将上述需要规范化管理的部门中的岗位列举出来;

③ 将上述需要规范化管理的岗位中的职责列举出来;

④ 将上述需要规范化管理的职责中的活动步骤列举出来;

⑤ 将上述活动步骤分解成子活动步骤,直到对业务信息栏目能进行逐条处理的程度;

⑥ 将上述处理业务信息栏目的活动步骤所体现的处理方法继续分解成子活动步骤,直到无业务领域知识的人也能理解。

2. 描述业务流程的基本指标

① 列举出所有业务流程的名称;

② 在业务协作流程图中以担负职责的角色、岗位、部门为活动主体,按业务往来的顺序描述角色间的业务往来事件;

③ 在业务协作流程图中以业务流程中发生的事件为主线,按业务流程顺序描述业务往来事件及其携带的业务信息;

④ 在职责执行/操作流程图中再现分工组成结构中的职责或活动步骤;

⑤ 在职责执行/操作流程图中将描述逐条操作业务信息栏目的活动步骤与业务信息栏目的操作关系,使用信息栏目操作权限指示线描绘出来;

⑥ 在职责执行/操作流程图中将业务往来事件与活动步骤的联系描绘出来；
⑦ 在职责执行/操作流程图中描述各级活动步骤之间的逻辑流程关系——顺序、循环、分支等。

3．描述业务信息的基本指标

① 描述业务信息的所有栏目；
② 描述信息之间的关系——计算合成；
③ 按业务信息在栏目级别上整理其操作权限——读取、修改、删除等；
④ 按业务分类整理所有业务信息的共享情况。

（六）业务建模的主要文档

业务建模过程的主要文档是规范化管理文件，包括描述业务分工、业务流程和业务信息的建模结果和信息化需求定义，这些建模文档必须满足上述建模过程的建模指标。

(1) 描述业务分工的建模文档
① 反映一个组织中上、下级关系的组织结构图以及相关描述；
② 反映一个组织中层次化业务分工分解的分工组成树以及相关描述。

(2) 描述业务流程的建模文档
① 反映宏观业务联系的业务协作流程图以及相关描述；
② 反映微观业务操作的职责执行/操作流程图以及相关描述。

(3) 描述业务信息的建模文档
① 反映业务信息内容及其联系的业务信息关系图以及相关描述；
② 反映业务信息基本流向的数据流图以及相关描述；
③ 反映活动主体之间信息交互的数据接口图以及相关描述；
④ 反映活动主体操作信息的业务信息操作权限图以及相关描述；
⑤ 反映业务信息在各个业务流程中共享情况的业务信息共享图以及相关描述。

(4) 描述信息化需求定义的建模文档
基于并不只限于利用分工组成树进行信息化功能定义、过程定义以及相关描述。

四、业务流程设计的结果——业务模型

（一）业务模型的构成

业务模型是业务流程设计结果的体现，包括基本建模图和由之导出的派生建模图，其中基本建模图包括分工组成树、业务协作流程图、职责执行/操作流程图、业务信息关系图，表示了分工、协作和信息等管理要素；派生建模图包括数据接口图、数据流图、业务信息操作权限图、业务信息共享图，表示了业务信息与组织单元之间的作用关系（见图 3.10）。

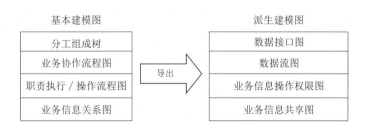

图 3.10 业务模型的构成

（二）业务模型的特点

在跨职能、跨部门环境中的政务活动，其运行和管理必须在各部门合作的基础上实施，使具体业务与分工明确的前提是建立业务模型，这种业务框架的特点就是全程一体化和精细化。

描述政务活动的模型图就是几种视图的综合表示，它通过分工组成树、职责执行/操作流程图、业务协作流程图和业务信息关系图之间的集成，既反映业务中的一体化关系，又从操作层面对业务信息的处理进行了精细化的描述（见图 3.11）。

分工组成树反映职能机构中的部门→岗位→职责→步骤之间的层级关系；职责执行/操作流程图中的活动步骤是分工组成树中某一具体职责的活动步骤流程化的具体体现，它可以描述这一职责中哪些活动步骤与其他活动的主体之间存在着工作交互事件，同时还精细地刻画业务信息的操作方式，这样就形成了分工组成树、职责执行/操作流程图和业务信息关系图之间的关联关系。

业务协作流程图把在某一具体业务涉及的分工组成树中活动主体之间存在的工作交互事件及其携带的业务信息有序地排列开来，需要注意的是，如果涉及多机构的交互作业，那么分工组成树图中的"组织机构"就要多于一个，此时，就可能出现"部门 a"属于一个机构，而"部门 b"属于另一个机构的情形。因此，可以将其上级"组织机构"视为一个逻辑主管。在这样的情况下，业务协作流程图可以不考虑机构归属，只需从岗位角度考虑，就可以比较全面地描述业务协作关系，其中业务协作流程图中的工作交互事件与职责执行/操作流程图中的工作交互事件是完全一致的，这样就形成了分工组成树、职责执行/操作流程图和业务协作流程图之间的关联关系。

分工组成树、职责执行/操作流程图、业务协作流程图和业务信息关系图之间，以一致性关联和精细化处理操作两种方式形成了紧密的关系，实现了在业务建模阶段基本建模图之间的集成。

业务信息关系子图从作业界面出发，描述面向用户的具体操作栏目之间的关联，以及各栏目和业务信息之间的关联，然后再与后台的处理步骤一一对应。

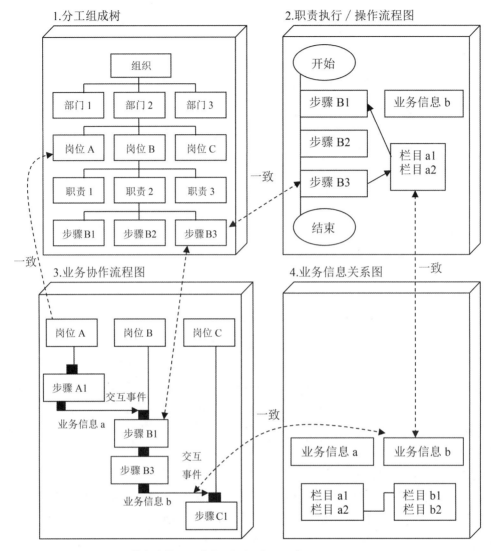

图 3.11 基本建模图一体化(集成)关系示意图(GB/T 19487—2004)

第四节
政务流程图的绘制

流程图是进行政务流程分析、描述、设计与优化的重要工具之一。它能以简单直观的图解表达工作任务分解情况,以及流程要素之间的固有顺序。这既可用于帮助我们了解和分析既有流程的实际面貌,又可以支持流程规划设计、优化再造,实现政务流程创新。

一、常见流程图示例

在政务流程分析与设计中采用的主要图形有系统流程图、工作活动流程图、作业流程图、事务分析流程图、文件流程图等。

（一）系统流程图

系统流程图是一种逻辑框架图。它主要用来反映流程体系的总体结构，反映各部门之间的逻辑关系。在对涉及面较宽的复杂流程做概要描述时，这是不可缺少的工具。它可以着重说明流程中所涉及的主要部门包括的重要活动，以及这些活动之间的逻辑关系。

以政府采购工作流程为例，参与者为采购部门、采购代理、供应商。采购部门的基本活动包括：确定采购需求、确认标书、签订协议等。采购代理的基本活动包括：发布需求、选定招标供应商、审查标书、签订协议等。供应商的基本活动包括：准备投标、投标、签订协议。通过系统流程图可以清晰地反映三者之间活动的关联（见图3.12）。

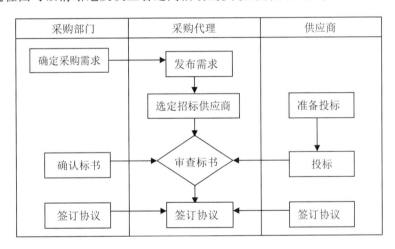

图 3.12　系统流程图示例

（二）工作活动流程图

工作活动流程图是一种用以表明工作活动过程顺序和内部联系的框图。工作活动流程图的优势是对流程中的"节点"描述得比较清晰。

以某个在线申请项目为例。该流程以"在线申请"为活动的开始，要经过身份验证、在线填写并提交申请、在线审批（跨部门联合审批）、公示结果、领取批文等基本环节。该流程在实际运行中将经过三个可选活动的节点。第一个节点是关于"身份验证"活动的。通过验证的将进入"在线填写并提交申请"环节；对于未能通过验证的，将激发"补充资料"环节，进入"重新申请"流程。第二个节点是关于审批活动结果的。审批通过的，将进入"结果公示"

环节;未通过的,将激发"补充资料"环节,进入"重新申请"流程。第三个节点是对公示结果无异议的,将进入"领取批文"环节;对公示结果有异议的,将激发"补充资料"环节,进入"重新申请"流程。在实际操作中,每个节点都可以成为流程的终结点,即当事人可能会放弃进入下一个环节。但对于政务部门来说,都需要将终结点之前的全部活动记录存档、备案(这个环节没有在流程图中显示出来)。通过上述过程分析,可构成一张工作活动流程图(见图3.13)。

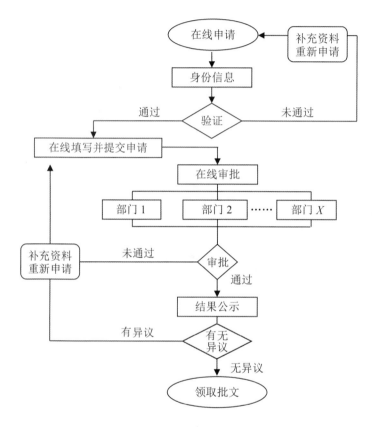

图3.13 工作活动流程图示例

(三)作业流程图

作业流程图是一种以表格与图形相结合的形式,是反映具体工作步骤及操作细节的图表。它利用"序号"来表示一个业务流程中主要环节先后次序。它的优势是既可用于对各种工作流程的调查分析,又可用于对新的工作程序的分析与设计。但对于"并发活动"的描述,作业流程图不够直观。

以申办企业注册流程为例。该业务流程包括10个基本环节,涉及5个审批部门和1个申请主体。审批部门和申请主体,即"角色"。每个环节都有具体的任务规定以及规定的办理时限,由此可以绘制出一张作业流程图(见表3.2)。

表 3.2　申办企业注册作业流程图示例

序号	活动名称	角色	任务描述	时限
1	申请	申办企业	企业向某政府门户网站进行审批申请	—
2	身份验证	民政局	对申办企业者身份信息进行验证	24 个小时内
3	在线填写并提交	申办企业	在线填写注册信息	规定的有效期内
4	转发材料	行政审批中心	将企业申报的材料分送给相应部门	24 个小时内
5	在线审批	主审机构	审核提交材料的合法合规性	5 个工作日内
6	审批 1	审批机关 1	分析申请材料,做出是否批准决定	5 个工作日内
7	审批 2	审批机关 2	分析申请材料,做出是否批准决定	5 个工作日内
8	公示审批结果	审批中心	将审批的结果进行公示	公示期 7 天
9	领取批准书	申办企业	登录门户网站,领取电子批准书	规定的有效期内
10	备案	审批中心	将涉及本业务的全部信息存档备查	企业领证后 7 个工作日内

(四) 事务分析流程图

事务分析流程图是一种表示事务处理过程及在这个过程中文件资料流动方向的图表。它能够简单直接地揭示处理某一方面事务的整个过程,明晰参与处理过程中部门或人员的职责,以及相关文件资料的去向。

以某职能部门(局级)的公文编制事务为例。该业务首先由主办部门(内设处室)发起制文的流程,再将草拟的文稿交有关职能处室进行会商,会商后由主办部门负责修订、定稿,然后交局办公室审核,审核通过则由主管领导签发,交印章室签章后,再由通信部门发文。这期间档案管理部门还要将有关资料及时归档(见图 3.14)。

(五) 文件流程图

文件流程图是一种用来反映文件输入本单位之后运转处理过程的框图,是详细设计的结果,最终将成为文件运转处理过程的重要依据,通常由主办部门或主要参与部门作为绘制单位。

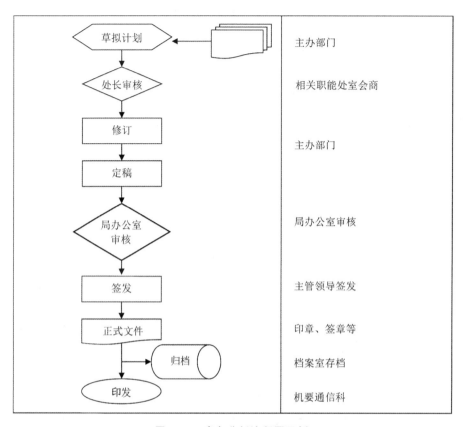

图 3.14　事务分析流程图示例

二、流程图绘制步骤

流程图的绘制工作一般有三个阶段,总计十二个步骤(见图 3.15)。

(一)第一阶段:准备阶段

这个阶段包括选择对象、组织准备、数据采集、分列步骤四个具体步骤。

选择对象:根据业务需求,确定绘制哪个流程的流程图,以及绘制哪种类型的流程图。

组织准备:组成专门小组,对小组成员进行基本业务培训,介绍流程图相关基本知识与技能。

数据采集:围绕业务的基本情况,收集所有相关信息资料。

分列步骤:列举流程所涉及的工作内容。

(二)第二阶段:识别阶段

识别阶段主要指流程的识别。这个阶段包括确认目标、确认部门、确认起止点、确认输入输出四个具体步骤。

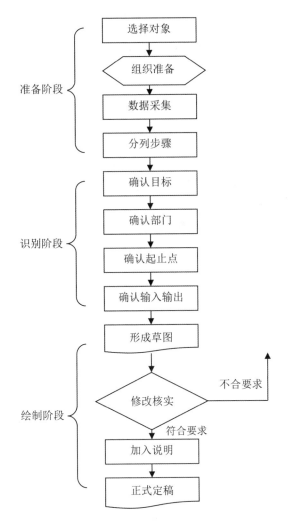

图 3.15 流程图绘制的一般步骤

确认目标：明确绘制流程图的具体目标。

确认部门：识别流程所涉及的全部部门（岗位），把流程中需要区分的具体节点与这些部门（岗位）一一相对应。

确认起止点：寻找流程的起始点与终结点。

确认输入输出：确定各个节点上信息资料的输入输出，即需要引入什么文件资料，需要形成什么文件资料等。

（三）第三阶段：绘制阶段

这个阶段包括形成草图、修改核实、加入说明、正式定稿四个具体步骤。

形成草图：动笔绘制图形，填写相应文字标记等。

修改核实：反复征求方方面面的意见和反映，不断修改补充和完善，最大限度地消除错漏。

加入说明：形成有助于正确阅读理解流程图图示的文字说明。

正式定稿：经反复征求各方面意见，特别是有关责任者批准后，流程图正式定稿。

三、流程图绘制要点

绘制流程图是一个创造性地分析问题、解决问题的过程。绘制者可根据具体的描述对象选择适合的绘制方式，同时需要注意以下问题。

第一，反映新流程设计成果的流程图应从系统流程图的绘制开始，并首先从主要子系统（流程中的主要节点）入手规划。这些主要子系统或主要节点是指必然出现的、起关键性作用的组成部分。

第二，绘制流程图应符合人的一般阅读习惯，即流程方向应在页面上呈现由高至低、由左至右的一致性。

第三，尽量使用通用、统一的符号标记。图形尽可能简单，图形中的文字务必简要明确。一般情况下，一个处理框应当是一件独立的工作或者事件。

第四，流程图的结构应完整，除表格图形外，还应完整准确地标明标题（即图名）、作者、日期、文字说明、页数、编号等。

第五，关注流程起始点与终结点。应当避免起始点过早出现，这种情况会使流程中的非关键步骤过于细致和烦琐，人为地造成流程的复杂性，不利于人们对关键步骤的关注和正确认识。还应当避免终结点的过早或者过晚出现，终结点过早出现意味着丢掉关键步骤，过晚出现则意味着流程中出现冗余的活动，这两种情况都是不利的。

第六，尽量避免出现交叉的流动线路。

第七，以连接线等形式减少线路的数量。

第八，尽最大的可能便于读者阅读。

四、流程图的常用符号标记

为了使流程图所表达的内容能为他人准确、全面地理解，需要在绘制工作中使用通用、统一的流程图符号标记。国际标准化组织（ISO）等机构提供了流程图符号方面的标准，可作为绘制依据。在实际工作中，需要使用非常见的图形符号，应考虑其通用性。在必须创新的情况下，应在图中注明这些符号的含义与用法，并注意在同一图中和以后的绘图实际中保持必要的连续性，以减少不必要的符号种类。常见流程图符号请参见图3.16。

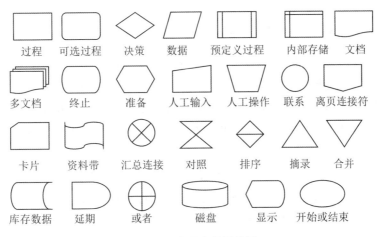

图 3.16　常见流程图符号

第五节
研习报告示例：车辆购置税征管核心业务流程分析

本节以车辆购置税征管核心业务为对象，基于对承担核心业务科室的职责和主要业务活动等的考察，一是梳理以完税证明管理为核心的管理流程和以办税服务为枢纽的对外服务流程及其相应的业务信息流；二是以一般纳税、车辆价格信息管理、退税和免税申报、税收票证出库和退库为例，通过绘制流程图来进一步明确其跨部门（科室）流程。

一、研习对象

本节以车辆购置税征管的核心业务流程为主要研习对象。车辆购置税征管的核心业务主要指由税政、征管（办税服务厅）和收入核算等科室承担的征收管理工作。其中，办税服务厅主要职责是审核纳税人提交的申报资料，包括免、减和退税申请资料和证明材料，完税证明的领用、使用和退库，报送未纳入征管信息系统的车辆价格信息，负责制作相关报表等业务。税政科主要负责政策法规解释与宣教，免、减和退税申请的审批，采集、核定应税车辆的计税价格等业务。收入核算科负责税源监控、对账与报表审核、完税凭证的库存管理等业务。

二、研习内容

本节以第二章第五节对税政科、收入核算科和征管科（办税服务厅）的主要职责与基本业务内容的描述为基础，梳理了以完税证明管理为核心的管理流程和以办税服务为枢纽的对外服务流程。

（一）以完税证明管理为核心的管理流程

税务部门的收入核算科承担着会计出纳、审计等方面的专业性工作。对于车购税征管机构的收入核算科来说，这既涉及车购税完税证明（票证）管理的核心业务，又包括通用性的财务支撑性业务，亦即一般的财政预算、财务审批、支出申请和审批、报账报销、薪酬支付、福利支出和税收收入管理等工作，以及贯穿于日常财务管理中的资金与资产信息流监控的内部控制工作。

本节以完税证明管理工作为核心，分析梳理其岗位操作流程和跨岗位流程。在2020年之前，车购税采用的是完税证明（凭证）和发票"双轨制"管理，根据国家税务总局《车辆购置税完税证明管理办法》，车购税完税证明在样式、规格、编号、运输方式、入库登记等环节有着严格的规定。第一，各省税务机关应于每年第三季度将下年度完税证明印制计划上报国家税务总局；第二，由国家税务总局通过政府采购确定的企业统一印制；第三，完税证明的运输，主要通过专车发运、机要专递等方式；第四，市税务机关收到完税证明后，应及时进行完税证明的入库登记，配备专人、设置台账，负责车辆购置税完税证明管理与发放。

① 凭证的接收与入库。G市车购税征管分局由完税证明管理岗工作人员专职负责清点、接收上级部门发放的凭证。清点完毕后，登记后入库。

② 凭证的领用登记。该环节主要指完税证明管理岗工作人员按"工作日"向一线征管科（组）发放空白完税证明。办税服务厅工作人员领取完税证明时，应填写申请表，填写申领数量以及起、止号码、领取（用）时间，并签名确认。领取完税证明时，应开箱（包）清点。如在领取和使用完税证明中发现空号、跳号或号码错乱、污损、残破、印刷字迹不清等印制质量不合格情况，应当查明号码、数量，清点登记，妥善保管，及时逐级上报，经省级税务机关批准后，由市级税务机关集中销毁。

③ 空白完税证明管理。需停用的空白完税证明和填写作废的完税证明，应当由两人以上共同清点，编制销毁清册，并按月逐级上报市级税务机关。市级税务机关核实无误后集中销毁。未填写的空白完税证明发生毁损或丢失、被盗、被抢等损失的，受损单位应当查明损失号码和数量，立即向当地公安机关报案，并逐级报告至省级税务机关。经查不能追回的完税证明，应当及时在省级税务机关网站上公告作废。

④ 对账。该工作需要以工作日为单位，分别与征管科（办税服务厅、代征点）和银行收款窗口，进行完税证明使用数量、税收收入额度等方面对账。其中，由办税服务厅（代征点）开出的缴款通知书的汇总金额、开具的完税证明所示总金额，应与银行实际收取的税款在账面上保持平衡。

一是根据完税证明编号等，与征管科（办税服务厅）对账。对正常开具使用的完税证明，开具人员应按周（不低于每周一次）与完税证明管理人员共同盘点，并办理完税证明结报缴销手续。正常开具使用数应与其办理的业务数相符。同时，完税证明管理人员要按月核实盘点结存数，保证票账、证账和账表相符。G市车购税征管分局还要按季向市级税务机关编报完税证明季报表，附列收缴的完税证明作废清单，据以核销当季耗用量。市级税务机关收到报表后,对作废纸质完税证明、完税证明账簿及领用结报手册、报表等其他相关资料按季整理,装订成册归档保存,保存期限5年。

二是根据发票号、收款额,每日与银行收款窗口对账。收入核算科需安排专职工作人员每日进行票据、账款核对,填制车辆购置税日报表,填制汇总缴款书,保证税款及时足额缴入国库。

⑤ 查账。主要是对完税车辆档案资料进行抽查,重点对完税车辆适用的最低计税价格、征收税款、征收滞纳金等与征收台账进行核对。

(二)以办税服务为枢纽的对外服务业务流程

车辆购置税对外服务业务,最主要的形式之一就是征收服务工作。这包括纳税人申报、征管人员审核资料、确定计税价格、收缴税款、核发完税证明等环节。《国家税务总局关于修改〈车辆购置税征收管理办法〉的决定》第十三条规定,主管税务机关应对纳税申报资料进行审核,确定计税价格,征收税款,核发完税证明。因此,若按照纸质化的管理方式,至少涉及以下6个方面操作。在实际工作中,从"监督、制衡"的视角考虑,会将具体工作任务拆解为2~3个岗位来负责执行。

一是资料审核操作,负责审核纳税人提交的表格及相关材料。《国家税务总局关于修改〈车辆购置税征收管理办法〉的决定》第七条规定:纳税人办理纳税申报时应如实填写《车辆购置税纳税申报表》,同时提供相关资料;第十三条规定,主管税务机关应对纳税申报资料进行审核,确定计税价格,征收税款,核发完税证明。

二是计价操作,即计算应征额度,向银行窗口发出征税通知。《国家税务总局关于修改〈车辆购置税征收管理办法〉的决定》第九条规定了车辆购置税计税价格的确定情形,并指出国家税务总局未核定最低计税价格的车辆,计税价格为纳税人提供的有效价格证明注明的价格。有效价格证明注明的价格明显偏低的,主管税务机关有权核定应税车辆的计税价格;进口旧车、因不可抗力因素导致受损的车辆、库存超过3年的车辆、行驶8万公里以上的试验车辆、国家税务总局规定的其他车辆,计税价格为纳税人提供的有效价格证明注明的价格。纳税人无法提供车辆有效价格证明的,主管税务机关有权核定应税车辆的计税价格。第十一条规定,最低计税价格是指国家税务总局依据机动车生产企业或者经销商提供的车辆价格信息,参照市场平均交易价格核定的车辆购置税计税价格。车辆购置税最低计税价格管理办法由国家税务总局另行制定。

三是复核操作。《关于车辆购置税税收政策及征收管理有关问题的补充通知》(国税发[2005]47号)规定,车购办在核发完税证明正本前,需将纳税人的车牌号码打印或填写在完税证明正本上。因此,上述操作的主要内容一是复核申报和审核资料,二是手工填写或者打印完税证明。

四是完税证明发放操作。《国家税务总局关于修改〈车辆购置税征收管理办法〉的决定》第二十二条规定,主管税务机关在税款足额入库后发放完税证明。

五是资料(档案)整理操作。《国家税务总局关于修改〈车辆购置税征收管理办法〉的决定》第十四条规定,主管税务机关对已经办理纳税申报车辆的征管资料及电子信息按规定保存。《国家税务总局关于加强车辆购置税档案管理有关问题的通知》(国税函〔2009〕757号)规定了实行车购税征管档案电子化管理的税务机关在办理车购税业务时,应完整地采集车购税征管档案信息,形成电子档案资料,集中存储在省级税务机关;申报资料中应留存的纸质原始征管资料的原件,保存在征收地税务机关。

六是完税证明信息传递操作。《国家税务总局关于车辆购置税征收管理有关事项的公告》(2019年第26号)规定,税务机关应当在税款足额入库或者办理免税手续后,将应税车辆完税或者免税电子信息,及时传送给公安交通管理部门。

三、研习结果

本节围绕车购税征管核心业务,以一般纳税、车辆购置税价格信息(以下简称车价信息)管理、退税和免税申报、税收票证出库和退库为例,通过绘制流程图来梳理其跨部门(科室)流程。

(一)车购税征管核心业务流程

1. 一般车辆纳税申报流程

所谓一般车辆纳税申报流程,就是指车购税征管机构根据相关规定对应征车辆征收税款的过程,亦即由相关业务环节按照一定规则组织起来所构成的业务集合。

一般车辆纳税申报流程,通常由纳税人(代理人)发起。纳税人提供申报征收所需的资料,包括车主信息(身份证等)、购车发票和车辆合格证等。对于办税服务厅工作人员而言,他们首先要对纳税人提供的资料进行"形式审查",即核对纳税人(车主身份)、购车发票、车辆合格证等信息是否完整,必要时对纳税代理人、扣缴义务人的资格等进行审核。其次,工作人员在形式审查的基础上,要调用车价信息库数据进行比对分析,即查看是否有对应的车型,若比对成功则进入下一个环节,若没有基础信息则需要启动车价信息备案流程。再次,工作人员根据购车发票价格与车价信息库数据,开展应征税额的计价,计价完毕发出"税务缴款通知书(单)"交纳税人缴款。纳税人缴款完毕,办税服务厅工作人员确认收款后,打印完税证明等交纳税人。最后,工作人员将相关资料整理后形成纳税(凭证)档案记录,提交档案管理科室归档。由此,完成一般车辆纳税申报服务工作(见图3.17)。

2. 车价信息管理流程

根据《车辆购置税价格信息管理办法(试行)》的相关规定,对于征管系统中没有最低计税价格的车辆,在征收车购税之前需要采集相关价格信息,以确定车辆最低计税价格。车价信息管理工作包括车价信息的采集、审核、汇总、上报以及车辆最低计税价格的核定、下发等环节。具体管理流程详见图3.18。

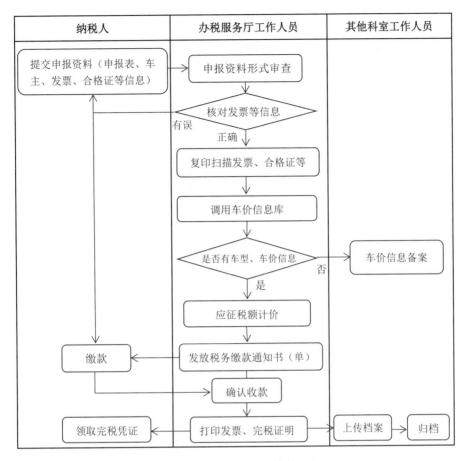

图 3.17 一般车辆纳税申报流程

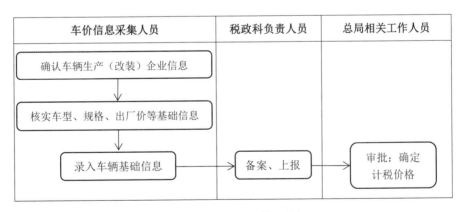

图 3.18 车价信息管理流程

车价信息采集人员首先在系统中查找所申报车辆的生产(改装)企业,然后在企业生产的车辆车型中查找相应的车型,核实车型、规格、出厂价等基础信息,然后录入对应的配置信息和发票信息,提交给税政科负责人员备案。主管税务机关根据《车辆购置税车辆(国产)价格信息采集表》和《车辆购置税车辆(进口)价格信息采集表》填表说明及《"序列号"编码规则》的要求,对采集的车价信息进行审核后,逐级汇总上传至省、自治区、直辖市、计划单列市国家税务局流转税管理部门。各省、自治区、直辖市、计划单列市国家税务局流转税管理部门于1月、3月、5月、7月、9月、11月每月7日前(节假日顺延),将汇总后的车价信息电子文件上传至国家税务总局(流转税管理司)。国家税务总局定期核定并下发车辆最低计税价格。

3. 退税业务流程

根据《车辆购置税征收管理办法》的相关规定,一是出现已纳税车辆退回生产企业或者经销商的,二是符合免税条件的设有固定装置的非运输车辆但已征税的,三是其他依据法律法规规定应予退税,但已缴纳车购税的,准予纳税人申请退税。本节以已纳税车辆退回生产企业或者经销商这一情况为例,梳理退税业务流程(见图3.19所示)。

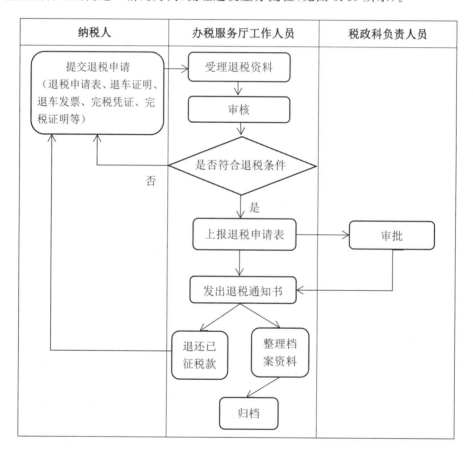

图 3.19 退税业务流程

纳税人申请退税时,应如实填写《车辆购置税退税申请表》(以下简称退税申请表),由本人、单位授权人员到主管税务机关办理退税手续,并依情况分别提供退车证明、退车发票、完税证明等资料。办税服务厅工作人员对纳税人提供的退税资料进行审核,查看是否符合退税条件,如果符合退税的条件,则受理退税申请,并提交给税政科负责人员进行审批。审批通过后,办税服务厅工作人员进行退税操作。若不符合退税条件,则退还给纳税人重新提交退税申请。审批通过后由办税服务厅工作人员发出《退税通知书》,通知国库(经办处)退还已征税款给纳税人。最后整理档案资料进行归档,完成退税业务。

4. 免税车辆申报流程

根据《中华人民共和国车辆购置税法》的相关规定,下列车辆免征车辆购置税:依照法律规定应当予以免税的外国驻华使馆、领事馆和国际组织驻华机构及其有关人员自用的车辆;中国人民解放军和中国人民武装警察部队列入装备订货计划的车辆;悬挂应急救援专用号牌的国家综合性消防救援车辆;设有固定装置的非运输专用作业车辆;城市公交企业购置的公共汽电车辆。

该业务流程描述如下。第一,由纳税人提交免征申请,包括车辆购置税免(减)税申报表、其他证明资料等。第二,由办税服务厅工作人员对纳税人提供的减免资料进行审核,主要从形式上审查是否符合规定的条件。若不符合则退还给申请人重新提交申请表和资料。如果符合,则上报给税政科工作人员进行审批。第三,税政科工作人员提出"同意/不同意"意见后,将审批结果反馈给办税服务厅工作人员。第四,办税服务厅工作人员根据审批结果,要么打印并发放完税证明给申请人,要么退回申请。第五,办税服务厅工作人员将办理结果整理后归档。免税车辆申报流程如图 3.20 所示(省略了一些步骤)。

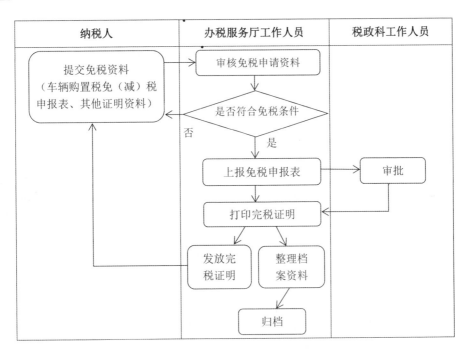

图 3.20 免税车辆申报流程

5. 完税证明出库流程

车辆购置税完税证明作为一种特殊的"有价证券",需要进行严格的出入库、领用、使用管理。由此,形成了基于"登记、清点"等操作的凭证"出库流程"(见图 3.21)与"归库流程"。

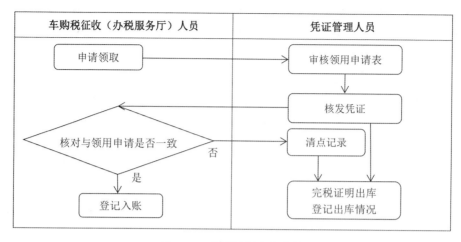

图 3.21 完税证明出库流程

"出库流程"指办税服务厅工作人员在每个工作日开始对外服务之前,前往收入核算科完税证明管理岗领取凭证的过程。征管科(办税服务厅)将指定专职工作人员负责领用工作。其基本过程如下:首先,由办税服务厅专职工作人员,向收入核算科完税证明管理人员提交领用完税证明申请表,注明申领种类及数量。其次,由完税证明管理人员对领用表进行审核,并登记完税证明类型、数量和编号等信息。再次,办税服务厅工作人员和完税证明管理人员共同清点申领的完税证明,核对所接收到的完税证明与申领的数据是否一致,一致则完成交接过程。最后,由办税服务厅专职工作人员将领用情况信息登记入本部门账册。

6. 完税证明退库流程

在每个工作日的对外服务任务完成之后,办税服务厅工作人员需要将尚未使用的各种票证清点后退库,未使用的票证和已发放票证应当与领用数据一致。清点完毕,应当将未使用票证和当日台账,一并上交给凭证管理工作人员。其中,"未使用票证"应包括由于错误填写等原因而注销的票证。凭证管理人员清点无误后,需将退库凭证重新入库,相关台账存底后报上级主管部门。具体流程见图 3.22。

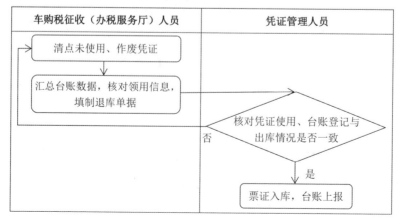

图 3.22 完税证明退库流程

（二）车辆购置税征管业务信息流分析

业务信息流分析是一种相对抽象的流程描述方式。它以特定业务为基础，以该业务执行过程中形成的以及构成该业务所依赖的信息为对象，描述上述信息从形成、流转到存档的过程，由此明确业务流程中各种信息（数据）之间的关系，为信息处理的权限分配和信息共享等提供依据。本例以车辆购置税的税款入库、免征、退税、完税证明管理和车价管理信息流过程为分析对象。

1. 税款入库管理信息流分析

以车购税应征税款入库信息为例，描述（设计）其信息流转的过程，一是可以反映"所征税款"在纳税人、征管部门（含主要科室）与实际收款单位（银行）之间流动的情况，二是通过信息汇总的形式来形成对前置环节的监控。在本例中，如果以"纳税申报信息"为信息流分析的起点，以"信息汇总归档"为信息流分析的终点，那么为达成设计本流程的目的——"保障应征税款及时入库"，通常需要设置"应征税款信息""解缴入库信息"这两个环节。根据《税收票款结报制度》，所谓"解缴入库"就是指将应征税款纳入国库或者其他指定单位的账户。解缴入库的实际作用是通过比较分析"应征税款"和"实征税款"，来保证"应征尽征"。由此，本例中信息流的主线包括上述 4 个环节。其中，在"解缴入库"环节，汇总"纳税人缴款信息""银行收款信息"由此可形成对"应征税款"环节的监督。同理，在"信息汇总归档"环节，汇总"征管台账信息""完税证明信息"亦有利于对前置环节的监督检查（见图 3.23）。

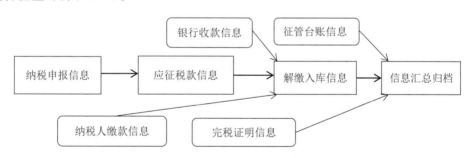

图 3.23 税款入库管理信息流分析

2. 免征管理信息流分析

如果以"纳税申报信息"为信息流分析的起点，以"信息汇总归档"为信息流分析的终点，那么免征管理信息流通常需要设置"审核信息""复核（审批）信息"这两个环节。这里的"审核信息"主要用来汇总一线（办税服务厅）工作人员根据纳税人申报资料等作出拟批准免征的相关记录。"复核（审批）信息"则是用来汇总税政科等部门作出准予免征的相关审批记录。由此，本例中信息流的主线包括上述 4 个环节（见图 3.24）。

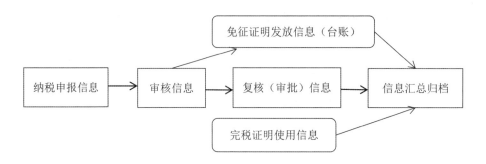

图 3.24　免征管理信息流分析

同时,在"信息汇总归档"环节,实现对"免征证明发放信息(台账)""完税证明使用信息"的汇总,有利于对前置环节的监督检查。所谓"免征证明发放信息(台账)"主要指一线(办税服务厅)工作人员实际发放免征证明的实时记录表。"完税证明使用信息"主要指由相关部门(非车购税征管机构)采集的车购税免征证明(凭证副本)信息。

3. 退税业务信息流分析

如果以"退税申报信息"为信息流分析的起点,以"信息汇总归档"为信息流分析的终点,那么免征管理信息流通常需要设置"审核信息""调用、比对原征收信息""复核信息"等环节。由此,本例中信息流的主线包括上述 4 个环节(见图 3.25)。这里的"审核信息"主要用来汇总一线(办税服务厅)工作人员根据纳税人申报资料等作出拟批准退税的相关记录。"复核信息"则是用来汇总税政科等部门作出准予退税的相关复核记录。

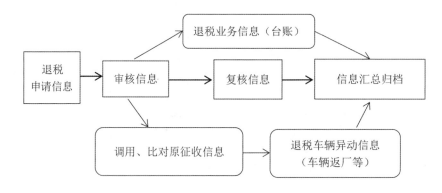

图 3.25　退税管理信息流分析

在"信息汇总归档"环节,汇总"退税业务信息(台账)"和"退税车辆异动信息",有利于对前置环节的监督检查。所谓"退税业务信息(台账)"主要指一线(办税服务厅)工作人员实际发放退税票证的实时记录表。"退税车辆异动信息"主要指退税工作完成后,与该车辆相关的信息,如车辆返厂信息等。

4. 完税证明管理信息流分析

车购税完税证明管理信息流分析,主要是梳理完税证明领用、发放、缴销、作废与退库等环节所依赖的以及在其操作过程中所产生的业务信息之间的关系。其中,车购税完税证明缴销信息管理是其主要任务。车购税完税证明的缴销指税务征收人员按期将已填用的税收票证(主要指完税证明)存根联和报查联上交凭证管理科室。

所谓完税证明领用一般指由办税服务厅工作人员向收入核算科领取的空白凭证。领用后的空白完税证明,在实际工作中存在三种处置情形:一是正常发放,二是作废,三是未使用。为保证票证的有序管理,通常每个工作日结束前,办税服务厅工作人员都要与收入核算科相关岗位的工作人员进行"退库"操作,亦即上报正常发放的完税证明信息、作废的完税证明信息,退回未使用的完税证明,保证每个工作日领用的票证数量应与当日"退库票证数量(空白、作废等)""发放票证数量"之和相等。具体流程见图3.26。

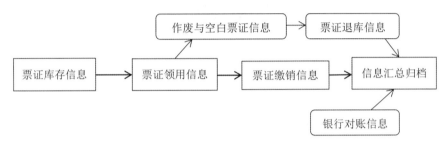

图3.26 完税证明管理信息流分析

同时,办税服务厅工作人员还要将完税证明缴销信息和银行对账信息进行归档。所谓"银行对账信息",指的是纳税人到银行缴纳车购税税款(转账或者现金)与解缴入库信息对账一致。

5. 车价管理信息流分析

改革开放以来,我国的汽车工业发展迅猛,每年都有大量新型号、新规格的车辆推出。由此,给车购税的计税价格管理工作带来了一定的挑战。对此,结合《机械工业部汽车工业司、公安部交通管理局关于改进〈全国汽车、民用改装车和摩托车生产企业及产品目录〉发布方式和公布〈1997年全国汽车、民用改装车和摩托车生产企业及产品目录(第一期)〉的通知》等文件精神,车购税征管机构作出了"不在车辆购置税最低计税价目录"中的车辆,需要及时采集基础信息,确定计税价格等规定,由此形成了车购税计税价格信息采集流程(见图3.27)。

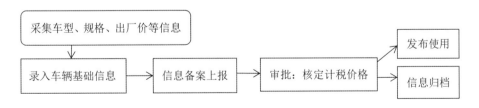

图3.27 车价管理信息流分析

车购税车价管理信息流分析,主要是梳理车价的采集、备案、上报、审批等环节所依赖的以及在其操作过程中所产生的业务信息之间的关系。未列入目录车辆的计税价格确定工作主要包括以下环节:一是面向车辆生产厂家、车辆进出口单位采集车辆基础信息,包括车型、规格、出厂价等;二是将车辆在实际交易中所产生的具体车辆配置和发票(进出口货物报关单)等信息,录入到相关的信息系统中提交给税政科负责人员备案、上报;三是国家税务总局核定并公布车辆最低计税价格。

第三章习题

第四章

政务流程优化与并联审批流程应用

研习目标

1. 了解行政审批的基础知识。
2. 熟悉政务流程优化的一般思路与方法。
3. 掌握并联审批的组织模式与一般过程。

本章基于政务流程优化的视角,从行政审批的基础知识出发,结合行政审批改革发展趋势,围绕"跨层级、跨职能、跨区域"政务流程建设,探讨了并联审批建设与行政审批业务流程化的关系,简述了并联审批的组织模式和网上并联审批的一般过程。在案例研究设计与研习报告示例部分,本章以车辆购置税征管跨部门业务流程为例,在分析"跨层级、跨职能、跨区域"业务一般过程的基础上,面向跨部门协同征管提出了优化车辆购置税征管业务流程的要点。

第一节 研习指导

一、情景设问

材料一

2020年1月,一则来自中国政府网的消息显示,有位来自湖北武汉的网民"Messiah"向公安部提出了一个关于改革户口迁移业务流程的意见和建议。这位网友指出:"办理户籍落户迁移,还需要携带开具的批准入户通知书、准予迁入证明等各类准迁证返回原户籍所在地登记办理,十分不便。"而这样的往返完全没有必要。他认为:"实际上,携带准迁证返回原户籍所在地办理,也就是当地的公安户籍人员在户籍内网系统上操作处理一下。"确实,办理该业务所涉及的许多证明资料,实质是由公安系统内的一个部门(科室)发出,然后转交给另一个部门的,又或由某个地区的公安局(分局)转交给另一个地区的相应部门的。普通民众在办理过程中,更多的是扮演了某种资料传递员的角色。因此,许多网友建议,对于这样的业务应该取消纸质办理程序,多运用电子政务流程,让"数据多跑路,群众少跑腿",实现全流程网上办理。这样才能把便民、利民的改革目标落到实处。

对于网友的建议,公安部做了专门的答复:2019年,我部已推出户口迁移"一站式"办理便民措施,群众办理同一地市内户口迁移的,只需携带相关材料到迁入地派出所即可"一站式"办理。有条件的地方,可以逐步探索实施省级行政区域内跨地市户口迁移"一站式"办理。上述措施被纳入2019年公安部60项便民利民措施对外发布。目前,各地正在逐步落实。①

材料二

"流程就是业务的接力赛跑",一位管理学家引用某企业高管的话指出:"流程是跨部门、跨岗位的流转,做好跨部门、跨岗位的协同工作,就会使流程顺畅,业务运作加快,……"因此,流程也可以说是跨部门、跨岗位工作流程的过程。② 当然,对于政府部门来说,优化政务流程,不能局限于特定部门内部的"跨科室、跨岗位"流程建设,而需要站在更广阔的视野上建立"跨职能、跨层级、跨区域"的流程体系。这就涉及更高层次的制度性变革。

2014年以来,随着商事制度改革的启动,一场被称为"证照分离"的改革正在全国铺开。在工商行政管理领域,所谓"照"指的是由工商部门颁发的营业执照,"证"则指由各相关行业主管部门颁发的经营许可证。过去,无论是开办公司、企业或个体工商户登记营业,经营者首先要取得主管部门的经营许可证,才能到工商部门申办营业执照。由此,在相关审批流程中,由行业行政管理核发的经营许可证被视作申请营业执照的前置审批事项。这就是传统的"先证后照"模式。

"证照分离"是一场针对工商行政管理权与行业行政管理权分配模式及其审批流程的改革。它的第一项工作就是将过去前置审批事项改为后置审批事项,形成"先照后证"模式。其目的之一就是要打破传统的串联式审批模式,通过实行行政审批事项目录管理,建立与运行"双随机"抽查机制、跨部门联动响应机制和失信惩戒机制等事中、事后监管方式,让符合条件的市场主体,以最便捷的方式,诚信而守法地开展相关经营活动。

"三证合一、一照一码"推进"证照分离"改革。随着"先照后证"制度的深入实施,国家进一步推行了"三证合一"登记制度与"一照一码"登记模式。所谓"三证合一"是指将

---

① 公安部答网民关于"优化户籍迁移办理流程"的留言[EB/OL].(2020-01-23)[2021-08-13].http://www.gov.cn/hudong/2020-01/23/content_5471506.htm.
② 王玉荣,葛新红.流程革命2.0:让战略落地的流程管理[M].北京:北京大学出版社,2011:1.

企业登记时依次申请，分别由工商行政管理部门核发工商营业执照、质量技术监督部门核发组织机构代码证、税务部门核发税务登记证，改为一次申请、由工商行政管理部门核发一个营业执照的登记制度。"一照一码"则是将由工商行政管理、质量技术监督、税务三个部门分别核发不同证照，改为由工商行政管理部门核发一个加载法人和其他组织统一社会信用代码的营业执照。[①] "三证合一"与"一照一码"的成功实施，标志着传统的审批模式将被"一窗受理、并联审批、核发一照、一照多号"的登记模式所取代。这又为进一步精简审批事项、优化审批流程，扩大并联审批应用范围，全面实施"多证合一""多规合一"奠定了坚实的基础。

二、问题与思考

1. 什么是前置审批事项、后置审批事项、单体审批事项、多元审批事项？
2. 什么要优化行政审批流程？
3. "证照分离"改革与并联审批有什么关系？

三、研习步骤建议

1. 确定实验对象。
2. 描述业务过程。
3. 绘制业务流程图。
4. 提出优化业务流程的思路与要点。

四、研习报告要求

1. 本作业可采用小组的形式完成，每组不超过 5 名学生。小组成员必须分工明确，各有侧重。
2. 研习报告的验名由"对象名称＋政务流程优化"构成。
3. 研习对象的选择，可以第一、二、三章的研究报告选题为基础，也可以国家政务服务网面向法人单位提供的网上审批服务事项为对象。
4. 研习报告的主要内容应为研究对象的业务内容描述与业务流程图。
5. 研习报告应首先判断该业务是否采用了并联审批模式，或采用了怎样的并联审批组织模式，再提出进一步优化该业务流程的思路与方法。
6. 建议 9 个学时。其中理论与案例讲授 3 个学时，学生自主调研、形成报告 6 个学时。

---

① 国务院办公厅关于加快推进"三证合一"登记制度改革的意见(国办发〔2015〕50 号)[EB/OL]．(2015-06-29)[2021-08-13]．http://www.gov.cn/zhengce/content/2015-06/29/content_9988.htm．

第二节
行政审批与审批事项

一、行政审批概述

（一）行政审批与行政许可的概念

行政审批一般是由行政机关（包括具有行政审批权的其他组织）根据自然人、法人或者其他组织提出的申请，经过依法审查，采取"批准""同意""年检"发放证照等方式，准予其从事特定活动、认可其资格资质、确认特定民事关系或者特定民事权利能力和行为能力的一种管理活动。① 行政审批的实质就是通过设置审批事项，对行政相对人行为的真实性进行审查。

按照《中华人民共和国行政许可法（2019 修正）》第二条的规定，行政许可是指行政机关根据公民、法人或者其他组织的申请，经依法审查，准予其从事特定活动的行为。具体来说，就是指在法律一般禁止的情况下，行政主体根据行政相对人的申请，经依法审查，通过颁发许可证、执照等形式，赋予或确认行政相对方从事某种活动的法律资格或法律权利的一种具体行政行为。这通常包括审批、核准、批准、同意、注册、认可、登记、检验、年检等。

总的来说，行政审批是行政行为的一项内容，是一种接受《行政许可法》以及其他行政法规调整的法律行为。《行政许可法》对可以设定行政许可的事项，与可以不设行政许可事项做了明确规定。这就意味着设置属于"行政许可"范畴的审批事项，必须首先符合《行政许可法》的相关规定。同时，依据《行政许可法》第三条的规定，有关行政机关对其他机关或者对其直接管理的事业单位的人事、财务、外事等事项的审批，不适用该法。这实际上明确了面向社会公众的法定行政审批行为，与一般性内部事务管理中审批活动之间的区别。随着"全面清理和取消国务院部门非行政许可审批事项，不再保留'非行政许可审批'这一审批类别"②工作的落实到位，行政审批的概念、内涵及其外延将更加清晰明朗。

（二）行政审批的特点

传统意义上的行政审批是一种由政府来分配公共资源的方式。它广泛适用于国家行政管理事务中，是政府干预经济及社会生活的一种重要手段。受传统行政管理体制的影响，有人认为"管理就是审批"，但这只是对政府行政管理的狭隘理解。实际上，行政审批不

---

① 欧桂英，黄长杰，杜宝忠，等.行政审批制度改革若干问题解说[M].北京:中共中央党校出版社,2003:1.
② 国务院关于印发 2015 年推进简政放权放管结合转变政府职能工作方案的通知（国发〔2015〕29 号）[EB/OL].(2015-05-15)［2021-08-13］.http://www.gov.cn/zhengce/content/2015-05/15/content_9764.htm.

仅具有配置资源功能,还包括了控制风险、维护秩序、证明信誉等功能。从《行政许可法》的精神出发,结合我国行政审批及其管理的实践,它具有以下几个方面的特点。

第一,从主体上看,行政审批的主体是行政机关、法律法规授权的组织、规章委托的组织,而不是其他自然人、法人和一般组织,必须"依法赋予审批权"。

第二,行政审批是一种权力,更是一种职责和义务,必须"依法行使审批权"。承担行政审批业务的部门应当以法律法规为依据,来建立必要的审批组织机构、审批流程、监督机制,建立电子化、全流程审批系统,为行政审批相对人提供优质的管理与服务。

第三,行政审批是为了实现具体的行政管理目标。开展行政审批的目的不能偏离政府行政的总体目标,必须"依法监督审批权"。

第四,行政审批属于事前管理。设置行政审批事项主要是为了限制不利于公共利益的行为,防止公民和法人对权利和自由的滥用。负责行政审批的部门应当按照相关规定,事先列清审批的要件,并向行政审批相对人公示。不能"为了审批而审批",任意设置行政审批事项,任意更改审批流程。

(三)行政审批的一般程序规定

行政审批的程序是指行政机关实施行政审批的方法、步骤和时限等过程的总称。依据现行的法律、法规和国务院文件对审批程序的相关规定,概括起来主要包括以下几个环节。

申请与受理。公民、法人或者其他组织以信函、电报、电子邮件等多种方式向行政机关提出申请,行政机关依据相关规定对行政许可申请做出相应的处理。

审查与决定。是由行政机关负责审查行政相对人的申请,以及做出是否准予行政许可的批复。

期限。行政机关对于行政相对人提出的申请,应当在规定的时限内做出批复。

二、审批事项与审批业务

审批事项就是指各职能部门(行政机关)依据一定的法律法规,面向行政相对人执行的审批事务。由一个或者多个审批事项及其相关的管理和服务所构成的事务链,即我们所说的审批业务。

(一)单体审批事项与多元审批事项

单体审批事项就是在审批过程中既不涉及其他职能部门,也不涉及本部门上下级单位的审批事项,可以称为单体审批事项。例如,个人申领机动车驾驶执照,可由规定级别的机动车驾驶员主管部门负责审核后直接颁发,无须更高层级主管部门审批。有的单体审批事项会用到其他部门审批办理的结果,但是如果此审批事项与相关部门的审批结果之间是松耦合关系,仍属于单体审批事项。例如,金融企业重要事项变更审批,包括增减资本金或营运资金、更名改制等，主要是由金融机构主管机关审批，工商行政管理部门实质上只是配合办理相关手续。

不是单体审批事项的其他审批事项，都可以视作是多元审批事项。在行政审批中，大部分事务都属于多元审批事项。其相互关系，可以按照"串行""并行"或"串行并行混合"的形式关系起来。所谓串行关系具体表现为甲事项必须在乙事项之前完成，如果不按照这种关系进行，那么审批事项会遇到执行障碍。并行关系即一个事项的审批不依赖另一事项的完成，二者可以同时进行。在现实中，大量的审批业务实质上由许多个"串行并行混合"的审批事项关系起来的。

（二）即办事项与答复事项

一般来说，对程序、条件简单的审批事项以及相关业务咨询，行政相对人提供的材料齐全并符合法定形式，即可当场办理或当面答复，这就是所谓即办事项。要实现当即办理状态，办事人员需要得到部门的全部授权，并有章证、技术、制度等保障。

不能实现当场办理或当面答复的申请事项，但又符合国家法律规定应予以办理的，即为答复事项。在行政审批中，答复事项可以细分为承诺件、转报件和上报件等三种类型。

承诺件由接受申请的部门，依据有关规定接收行政相对人的申请材料，并做出办理时限的承诺后，转交后台按规定程序和处理方式进行审批的事项。一般来说，承诺件是本部门拥有最终决定权的事项，接受申请材料后应在规定期限内答复申请人。

转报件是指终审权限不在本部门，需要专报相关部门的审批事项。这类审批事项涉及两个以上的审批部门，通常会将首办机关设定为责任部门，由首办机关发起并联审批，并负责答复申请人。

上报件是指需要报本级政府或上级部门审批的事项。接受申请的部门接收材料初审后，向上级主管部门提交相关材料，等待上级部门批复后再告知申请人审批结果。

三、行政审批改革

2015年5月，国务院批准并公开发布了《2015年推进简政放权放管结合转变政府职能工作方案》。这是新时代推行"放管服"改革的一份总体性文件。该方案深刻指出要从"给群众端菜"向"让群众点菜"转变，提出了"深入推进行政审批改革""所有行政审批事项都要逐项公开审批流程"等具体工作目标和主要任务。它的颁发与实施预示着我国行政审批制度改革迈向了新台阶。

回顾改革开放以来我国行政审批制度改革的历程，大致可以分为三个主要时期。第一个时期是改革开放初期。这个时期行政审批制度改革的主题是"简化审批，向企业放权让利"。这主要包括两个方面的内容：一是把政府直接管理企业的职能转移出去，使政府对企业由直接管理转向间接管理；二是通过将投资、文教、外汇、卫生等领域的管理权和审批权的下放,来调动地方政府的积极性。但这个时期的行政审批制度改革只是伴随着经济领域的改革而被动地做出相应的调整,并没有形成比较完善的改革思路和改革方案。[①]

第二个时期是侧重经济领域行政审批制度改革时期。随着党的十四大确立了建设社会主义市场经济体制的目标,国家从推进经济领域行政审批制度改革出发,进一步提出了减少具体审批事务,规范审批程序,设定审批时限,公开审批内容等措施,力图建立一套便民利民的行政服务体系。以深圳市为例,在维持既有行政架构的前提下,清理了一批审批事项,并提出了开展"一门式服务""并联审批"的改革思路,进行了集中审批的试点。

第三个时期主要指加入WTO以来,以"依法审批"为主要特征的行政审批制度改革。为了进一步与WTO规则相衔接,2001年国务院批转了《关于行政审批制度改革工作实施意见》,提出大幅度削减审批事项,下放审批权,建立行政服务中心,并取消和调整了一批行政审批项目。此后至2012年之间,国务院又先后取消和调整了六批行政审批项目。

我国的行政审批制度起始于计划经济时代,经过长期的实践探索,积累了许多改革与发展经验。但就总体而言,传统政务模式下审批范围过广,审批事项过多,审批环节过繁,审批时限过长,审批自由裁量权过大,重审批轻监管等问题仍在较大程度上存在,制约着政府职能的深刻转变。随着"放管服"改革的推行,行政审批制度改革进入了"攻坚期"。相信,以"依法审批"为根本,充分发挥"互联网+政务服务"的优势,通过不断优化审批流程等方式,新时代的行政审批制度改革将获取更多丰硕的果实。

第三节 政务流程优化

当前,政务流程主要指电子政务环境中的政务流程,亦即电子政务流程。推行电子政务流程,推进"前后区一体化"的政务服务模式建设,就必然要改变传统政务流程的运行方式,使之向电子政务流程优化升级。

一、电子政务环境中的政务流程优化

在传统政务管理模式中也谈政务流程优化问题,但囿于缺乏技术支撑手段等因素,往往只是对流程中的局部活动(节点)进行优化,而缺乏从部门整体性发出,去设计跨岗位、跨部门、跨区域的业务流程体系。随着现代信息技术的高速发展,诸如计算机与通信技术、数据库与系统软件技术等被广泛地应用于政务流程中。现代信息技术可以降低信息采集、传递与共享、监控和知识生产等方面的成本,而使得政务流程优化有了新的发展模式(见表4.1)。

[①] 胡赫.我国行政审批制度改革的回顾与启示[J].管理观察,2016(26):61-64.

表 4.1 现代信息技术对优化业务流程的支撑作用一览表

技术类型	价值	对业务流程优化的作用
计算机技术	降低信息采集与生产成本	数据处理自动化:减少重复性工作,减少信息处理流程的中间环节
通信技术	降低信息传递与共享成本	数据传递网络化:打破时间和空间界限,支撑数据的横向与纵向同步传递,支撑跨职能、跨区域、跨平台的协同应用
信息系统技术数据库/系统软件	降低信息监控与知识生产成本	数据采集、分析与监控的全流程化:提升信息分析和决策辅助能力;隐性知识的挖掘、存储和提供利用

与以手工操作为主要特征的传统流程相比,电子政务流程在信息处理方式、传递方式、信息沟通渠道建设、信息资源整合力度、简化中间环节、优化流程周期、提升透明度与参与度、提供工作效率等方面有着巨大优势(见表 4.2)。发挥好这些优势,政务流程就能实现从局部优化到整体性优化。第一,随着办公自动化设备的普及与政务信息系统的建立,政务部门内部的业务处理效率得到提升,更重要的是积累了一批电子化的业务数据信息。这一方面为电子化的业务流程奠定了基础,另一方使得内部业务流程优化成为可能。第二,要开展政务内部管理流程优化,就必然涉及跨岗位、跨部门业务流程建设。第三,尽管跨岗位、跨部门业务流程的搭建,最初可能只涉及少数部门,但随着业务处理效率不断提升,为不断满足社会公众的需求以及公共行政管理改革的需要,就可以让更多部门将主动或被动地加入跨部门业务流程,使得既有流程不断被优化。

表 4.2 传统政务与电子政务环境中政务流程的比较

传统政务流程	电子政务环境中的政务流程
信息人工处理	信息自动化处理
信息垂直历史性传递	信息水平共时性传递
信息沟通与工作协调受部门界限与范围制约	跨部门远程交互与协同办公
信息资源整合、利用程度低	信息资源的挖掘、运用和处理能力强
中间环节多	中间环节少或无
流程周期长	流程周期短
政务透明度低、参与性低	政务透明度高、参与性高
工作效率有限	工作效率大幅度提高

二、政务流程优化对象的选择

政务流程优化是一种渐进式的流程改造,因此对象选择实质是一种寻找具体突破口的策略。寻找优化对象一个前提条件是要为规范和成熟的业务实现流程化,从而避免将公共资源投入到可能被精简的政务管理项目中。例如,随着"放管服"改革的深入,一些审批事项被精简,还有一些审批权限被下放,因此,在实施优化前必须充分了解政策动态,对业务的发展趋势有所预判,一方面可以避免资源浪费,另一方面也可以借助政策调整,选择更有针对性的优化路径。除此以外,还可以采用三条标准来选择优化对象:第一是机能失调的业务流程;第二是对公众而言最重要的流程;第三是最容易实施成功的业务流程。

(一)机能失调的业务流程

所谓机能严重失调的流程,主要指费时耗力、效率低下,难以发挥应有作用或功能的"问题流程"。例如,政务部门之间存在着过多的信息或数据交换,为了完成某项业务可能需要联络数次才能办理。一个业务流程被人为地分割后,就会造成机能失调,因此,需要实施优化以消除不必要的信息交换。又如组织中相对于第一线某项业务的检查、控制工作比例过高,也可认为业务流程存在机能失调,因为检查和控制工作都不会对管理和服务增添价值。过多的检查和控制可能是由于部门分割造成了不信任,流程优化的目的就是要消除这类原因。

(二)对公众而言最重要的流程

所谓重要的流程,是指对公众(当然也可以包括相关政务部门、工作人员)而言最有意义的,并以此作为标准选择优化的业务流程。政务部门可以根据与公众联系最紧密的公共服务来实施流程优化。例如,对企业而言,方便快捷的在线执照审核、电子报税、电子交易等服务需求所涉及的政务流程就是最重要的流程;对公民而言,身份证办理、户口申报、就业培训、出入境证件办理等事务所涉及的政务流程就是最重要的流程。

(三)最容易实施成功的业务流程

所谓最容易实施成功的业务流程,是指先易后难,能取得榜样效果的业务流程。业务流程优化的成功与一系列因素有关。首先是业务流程涉及的范围。范围越广,成功后形成的示范作用越大,但困难更多,成功可能性也小。另外还有成本,如果某一流程优化需要信息处理系统方面的大量投入,则其困难程度肯定超过不需大量投入的其他项目。再如上级领导、主管部门的支持程度等。一般应"先易后难",最开始选择容易成功的流程,先实施优化,以便产生好的示范效应。

我国近年来建立的各种电子政务系统、"一站式"政务审批服务平台等都是涉及政务流程优化的项目。建立"跨部门、跨职能、跨区域"政务流程,是现阶段政府行政管理改革的重点任务之一,也是政务流程优化最重要的任务。

三、政务流程优化的一般过程

政务流程优化是根据当前的环境以及公众不断变化的需求,按照一定的标准,对政务流程进行审视、再思考与再设计。这是一项复杂的系统工程,涉及多方面的因素,必须按照合理的程序逐步执行,才能顺利进行。政务流程优化的一般过程,包括前期准备,组建流程优化工作负责团队,原有流程的描述、分析与诊断,设计与试行新流程,实施新流程,评估反馈并持续完善等主要环节。

(一)前期准备

政务流程优化是一个系统而又复杂的工程,首先必须得到高层领导的支持。政务流程优化是在一定政治与行政环境中发生的,它在一定程度上将引起政府内部组织结构变化和权力转移。例如,在户口迁移业务办理中实际审批权发生了"前置"。因此,优化的开展、顺利实施与高层领导的大力支持密切相关。其次,在实施政务流程优化前要注意分析政策导向与改革趋势。例如,在"放管服"改革的背景下,业务的审批(办理)权限实际是由哪个层级、哪个岗位来执行,这是一定要明确的。再次,评估流程所在部门的信息化环境和信息技术能力,确定优化的目标和制订改造后的评价标准。最后,寻找适合的契机实施流程优化。

(二)组建流程优化工作负责团队

由于流程优化会涉及不同部门(科室),最好从各个部门选出一两位重要代表,并聘请外部顾问和专家,组成流程优化工作负责团队。同时,应任命一位具有决策权的高层领导担任团队负责人。现代政务流程是建立在一定的信息技术基础之上的,因此团队也一定要有相关的专业人员参与。

流程优化工作负责团队的主要职责包括描述、分析和诊断现有的政务流程,提出改进计划,制订并细化流程的重新设计或改造方案,最终落实新方案。此外,对流程优化方案进行广泛宣传,使各个部门的公务人员对即将进行的改变有充分的心理准备。负责优化的单位需要与受影响的相关人员进行沟通,并进行必要的宣传,使其了解并认同改变的必要性。流程优化的同时,要依据高层领导所拟订的目标以及公众及利益相关者的需求,制订流程优化评价标准。

(三)原有流程的描述、分析与诊断

这一步骤包括两个阶段:一是调查了解原有流程;二是分析原有流程存在的障碍以及破坏机构整体效率的体制。因此,必须对现有的流程进行审视和批判,例如,哪些流程带来了不良结果、造成瓶颈和官僚,哪些流程应该细分,哪些流程应该合并,哪些流程导致了无价值的附加活动,并对这些流程中各环节所需使用的数据、报表等提出质疑。

(四)设计与试行新流程

在对原有流程进行分析之后,接下来就是对原有流程进行优化设计,并在此基础上进行试运行。这一步有四个方面重点。

其一,缩短时间间隔。优化应该把焦点集中在对时间的影响上,通过流程优化和信息

技术的应用,缩短处理和等待的时间。因为流程的优化可以用几个活动来代替一系列活动,并且在政务网络和信息资源库的支持下,使信息同时达到多个节点,这样可以节省大部分时间。处在一个流程内的几项分隔的任务应该尽量合并在一个节点,这样第一可以减少信息传递次数,第二可以降低信息失真的概率,第三有利于管理控制,第四有利于节约成本。

其二,设计新的组织结构。优化后的流程可能会对原有的组织结构造成冲击,原本讲求分层负责、壁垒分明的岗位划分与部门划分,会被横向整合的、侧重"前区"的组织结构所取代。这既要注意部门内部之间的沟通与业务衔接,也要注意必要的权力制衡与监控,同时避免将监督与制衡的代价转移给社会公众。

其三,设计新的系统。新的信息系统的设计应该强调弹性及经济方面的特点。对于没有利用信息技术来支撑的政务流程,一定要充分考虑信息技术的特点,大力发展可共享的政务数据库,打破职能、部门与地域的限制,实现业务逻辑上的集中,从而构建"跨职能、跨区域、跨平台"的政务流程。

对于曾进行过信息化改造的政务流程,还要注意两个方面的内容:一是不断扩展服务范围的可能性,尽可能纳入更多的服务项目与管理职能。二是注意挖掘原有软硬件设备的潜力,能够复用的部分,要尽量复用。一些比较旧的设备,如果采用升级方式的费用成本低于重新购置,应当采用升级方式。在计算费用成本时,需要考虑的不仅是系统更新换代本身的费用,还应当考虑更新系统可能产生的各种管理费用,适应新系统所需要付出的人力资本等。

其四,测试与评估优化后的流程模型。新建的流程需要经过一定时间的试运行,接受评估后才能最后定型。在这个过程中,要让全体工作人员,尤其是高层领导充分了解优化后的流程的特征、工作设计、作业过程、信息系统架构及设备标准。同时,注意收集测试过程中相关人员的反映。这是一个不断循环的过程,即收集使用者的反馈,局部修改流程,然后让使用者评估修改后的流程,再依据反馈进行下一次修改,直到使用者满意为止。

(五)实施新流程

这一步骤主要有两个方面的内容:一是发展及建构新的信息系统以达到改进流程的目标。优化小组与信息技术人员要分析流程所需要的信息,并依此做系统分析,修改软件设计。二是调整人事与组织,重点是如何顺利实行新的组织架构。由于新组织架构强调横向整合,为了减少阻力,使公务人员能胜任新的职务与挑战,机构需要安排训练与教育课程,使公务人员获取这方面的知识与技能。

(六)评估反馈并持续完善

在实施优化的流程后,应该对效能进行评估。评估项目包括新流程表现、信息系统表现及工作效率。流程表现包括提供服务的时间、成本、顾客满意度、协调与决策的质量。政务部门应该针对反馈,持续改进和优化流程。

四、政务流程优化方法简介

政务流程优化不仅仅是一个观念性的变化,它还是一套系统化的变革方法。百余年来,流程管理的理论与实践研究形成了许多可资借鉴的经典案例与方法。综合起来,这些方法有三个共同之处。首先,他们都注重"以规范为基础,以服务为导向,以用户为中心"的管理理念。任何组织机构实施流程优化都是为提升效能而进行的,其根本目的都是为了"人"。其次,这些方法十分注重一线的现场调研。政务流程的优化设计及其推广应用,与相应的调查研究总是并行的。好的调查研究可以为项目的实施提供最充分的决策资料。最后,这些方法有着共通的流程处理思路,即"利用信息技术,简化关键节点,革除冗余环节"。本节以两种比较常用的流程优化方法来展现政务流程优化设计的一般过程。

(一) ESIA 法

ESIA 法主要包括清除(Eliminate)、简化(Simply)、整合(Integrate)、自动化(Automate)这四个主要环节。

清除,主要指对组织机构中现有流程内的非增值活动予以清除。非增值活动中,有一些是必须存在的,而有些则是多余的,如过量生产、重复任务、等待时间、繁文缛节、残次返工、库存积压等。对于工业和商业企业来说优化流程,主要是要清除非增值活动。而对于政务流程来说,则要考虑到维持必要的权力制衡。从维护国家与公众的利益的视角看,必要的监督与监控也是某种意义上的"增值"。这实际上是要求人们更细致地考察流程中的每个环节或要素,反复考量"这个环节为何存在"、"这个流程所产出的结果是整个流程完成的必要条件吗"、"它的存在直接或间接产生了怎样的结果"、"清除它会解决怎样的问题点"、"清除它可行吗"等细节性问题。通过这一系列的设问,来判断每个环节存在的必要性,以及如何消除或最小化这些活动,同时又不给流程带来负面影响。

简化,一项成熟的业务必然有一些核心的、必须保留的环节,这样就需要对这些核心环节进行进一步简化。一般来说可从手续或程序,如决策过程、审批审核、检测监控、传递沟通、操作技术等来考虑。

整合,将那些相对独立的环节、分解开的子流程进行整合,使之形成一个更加连贯、流畅、精简的体系,以更好地满足用户的需要。

自动化,流程的自动化主要是引入信息化的软硬件设备。这项工作应该是在对流程任务的清除、简化和整合基础上的自动化。同时,任务的清除、简化和整合,许多也是要依靠自动化来解决。

(二) ESCRI 法

ESCRI 主要是用于对优化后的流程网络结构图中的子过程进行改造,可与 ESIA 法结合起来使用。取消(Eliminate),取消不再需要的功能和不增值的活动;简化(Simply),可否变复杂过程为简单过程;合并(Combine),不能取消的作业过程考虑合并;重排(Rearrange),可否与其他工作转换顺序;新增(Increase),原来不具备而现在需要的功能。

以某医院的病人就诊流程为例。其基本流程包括:挂号(输入)→诊断→治疗→交费→出院(输出)等主要环节,病人经由流程获得三种可能的结果:正转变(痊愈)、负转变(恶化)、零转变(原样)。当然这只是一种简化了的流程,实际情况要复杂得多。

它可以这样描述:节点1.病人作为流程的发起者,进入医院首先在挂号室挂号,选择相应的看病科室或医生。节点2.由相应科室医生做出初次诊断。如果需要化验,那么还需要划价、交费;病人凭交费单前往化验室,等待化验结果后再前往刚才的科室进行诊断。节点3.医生做出二次诊断。其结果可能有两种:一种直接进行治疗,另一种可能需要其他科室继续诊断;于是又要进行划价、交费等手续;完成交费才能取药。最后进入注射环节,由护士完成注射任务后,流程完毕(见图4.1)。

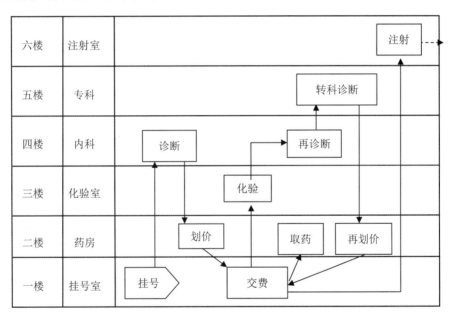

图4.1 优化前的就诊流程示意图

由此我们可以看出,在传统的业务流程中,与病人就诊相关的各项活动(环节)只能以串行的方式,逐个环节展开,医院的服务对象(病人)成为各业务环节之间的衔接人。由病人手持各种单据进行信息的传递,不仅烦琐而且效率极低,更与病人恢复健康的需求相悖。因此,必须简化病人的就诊流程。近年来,许多医院实施了信息化改造,实现了病人就诊流程的优化,取得了较好的效果。

新流程的建设思路如下。首先,引入医务业务信息系统,并与电子支付系统对接,使病人在挂号时就获得了由系统派发的就诊编号,并由系统自动将该编号发送到相关的业务环节,使注射、专科、内科、化验、药房等业务部门第一时间获得了病人的基础信息。其次,将挂号与交费等环节合并在一个系统内,原有的划价工作由被保留的业务节点完成。病人初次诊疗完毕,由医生发送确认信息就可帮助病人完成电子划账,病人直接前往化验室即可。

化验室在病人来到之前,通过业务系统获取相关信息,可以提前准备相关工作。化验结果由业务信息系统输送回到医生的工作站,医生能更快地确定是开处药方还是转移到其他科室诊疗。在取药环节,医生完成诊疗后,立即通过业务系统将取药信息发送到药房,病人从诊疗科室前往药房的路程中,药房已经完成了配药工作,病人需要做的只是等待叫号。"按号拿药、立等可取",减少了病人的等待时间,减少了病人的时间成本付出(见图4.2)。

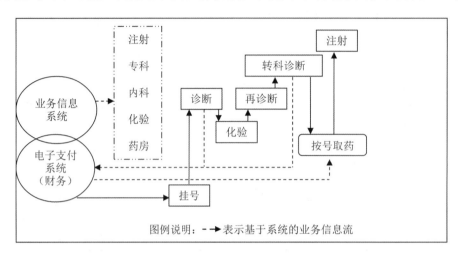

图 4.2 优化后的就诊流程示意图

经过改造,医院新增了"业务信息系统""电子支付系统""按号取药"等电子化业务环节,取消了传统的划价环节,挂号职能与交费环节合并于"电子支付系统"中,各科室的业务通过实现"业务信息系统"实现了流程对接。这样的设计精简了流程、方便了用户、提高了效率,又不失规范性,成功地实现了业务流程优化。

需要注意的是流程优化的各个步骤之间不是孤立的,它们需要被系统化对待。无论采用哪种流程优化方法都需要对流程中的每一环节、要素、节点进行细致的考察。这些流程优化方法实质上是为人们提供了某种思维方式,以帮助人们厘清方向、理顺思路。毕竟流程本身不是目的,提升管理与服务的质量与水平才是根本任务。

第四节
并联审批与行政审批流程优化

设立行政审批的根本目的是提高行政效率、减少社会资源消耗、促进社会公平。但在现实运行中,为了加强审批的专业性,同时避免权力过于集中,往往会在同一审批事项上设置多个行政许可主体,而形成相互制约制衡的格局。但这又在客观上造成了权限交叉、重复,进而导致了责权不清,甚至"越权"等负面现象的出现。对此,我们不仅要在制度层面加大改革力度,优化行政审批权力分配,促进行政审批制度的良性运行。同时,也要在管理上下功夫,实施并联审批,不断优化行政审批政务流程,最终形成中国特色的解决方案。

一、并联审批概述

所谓并联审批就是对涉及两个或两个以上部门共同审批的事项（多元审批事项），实行由一个中心（部门或窗口）负责统筹协调、组织相关责任部门同步审批办理的行政审批模式。它是针对传统行政审批中的串联式审批模式而提出的。其目的就是要优化政务流程的后区，让分散在不同部门的审批事项以并行的方式联系起来，运用电子政务流程让审批数据自动运行于各部门之间，从而实现精简审批环节、方便群众办事、提升审批效率的改革目标。

并联审批主要面向多元审批事项，按照"一口受理、抄告相关、同步审批、限时完成"的规则执行联合审批。所谓"一口受理"就是由指定统一的办事窗口（窗口单位）负责接受全部的申请资料，并负责将各种资料告知与该审批业务相关的单位（岗位），即"抄告相关"。各相关的单位（岗位）接收资料后，需要在规定期限里完成相应的审批任务，并将审批结果及时反馈给接受资料的窗口（岗位），由该窗口（岗位）负责将结果告知申请人，即"同步审批、限时完成"。并联审批实质上就是无论审批事项依据什么逻辑关系连接起来，对于行政相对人来说，只要向任一窗口申报，各行政审批机构就要主动连接起来进行联合审批，从而改变以往申请人需要反复填表、逐家递交申请、层层审批的串联审批模式。并联审批一般包括七个基本环节：许可预告、服务前移、一窗受理、内部运转、并行审批、限时办结、监控测评等。

在我国，并联审批出现于20世纪末期，主要应用于工商行政审批业务领域。上海是国内较早开展并联审批制度改革试点的地区之一。例如，上海市工商局卢湾分局于1998年开始试行的内资项目并联审批制度改革。该局通过充分调研与详细规划，于当年公布了《关于实施内资项目并联审批的暂行办法》（以下简称《暂行办法》）。《暂行办法》在明确岗位责任制的基础上，提出了"一口受理，抄告相关，同步审批，限时完成"的审批运作原则，设定了"接待咨询、接受申请、并联初审、核准发照、并联发证"等基本环节。《暂行办法》规定，受理部门不仅要向申办单位一次讲清所有的申办条件，还要代前置审批部门发放必要的《申请须知》；同时通过传真抄告制度，告知有关前置审批部门已经受理登记，请他们在规定的工作日内给出是否同意的意见，并反馈给受理部门。为保证并联审批制度的顺利实行，卢湾区政府将推行并联审批制工作纳入到了政务绩效考核指标体系中，为改革措施的落地营造了一个较好的制度氛围。

数据显示，1998年9月至2002年3月，该局受理了244家企业的内资项目审批申请。采用并联审批模式，平均每户发照不超过10天。而在以往的串联式审批模式中，申请单位办理完全部前置审批项目，至少需要1个月，甚至半年的时间。[①] 显然，采取并联审批模式，不仅使政务部门的行政效率有了极大的提升，更为企业节省了大量人力、物力与时间成本。这是一项值得推广应用的改革措施。然而，就当时的总体环境来说，这只是一种带有探索

---

① 胡良华.上海卢湾分局实施并联审批3年回顾[J].市场监督管理，2002(13):29-30.

性、渐进性特点的局部性改革,在实践中面临着诸多难题。其中,配套制度不健全、规章冲突成为最主要的障碍,再加上操作流程的规范化程度不高、信息技术应用水平不高,后期监管力度不足等因素,使得早期的并联审批应用面比较窄,实施效果一般,难以全面推广。

进入新时代以来,"放管服"改革的实施与电子政务发展水平的不断提升,以推行"互联网+政务服务"为契机,充分利用电子政务流程来改变传统审批模式,并联审批的应用状况得到了极大的改善。这主要表现在以下几个方面。

第一,利用电子数据交换流程,可以有效改善审批数据的传递效率,保障数据的真实与可靠性。在手工操作的串联审批模式中,政务数据被分置在不同的职能部门,数据之间的关联被人为地割裂。各个部门在执行审批任务时,由于无法一次性获得全部数据,就只能采取增设环节的方式,通过层层审批来累积用于决策的数据,从而保证审批结果的合理性。这不仅工作量大,而且常常会影响办事与决策效率。利用电子数据交换流程,最大的优势在于可以将数据,按照不同的需求呈现给不同的人员。例如,一线人员重点需求的是操作数据,重点审核申请人提交材料的真实性,在授权范围内进行审查或审批操作;高级管理人员主要需要的是统计数据,做好抽样复核等工作;后台管理人员(档案)重点维护数据的原始性,并按规定存储、保管、提交利用。不同岗位的工作人员针对同一审批事项,可以根据岗位责任的要求同步开展工作,这极大地提升了管理效能。

第二,运用电子审批流程,可以有效提升职能部门之间的横向联动效率。在串联式审批模式中,前置、后置行政审批事项之间的逻辑关系难以厘清,一个重要成因就是各部门的数据难以汇聚起来辅助决策。以往为了解决部门之间的协调问题,往往会采用建立领导小组、设置协调办公室、配置专职岗位等办法,这种方式在一定程度上解决了部门之间协调难的问题,但并不能保证信息传递过程不会失真,同时也会引发机构膨胀等问题。利用电子审批流程,可以使政务数据同步直达基于电子政务平台的各个节点,或办事环节。这不仅提高了政务数据的传递速度,保证了数据传递的精确性,更使得所谓的前置、后置事项可以同步获取决策数据,在最大限度上消解了异步性问题,而使得并联审批的制度设计可以落实到位。

第三,利用电子监察流程,可以对行政审批过程进行全流程监控。运用电子政务技术,不仅可以将以往的行政审批事务转移到互联网来完成,更可以利用电子监察流程对审批过程进行实时监控。例如,一旦有事项超过《行政许可法》等法规规定的审结日期,系统就会自动报警,提醒工作人员迅速处理。更重要的是,电子监察数据不仅可以提升政府内部监察效能,更可以向公众开放,从而增强外部监督的力度。

总的来说,发展电子政务,推行"互联网+政务服务",不仅可以有力地支持并联审批的开展,达成"一门受理、抄告相关、同步审批、限时完成"的基本目标,更可以加强对行政审批过程的监控,强化各部门之间的横向联动,改变以往"重审批、轻监管"现象,直至"主动服务、一网通办"等更高层次目标的实现。

二、并联审批的组织模式

实施并联审批,必然涉及组织结构的变化,形成相应的组织模式。要形成有效的并联审批模式,就必然要打破条块分割的分立模式,形成"横向到边、纵向到底"的跨部门协同治理的格局。例如,浙江省《企业注册登记前置并联审批实施方案》指出,并联审批组织结构由纵向、横向两个相对独立运作的层面构成。横向:由省工商局和负有企业注册登记前置审批事项的省级部门组成,主要包括省计委、经贸委、教育厅、交通厅等24个部门。纵向:由省级部门与对口的市、县(市、区)部门组成等。[①] 当然,并联审批模式是在实践中逐渐发展与完善起来的,经过二十多年的探索,以行政审批权的分配机制为纽带,我国初步形成了四种并联审批组织模式。

第一,是牵头部门主导模式,即由地方人民政府确定一个部门受理申请并转告有关部门提出意见后统一办理的模式。例如,上文所述的由工商行政管理部门牵头实施的内资项目并联审批制。这种由某一职能部门来主导的并联审批组织模式,对于业务逻辑不复杂的审批项目,实施起来比较容易见效果。但对于牵涉面比较广,又缺乏跨部门、跨职能电子政务流程支持的多元审批事项,这种模式显得力不从心,更难以应对需要跨层级、跨区域处理的业务。因此,这种组织模式应用面比较有限。

第二,是由地方人民政府组织有关部门联合办理模式。对于需两个以上部门分别审批的事项,地方政府将首先明确一个主办部门,然后采取联合审批或会签的做法,实行多项合一、一次收文,联合办理、一次审结。在这种组织模式中,主办部门针对特定事项会获得较充分的授权,从而有利于解决一些跨层级、跨区域的行政审批问题。可以说这是对前一种模式的有益补充。但这种模式的主要问题在于,由于其本质仍属于"一事一议"的"会签制",事项办结后,主办部门有可能失去授权,所形成的办事流程资源难以复用,而不利于政务流程的固定化、规范化与标准化建设。因此,这种组织模式一般适用于较特殊的情形,而非常规模式。

第三,是将符合地方人民政府规定条件的审批事项集中到政务服务中心、政务办事大厅等地点集中办理,即以物理上集中为特征的中心制。所谓政务服务中心是具有一定行政审批职能的,以其他便民服务为补充的,实施"一站式办公,一条龙服务"的政府派出(常设)机构。政务服务中心是一种整合了本级政府或本职能部门权限范围内的行政许可事项和服务项目,集信息与咨询、管理与协调、投诉与监督于一体的综合性公共服务机构。

以业务范围和功能为分类标准,政务服务中心可以划分为行政审批型、公共服务型与综合型等类型。所谓行政审批型,就是以行政审批为基本功能的政务服务中心。这种类型的政务中心在地市级、区县级常见,是本级政府负责管理行政审批事务和协调组织行政审

[①] 浙江省工商局企业处.浙江省实施企业登记前置并联审批制度回顾与分析[J].市场监督管理,2002(20):43-45.

批的常设机构。公共服务型是指其业务范围主要是面向社区、街道、乡镇居民的便民服务。这种类型的政务中心更类似于代办服务机构,部分窗口由上级政务中心或职能部门的派出人员负责相关业务。综合型是指其业务范围不仅包括行政审批,还包括便民服务项目等。这类型政务中心是发展的主要趋势,其业务功能可以包括行政审批、行政效能监察、社会服务等多个领域。①

近年来,各地涌现出一批运行理念、基本功能与综合型政务服务中心基本一致的政务服务机构,如党群服务中心、政务超市、便民服务中心、社区事务受理服务中心、行政审批大厅、政务办事大厅以及外商投资服务中心等。它们名称各异,但都是由地方政府或是需要直接面向社会公众开展审批业务的职能部门组建。整合审批事项、实施并联审批是它们的基本功能。但这种模式的实质是"行政审批委托制",它不会改变原有审批权力的分配模式。这样,一些窗口成为"只挂号、不看病"的"挂号处",而不能真正处理业务。因此,政务服务中心主导的并联审批模式,应用领域虽然比较广,但在实践中的应用层次不高。

第四,是以行政审批局为主导的并联审批模式。成都是国内较早设置行政审批局的地区之一。2008年12月,成都市武侯区以行政审批委托制为改革对象,进一步将区发改局、物价局、科技局等20家区级部门承担的60项行政审批职能全部划转到区行政审批局。入驻区政务服务中心的231项行政审批项目全部实现当场受理、现场办结。② 显然,以行政审批局为主导的并联审批模式,是以相对集中行政许可权制度为基础的。其主要做法就是将原来分散在各政务部门中涉及审批的处室(职能)集中到一个审批局或审批服务中心,将各个职能部门的审批用章归并为一个统一审批用章。原来的职能部门不再负责审批事项,而以监督审批行为,实行事中、事后监管为主要职能。由此,在一定程度上改变了以往的权限分配模式。

如果说前三种并联审批模式仅仅改变了行政许可实施的运作程序,而没有改变相关部门的权重范围,各部门仍在行使着各自的行政许可权、承担着相应的法律责任,那么,以行政审批局为主导的并联审批模式,通过与电子政务流程的深度融合,推行"线上为主、线下为辅"的网上并联审批模式,不仅优化了审批流程,还优化配置了行政审批权力,有利于解决审批职能分散、权力碎片化等问题。

三、网上并联审批的一般过程

从并联审批的组织模式发展态势看,优化审批流程、规范审批权的运行,离不开电子政务流程的支持。以手工作业为基础的并联审批模式,理念虽然先进,但存在技术瓶颈,尤其是纸质化的处理方式容易导致工作量激增等问题,而给一线人员形成了较大的工作压力。即便在单个部门内部实现了以办公自动化为主要特征的电子化管理模式,但部门之间数据

---

① 赵永伟,唐璨.行政服务中心理论与实践[M].北京:企业管理出版社,2006:47.
② 全国首个行政审批局是如何运行的[J].领导决策信息,2009(3):20-21.

孤立、职能分散、后期监管难以协调到位等问题仍难以化解,而导致了并联审批的应用广度与深度不足等问题。经过20余年的实践探索,伴随着"互联网+政务服务"的实行,我国逐步形成了与电子政务流程深度融合的网上并联审批模式。尤其在涉企审批业务领域,一种以"证照通"为枢纽的网上并联审批应用模式非常值得关注。

所谓"证照通"可以理解为面向企业注册业务的"证照"协同管理系统。这是落实"证照分离"改革任务的一种重要技术手段。所谓"证照分离",并不是要彻底割裂证照之间的关联。而是要通过削减前置审批事项的数量与复杂度,来降低企业的负担。同时,要增强行政审批流程的弹性,利用电子政务流程来实现"后台监控、全流程监控",从而进一步优化审批业务流程,加强事中与事后监督。

以新设企业"多证合一"登记制度改革为例。利用"证照通"功能,可以实现营业执照、组织机构代码证、税务登记证、社会保险登记证与统计登记证的"一表申请、一窗受理、并联审批、一份证照"办证模式。其基本流程如下。

首先,由申请人登录在线政务服务平台填写相关资料,提交并通过审核后,可自行打印《新设企业多证合一登记申请表》,再携带必要的纸质资料,前往政务服务大厅的多证合一窗口提交证明材料。

其次,多证合一业务受理窗口在核对纸质材料与电子信息无误后,将补充录入相关信息,并将这些信息导入并联审批系统的工商准入模块内,生成工商注册号,即生成营业执照的"照面"。与此同时,窗口工作人员把相关信息与数据推送到与质监、国税、税务、社保、统计等相关职能部门有关的业务环节。

再次,负责各业务环节的工作人员将依据业务受理窗口推送的信息,同步开展纳税人识别号,组织机构代码,刻章许可,银行开户许可与机构信用代码等证照信息的生成、审核与反馈工作。以银行开户业务为例,目标银行只要接收到推送的工商登记基本信息,就立即为企业预生成账号。[①] 并联审批系统会自动将这项证照数据,自动归并到"证照通"中。

最后,业务受理窗口得到各种反馈信息后,将生成一个加载了各种证件及其证号信息的营业执照,并将这些数据同步存档入库(电子证照库)。

据权威部门统计显示,有地区于2019年中就开始实施"七十五证合一、一照一码"的涉企证照(备案)事项审批制度改革。采用网上并联审批模式,可进一步压缩办证时间。一般业务从提交审批材料到办理完毕,通常在4天以内。原来极端情况下可能要1000天的审批时间,会缩短到20天办完。[②]

---

① 路学刚,任军远,张耀伟."放管服"银行账户配套改革案例分析[J].金融科技时代,2018,(09):78-81.
② 中国政府网.国务院推网上并联审批 实施一条龙服务[EB/OL].(2015-02-07)[2021-08-13].http://www.gov.cn/zhengce/2015-02/07/content_2816125.htm.

第五节
研习报告示例：车辆购置税征管跨部门业务流程分析与优化设计

车辆购置税征管跨部门业务流程是指为维护国家税收秩序、保障"应征尽征"目标的实现，以"政府统领、税务主管，部门协作、源头控制，人机结合、信息共享"等协税护税机制为纽带，而建立的"跨层级、跨职能"协税护税工作流程。本节在分析车辆购置税征管"跨层级、跨职能、跨区域"业务流程一般过程的基础上，面向协同征管提出优化车辆购置税征管业务流程的主要思路。

一、研习对象

本节以车辆购置税征管跨部门业务流程为主要研习对象。车辆购置税征收管理工作的顺利实施，有赖于众多政府机关、生产部门和社会组织的积极参与。例如，车辆购置税计税价格核定业务，需要车辆生产厂家、进出口单位、海关等部门的支持与配合。车辆购置税稽核工作，需要银行、公安交通管理部门等机构部门的协作。

但在现实中部门间协同不力现象时有发生。例如，2006年下半年以来，陕西省汉中市11个县(区)8个县的农机安全监理机构因农机车辆购置税流失问题被当地检察机关立案查处。部分案件已经侦查完毕并进入公诉前期调查，10多名农机领导干部及办事人员涉嫌"滥用职权罪"被取保候审。案件最终结果是农机安全监理机构收取的管理费被视为"非法所得"而被检察院收缴，涉案人员从轻发落，未做实质性处理，应征税款也没有补征。

该系列案件引起了广泛争议。其焦点问题是："拖拉机变型运输机"是否应缴纳车辆购置税？农机主管部门认为，"拖拉机变型运输机""运输性拖拉机"专供农民从事短途运输，属于"农用机械"不属于机动车，理应由农机部门管理，而无须缴纳车辆购置税。税务机关则认为凡是在公路上从事营业性运输的所有机动车辆，都应当缴纳车辆购置税。

透过案例引发的争议可以看出，不少地区的车辆购置税征管工作尚未真正实现跨部门协同。某些地区的公安交通管理部门和农机安全监理部门的工作存在较大的随意性，政策执行力度不足，未能贯彻落实"先缴纳车辆购置税、后登记注册"这一法定程序。而往往从地方本位主义出发，默认摩托车和农用运输车在不缴车辆购置税的情况下，准予其办理注册登记。不少车主利用这一漏洞，绕过国家税务机关，直接到公安交通管理部门和农机部门办理车辆注册登记手续。对此，国税征管机关由于无法直接采取有效措施来弥补这一漏洞，而不得不依靠法律手段来解决问题。这一方面推高了征管成本，另一方面也未能从根本上解决税款流失问题。

因此，车辆购置税征收管理任务的顺利完成，离不开相关部门的支持。车辆购置税征管跨部门业务流程实质上就是不同层级、不同类型政府机关、公共部门和社会组织共同参与协税护税的过程。

二、研习内容

本节以税款征缴入库流程、基于机动车登记业务的协税流程、稽核流程、计税价格核定流程、完税证明核查和车购税档案转籍流程等为例,描述了车购税征管"跨职能、跨层级、跨区域"业务的一般过程。

(一)车购税征管跨职能业务过程

本节以车购税税款征缴入库、基于机动车登记业务的协税、车购税稽核跨职能业务流程为例,描述和分析了其一般过程,绘制了相应的业务流程图。

1. 税款征缴入库跨职能业务流程分析

2009年,国家税务总局、财政部、中国人民银行联合发布了《关于车辆购置税征缴管理有关问题的通知》(国税发〔2009〕127号),该文明确了车辆购置税税款征缴的操作流程及相关要求。具体来说可以分为以下步骤:一是纳税人按照应纳税额在车购税办税服务大厅布设的POS机刷卡缴税。税款直接打入指定国库经收处[①]"待结算财政款项"科目下的"待报解车购税专户"。二是车购税征管机构对相关信息审核无误后,为纳税人开具税收完税证(通用完税证或转账专用完税证)作为完税证明。三是车购税征管机构与国库经收处办理就地缴库手续。即每个工作日结束前,车购税征管机构将当日POS机收款总额与税收完税证的票面金额核对一致后,以开具税收缴款书(通用缴款书或汇总专用缴款书)的形式,于当日、最迟下一工作日上午与相应的国库经收处办理缴库手续。四是国库经收处收到税收缴款书后,立即将税收缴款书金额与"待报解车购税专户"收款金额进行核对,经核对一致的,于当日、最迟下一工作日划缴国库[②]。五是国库收到缴款书和资金,办理入库手续后,向车购税征管机构返回税款入库报表和缴款书回执。六是车购税征管机构根据国库返回的税款入库报表和缴款书回执,在税务征管系统做税款入库销号(见图4.3)。

2. 基于机动车登记业务的协税跨职能业务流程分析

《中华人民共和国车辆购置税法》第十三条规定,纳税人应当在向公安机关交通管理部门办理车辆注册登记前,缴纳车辆购置税。公安机关交通管理部门办理车辆注册登记,应当根据税务机关提供的应税车辆完税或者免税电子信息对纳税人申请登记的车辆信息进行核对,核对无误后依法办理车辆注册登记(见图4.4)。

其中,纸质版完税证明,可以分为"正联""副联"。根据相关规定,正联部分由纳税人(车主)自主保管,副联则在申请车辆号牌时交公安车管部门存档备查。因此,在手工化操

---

① 这里的国库经收处主要指直接负责收缴车购税税款的政策性银行、商业银行、信用社、中国邮政储蓄银行和外资银行分支机构等。
② 国库是国家财政收支的保管出纳机构,我国实行由中国人民银行经理国库制。

作方式下,车购税副联作为信息载体,一是可用作证明纳税人完成纳税义务的凭证,二是可以用来督核公安车管部门是否严格执行了政策,承担了应尽的协税义务。

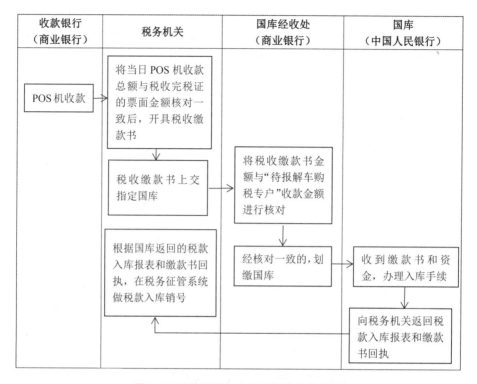

图 4.3　税款征缴入库跨部门业务流程图

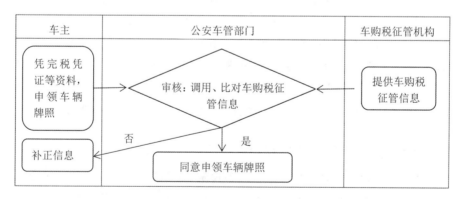

图 4.4　基于机动车登记业务的协税跨职能业务流程图

3. 车购税稽核跨职能业务流程分析

所谓"稽核"实质上是对已办结事项,进行"事后管理"。我国各级税务机关都设置了专职部门来稽查纳税人税务活动的合法性,重点打击偷、逃、抗、骗、漏税及滞纳情况。其根本目的就在于维护税收秩序,保障税收收入的"应征尽征"。税务稽核工作通常在三个维度上开展:一是以一线征管单位为对象,由特定部门执行内部稽核;二是与银行等机构进行跨部门稽核;三是面向纳税人的稽核,检查纳税人是否做到了应缴尽缴。

在车购税征管领域有两种常见稽核模式。一种是跨层级的内部稽核,主要是上级(稽核)部门利用车购税完税凭证、发票数据进行内部稽核,亦即根据基层征管机构上报的数据,抽查一定比例的单据,如比对"四联单"中的"上报联"数据与基层单位的"存档联"数据是否一致等。二是跨职能的稽核,主要是与相关部门对账,如银行、公安车管部门等。无论哪种模式的稽核,都高度依赖信息数据的共享。

2017年,国家税务总局、公安部联合发布了《关于建立车辆购置税完税证明和机动车销售发票信息共享核查机制有关工作的通知》(税总发〔2017〕12号)。该通知规定,建立车辆购置税完税证明信息共享和核查工作机制,加强对嫌疑车辆购置税完税证明的稽查。根据上述规定,车购税征管机构与公安交通管理部门需要联合完成以下"规定动作"。

一是建立专线。省级国税机关与同级公安机关交通管理部门建立政务数据传输专线,用以传递、交换和比对机动车购车发票、车购税完税、车辆注册登记等信息。同单一利用凭证核对真伪的传统稽核模式相比,专线传输数据有助于稽核业务综合比对发票、完税证明等各项信息,核查是否足额征收车辆购置税。(参见图4.5)

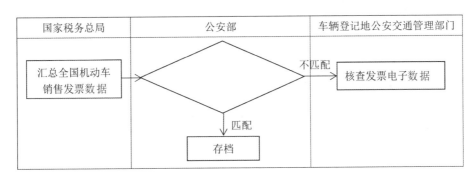

图4.5 发票数据跨部门联合稽核流程图

二是定期传输数据。国税机关定期向公安机关交通管理部门传输车购税完税证明电子数据。公安机关交通管理部门在办理机动车注册登记业务时,对照国税机关传输的电子数据,并比对机动车销售发票信息,审查车主提供的车购税完税证明的真实性、可靠性。

三是定时比较数据、分析数据。车购税征管机构与公安车管部门协作,定期开展信息交换比对,筛选核查疑点车辆。如销售发票票面信息同国税机关存档信息比对不符或者未查到销售发票信息的,又如车购税完税证明所载车辆规格型号与公安车管部门登记信息不符等。

四是根据数据比对结果,分类处理。确有疑点的,国税机关和公安机关交通管理部门及时联合行动,找明原因、按章处理。

五是调查核实信息比对数据。省级国税机关要将公安机关交通管理部门通报的比对不符的车辆信息清分至纳税人所在地主管国税机关依法处理,并及时传输补办的车辆完税证明信息。

六是信息反馈。各地国税机关要配合公安机关交通管理部门开展针对车辆购置税信息比对不一致情况的调查核实,并在收到核实请求后10个工作日内反馈核查结果。

车购税稽核业务流程图如图4.6所示。

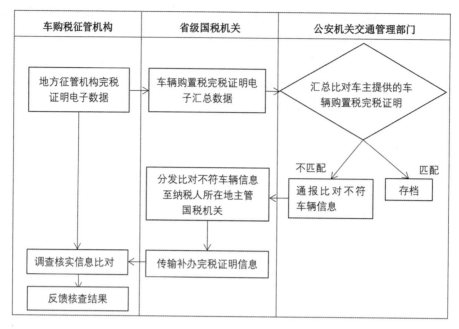

图 4.6 车购税稽核业务流程图

（二）车购税征管跨层级业务过程

本节以车购税计税价格核定、完税证明核查跨层级业务流程为例，描述和分析了其一般过程，绘制了相应的跨层级业务流程图。

1. 计税价格核定跨层级业务流程分析

根据《车辆购置税价格信息管理办法（试行）》（国税发〔2006〕93号）的相关规定，[①]车购税计税价格核定一般需要经过以下几个环节（见图 4.7）。

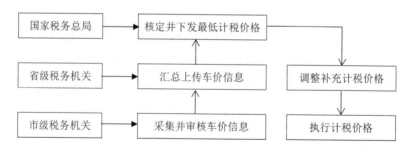

图 4.7 计税价格核定跨层级业务流程图

一是采集并审核车价信息。主管税务机关根据《车辆购置税车辆（国产）价格信息采集表》和《车辆购置税车辆（进口）价格信息采集表》填表说明及《"序列号"编码规则》的要求，对采集的车价信息进行审核。

---

① 《中华人民共和国车辆购置税法》取消了有关最低计税价格，车辆生产（改装）企业或者进口车辆的单位和个人不再向税务机关报送车辆价格信息。本例延用旧版规定进行分析梳理。

二是汇总上传车价信息。主管税务机关将采集审核通过的车价信息上传至省、自治区、直辖市、计划单列市国家税务局流转税管理部门。各省、自治区、直辖市、计划单列市国家税务局流转税管理部门将汇总后的车价信息电子文件上传至国家税务总局(流转税管理司)。

三是核定并下发最低计税价格。《车辆购置税征收管理办法》规定,国家税务总局定期核定并下发车辆最低计税价格。

四是调整补充计税价格。国家税务总局未核定最低计税价格的车辆,计税价格为纳税人提供的有效价格证明注明的价格。有效价格证明注明的价格明显偏低的,主管税务机关有权核定应税车辆的计税价格。

2. 完税证明核查跨层级业务流程分析

以《国家税务总局税收票证管理办法》《车辆购置税完税证明管理办法》等规定为依据,我国建立了一个较完整的车购税完税证明管理的层次体系。本节以完税证明核查业务为例,描述跨层级业务流程的重点环节,绘制跨层级流程图(见图4.8)。

图 4.8 完税证明核查跨层级业务流程图

一是完税证明的制定,完税证明的样式、规格、编号由国家税务总局统一规定。

二是完税证明的需求编制,主要由各省税务机关于每年第三季度将下年度完税证明印制计划上报国家税务总局,国家税务总局通过政府采购确定的企业统一印制。

三是完税证明的发放,国家税务总局下发完税证明,通过专车发运、机要运输等方式,直接发往市税务机关,并由各省税务机关负责调控。

四是市税务机关收到完税证明后,立即登记台账、入库,由相关科室的专职人员负责完税证明库存管理与发放(开具)、领用等工作。

五是完税证明的结报与核查。对正常开具使用的完税证明,开具人员应按周与完税证明管理人员共同盘点,编制完税证明(月、季)报表,办理完税证明结报缴销手续。市级税务机关应当对作废纸质完税证明、完税证明账簿及领用结报手册、报表等其他相关资料按季整理,装订成册归档保存。

(三)车购税征管跨区域业务过程

跨区域协同是车购税征管的一项重要业务,包括跨区域纳税服务和跨区域稽核等内容。本节以车购税档案转籍业务为例,描述车购税征管跨区域业务一般过程。

依据《车辆购置税征收管理办法》《国家税务总局关于加强车辆购置税档案管理有关问题的通知》等规定,车辆的登记注册地发生变动时,应同时办理《车辆购置税完税证明》档案转籍。该业务主要环节如下。

一是补充档案资料。车主办理车购税凭证异动手续的档案应补充车辆过户证明(交易发票、调拨单等)复印件、车辆行驶证复印件。办理车购税转档手续车辆的档案应补充车辆转籍证明(交易发票、调拨单等)复印件、原车籍地征管机构开具的"车购税档案转移通知书"等。

二是办理建档手续。车辆转入地征管机构根据原车籍地征管机构开出的"车购税档案转移通知书"审查缴税人转交的原车购税档案内容及份数,符合规定的给予办理新的建档手续。

三是审核归档。车购税档案由建档员负责按规定程序和要求建立,并于档案建立后次日移交给档案管理员。档案管理员审核同意归档的,建档员和档案管理员应分别在档案卡上加盖经办人名章。

四是档案核查。各征管机构要定期对建立的车购税档案情况进行检查和统计分析,发现问题应查明原因,采取措施,及时纠正。

五是档案转籍。原车籍地征管机构负责开出"车购税档案转移通知书",列明档案袋内资料内容及份数,与缴费人共同清点后将档案袋加盖密封章,移交给缴费人自带转籍。对办理转籍手续的车辆,原车籍地征管机构除在档案台账进行登记外,还应保留转籍车辆档案复印件,存满1年后应登记造册,报经上级主管部门批准后集中销毁。车购税档案转籍业务流程见图4.9。

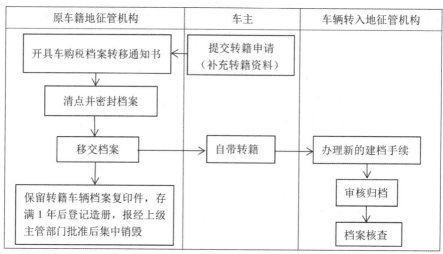

图4.9 车购税档案转籍业务流程图

三、研习结果

（一）传统模式下跨部门业务流程问题

通过对车购税征管业务的分析梳理，可以发现车购税作为一种一次性缴纳的税种，却有着相对复杂的征管业务体系。这主要表现在，一是对已办税车辆的管理模式基本与公安车管部门方式一致，即采用一车一档、终身管理、档随车走、车废档废的方法，后期管理工作量较大。例如，随着旧车市场交易规模不断扩大，使得纳税人车辆转籍、过户、变更和完税证明换补等业务频次不断增加。有统计显示，这部分工作基本上占办税业务量的1/3以上。二是以纸质化管理为主要模式，缺少计算机远程传递和识别系统的支持。例如，车辆异动仍是以纸质档案随车转移为主，容易造成一档多车，使未纳税车辆在档案转移过程中套取完税证明，变为已纳税车辆。究其成因，可以归纳为以下几点。

1. 部门之间协税护税工作缺乏长效机制支撑

车购税征收管理工作是一项系统性工程，需要银行、海关、工业和信息化、公安交通管理机构的相互配合。但在现实中，相关部门协税力度有限，难以长期抽调人手从事协税护税工作。例如，公安车管部门对伪造、变造的纸质版车购税完税证明的识别能力有限，相关岗位的工作人员既要承担其他业务，又必须定期轮岗，故此核验完税证明的能力总是存在"天花板"。这说明，在车购税征管的部门协同机制建设方面仍存在问题。

2. 征管部门内部协同水平不高

车购税属于自主申报缴纳的税种。车购税征管工作主要由从交通部门"转制"而来的专职机构负责征收，在信息技术层面主要依靠"一条龙"管理办法进行监督管理。因此，税源管理部门、稽查部门、车辆购置税征收部门之间的协调联动机制尚未理顺，未能全面实现各税种及征管机构之间的完全互动和数据共享利用。

3. 地方政府协税护税的积极性不高

在开征车辆购置附加费初期，曾规定征税所得全部纳入中央级国库统一管理、调配。因此，征收收入多少与地方政府无直接联系，加上广袤农村地区的监管成本过高，而导致有些地方政府，尤其是基层部门的护税、协税积极性不高。因此，一些地区的车购税征管跨部门业务流程运行起来缺乏实际效果。

随着"收入分成""以奖代补"等措施地不断推出，对地方资金进行补助，有利于解决上述矛盾冲突。所谓"以奖代补"，主要是依据《财政部　交通运输部关于印发〈车辆购置税收入补助地方资金管理暂行办法〉的通知》（财建〔2021〕50号）等文件的规定，中央将根据地方普通省道、农村公路的建设任务、养护任务完成情况及财政投入等情况，对完成水平、比例较高的地区和项目,结合地方车购税征缴额度,给予一定资金支持。由此,来激发地方协税护税的积极性和主动性。

(二)车购税征管跨部门业务流程优化要点分析

针对上述问题,从业务流程管理的视角看,这就需要通过分析梳理现有的跨部门协作情况来完善业务过程,从而实现内部管理和跨部门征管业务流程的"双重"优化。一是加快税务管理信息化建设和应用的步伐,在全国范围构建车购税的"跨职能、跨层级、跨区域"征管流程,实现国税系统内部的征收、管理、稽查三个部门的车辆纳税信息共享等。二是要进一步法律化、清晰化相关部门在车购税征管工作中的协税护税责任。例如,以立法方式推动生产、经销、税收和车管等部门信息共享建设,解决部门相互之间协调配合不够、机动车辆涉税信息无法共享等问题,建立健全车购税征管跨部门业务流程。

第四章习题

第五章

移动政务与移动政务流程的应用

―― 研习目标 ――

1. 了解移动政务流程的功能与特性。
2. 熟悉移动政务流程的应用形式。
3. 掌握实施移动政务流程的前提条件。

本章介绍了移动政务和移动政务流程的基础知识,包括移动政务的内涵和主要模式,移动政务流程的概念、特性、发展类型和主要应用形式,提出推动传统的"岗位流程、跨岗位流程、跨部门流程"向"跨职能、跨区域、跨平台"移动政务流程发展。在案例研究设计与研习报告示例部分,本章以车辆购置税征管为例,针对其传统在线服务流程存在"前置"环节较少等问题,提出应用移动政务流程优化纳税服务的设计要点。

第一节
研 习 指 导

一、情景设问

材料一

2019年初,上海交通大学政务新媒体研究中心和大数据与传播创新实验室发布了

《中国政务新媒体发展白皮书》。① 这是 2018 年 12 月国务院办公厅公布《关于推进政务新媒体健康有序发展的意见》(国办发〔2018〕123 号)以来,由高等院校专业研究机构公开发布的第一份相关主题研究报告。研究显示,"两微一网一端"是政务新媒体建设与发展的主流形式。其中,"一网"主要指政务门户网站(含移动政务门户),"两微"主要指微信、微博,"一端"主要指移动终端、政务 APP(Application)客户端。例如,国务院办公厅主办的中国政府网,于 2013 年分别在新华微博、腾讯微博和微信开通官方微博和官方微信。② 2015 年中国政府网又入驻今日头条移动客户端,开通了"政务头条号"。③ 2018 年 9 月,通过"国家政务服务投诉与建议"小程序,网民还可以使用手机进入中国政府网、国务院客户端或微信、支付宝等平台,在线向国务院办公厅提出政务服务问题线索和意见建议等。④

如今,我国的政务新媒体正朝着"推进政务公开、优化政务服务、凝聚社会共识、创新社会治理"的方向发展。一方面,政务微博和微信保持稳定,新型垂直媒体平台发展迅速,并不断拓展政务抖音、政务音频、政务电台等新媒体服务形式;另一方面,政务新媒体普遍重视接入政务服务,注重以公共服务为核心的业务,"突出民生事项,优化掌上服务"为企业和群众提供更加便捷实用的移动服务,而进入"信息+服务"的新发展阶段。

材料二

2019 年 7 月 21 日,中央党校(国家行政学院)电子政务研究中心主编的《2019 移动政务服务发展报告》在广州发布。数据显示,截至 2019 年 7 月 1 日,全国 31 个省、自治区、直辖市和新疆建设兵团已建设了 31 个省级政务服务移动端,约有 3 万个政务小程序为微信用户提供服务。其中,2019 年 6 月正式上线运行的中国政务服务小程序,接入了 46 个国务院部门、32 个地方政府的 142 万项政务服务指南,用户可在线办理查询、缴费、申领证件等近 200 项政务服务。"App+小程序"正在成为移动政务服务的主流模式。⑤

移动政务服务是"互联网+政务服务"的一种重要实践形式。它在日常政务服务中得到了广泛的应用,也可借助于高效、快速而便捷的移动政务流程,与社交、商务与娱乐等各种应用客户端实现弹性对接,在应对新冠肺炎疫情等工作中发挥出不可低估的作用。以浙江省的"浙里办"政务 APP 为例。这是一款基于浙江政务服务网一体化平台的政务 APP。2020 年 1 月 27 日,该省新冠肺炎疫情公共服务与管理平台正式上线"浙里办"。新上线的

---

① 上海交通大学·学术新闻网.上海交大发布《中国政务新媒体发展白皮书》"上海发布"保持全国第一[EB/OL].(2019-01-17)[2021-08-13]. https://news.sjtu.edu.cn/mtjj/20190117/95197.html.
② 中国政府网.中国政府网官方微博和官方微信开通[EB/OL].(2013-10-11)[2021-08-13]. http://www.gov.cn/jrzg/2013-10/11/content_2503996.htm.
③ 中国政府网.中国政府网入驻今日头条,继"两微"之后又上"一端"[EB/OL].(2015-03-04)[2021-08-13]. http://www.gov.cn/zhuanti/2015-03/04/content_2825971.htm.
④ 中国政府网.国务院办公厅开通"国家政务服务投诉与建议"小程序[EB/OL].(2018-09-20)[2021-08-13]. http://www.gov.cn/xinwen/2018-09/20/content_5323786.htm.
⑤ 中国政府网.报告显示:我国已建设 31 个省级政务服务移动端[EB/OL].(2019-07-22)[2021-08-13]. http://www.gov.cn/xinwen/2019-07/22/content_5412804.htm.

应对新冠肺炎疫情平台分为"主动申报与疫情线索提供""居家医学观察服务与管理""集中医学观察服务与管理""信息发布与健康教育""网上智能问诊与人工服务"等板块。该平台可为用户实时提供最新疫情动态和卫生健康等相关资讯，提供主动申报、疫情线索、线上智能问诊，以及医学观察等服务与管理。①

二、问题与思考

1. 什么是移动政务？它与电子政务流程有什么关系？
2. 移动政务流程有哪些应用形式？
3. 实施移动政务流程的基础是什么？

三、研习步骤

1. 确定实验对象。
2. 描述业务内容。
3. 绘制业务流程图。
4. 提出进一步优化业务流程的思路与方法。

四、研习报告要求

1. 本作业可采用小组的形式完成，每组不超过 5 名学生。小组成员必须分工明确，各有侧重。
2. 研究报告的名称由"对象名称＋移动政务流程应用"构成。
3. 研究对象可以模块 1~4 的选题为基础。
4. 研究报告的主要内容应为业务的流程描述，并判断它属于哪种类型的移动政务流程。
5. 研究报告结论应指出：(1)该业务应用了哪些形式的移动政务流程；(2)该业务还可以应用哪些形式的移动政务流程，及其实施的思路与方法。
6. 建议 6 个学时。其中理论与案例讲授 2 个学时，学生自主调研、形成报告 4 个学时。

---

① 中国政府网.应对新型冠状病毒感染的肺炎："浙里办"上线专门平台[EB/OL].(2020-01-29)[2021-08-13]. http://www.gov.cn/xinwen/2020-01/29/content_5472882.htm.

第二节
移动政务概要

一、移动政务的内涵

移动政务(mobile government,简称 mGov),又称移动电子政务,简单来说就是一种移动通信技术在政务管理与服务工作中的应用模式。它是一种面向社会公众,以手机、PDA、无线网络、蓝牙、RFID 等技术为主要应用形式,以移动客户终端为中介,以提供基于移动互联网的信息与办事服务为主要内容的"互联网+政务服务"实践形式。移动政务的兴起与发展,不仅使微政务、政务新媒体等新概念有了更丰富的内容,更使得传统电子政务有了质的飞跃。

(一)移动政务与微政务

微政务主要指由我国政务部门推出的以"微博+微信"为主要平台的一种电子政务模式,即由各级政务部门主持运行的微博账户与微信公众号。

所谓政务微博,主要指由政务部门或特定官员为主体,以服务公共事务为目的而开通的微博。一般认为,国内最早的政务微博出现于 2009 年。随后几年,政务微博进入快速发展期。现有的政务微博主要集中在新浪网、腾讯网、人民网、新华网。

政务微信最初主要指以微信 APP 为平台的,由政府机构开通的微信公众号。它的基础功能与政务微博比较类似,以发布政务信息为主。曾有许多学者将"双微"(政务微博、政务微信)比喻成"24 小时开放的网络议政大厅"。它们既是发布政府官方信息的平台,是政务部门在互联网上的传声筒,又是收集民意、了解人民群众需求的快速通道。

随着微信 APP 功能的不断扩展,政务微信与微博的功能开始出现了分化。政务微博仍以信息发布、信息交流为其主要功能。而政务微信则越来越关注政务管理与服务事项处理功能。例如,腾讯公司对政务微信软件(2.2.2.639 版)的定义是:为政府提供的智慧办公解决方案。重点解决政府内部移动办公、即时沟通、远程音视频会议、一体化办公等问题,提升政务办公效率。① 其实,早在 2014 年 12 月,微信就在广州率先上线了"城市服务"平台,并逐步向各地政府公共服务提供统一的微信服务入口。2015 年,腾讯研究院发布了《2015 微信政务民生白皮书》提出了"政务民生微信"概念。所谓"政务民生微信"就是大力推进"微信与政务的跨界连接",通过各级政府及相关民生部门在微信平台上开设的公众号(包括订阅号和服务号),使公民、企业与政府工作人员都能快速便捷地接入本部门的政务

---

① 腾讯网.政务微信下载[EB/OL].(2019-10-16)[2021-08-13]. https://pc.qq.com/detail/6/detail_25626.html.

信息与业务应用,使之能随时随地获取所需的信息和服务。①

如今,政务微博的功能更加全面,不仅推出了"微信电子证件",可将传统的纸质证件,如社保卡、驾驶证、营业执照等进行电子化、客户端化处理,还推出了"微信办证"功能,通过微信扫描二维码,上传身份证、照片等就能远程办理电子营业执照等。② 可以说,基于微信端的移动政务流程,正在使得移动政务服务越来越便捷,极大地丰富了"互联网＋政务服务"的实践形式与内容。

(二)移动政务与政务新媒体

政务新媒体源于新媒体(new media)这一术语。新媒体字面上的意思是指新出现的信息载体或媒体形式。它是不断涌现的新型信息技术产物的统称。20世纪90年代中期,我国就曾经将大型电视显示屏、电脑软件音像制品、BP机寻呼台等视作新媒体,并将之纳入社会文化管理对象的范畴。③ 进入21世纪以来,广义的新媒体还包括了写字楼大屏幕、楼宇电视、车载电视、数字电视、IPTV(交互式网络电视)、电子阅读器、手机终端等诸多应用形式。

随着互联网的蓬勃发展,越来越多人将以信息网络应用为基础的媒介形态称为新媒体,而区别于纸质媒体以及基于桌面应用的多媒体技术。早在20世纪末,就有学者用"新媒体时代"这一称谓来表征具有高度交互性的媒体,及其对人类社会产生的深刻影响。④ 如今,以互联网为载体的新媒体,如网络电视、网络广播等,已为人们所广泛接受,成为时代的主流。受其影响,越来越多政务部门开始利用新媒体开展网上政务服务,由此形成了政务新媒体这个概念。

所谓政务新媒体,按照国务院办公厅给出的"官方定义",就是指各级行政机关、承担行政职能的事业单位及其内设机构在微博、微信等第三方平台上开设的政务账号或应用,以及自行开发建设的移动客户端等。它是党和政府联系群众、服务群众、凝聚群众的重要渠道,是加快转变政府职能、建设服务型政府的重要手段,是引导网上舆论、构建和谐网络空间的重要阵地,是探索社会治理新模式、提高社会治理能力的重要途径。⑤ 推进政务新媒体的应用是进一步推动政务公开、优化政务服务的需要。以政务新媒体矩阵建设为"抓手",将分散、孤立的各种政务新媒体,整合为可同步推送信息,交互性更好,办事服务功能更强的"矩阵"是其主要发展趋势。

---

① Useit知识库.腾讯研究院《2015微信政务民生白皮书》[EB/OL].(2015-12-15)[2021-08-13].https://www.useit.com.cn/thread-10914-1-1.html.

② 腾讯云社区.微信官方整理出的一些"微信电子证件"[EB/OL].(2018-03-09)[2021-08-13].https://cloud.tencent.com/developer/article/1077966.

③ 广州市将三种新媒体纳入社会文化管理[J].党建,1996,(1):13.

④ 张哲.新媒体时代[J].中国电子与网络出版,1997,(4):8-11.

⑤ 国务院办公厅关于推进政务新媒体健康有序发展的意见(国办发〔2018〕123号)[EB/OL].(2018-12-27)[2021-08-13].http://www.gov.cn/zhengce/content/2018-12/27/content_5352666.htm.

（三）移动政务与电子政务

移动政务是无线通信技术与传统电子政务相结合的产物。但移动政务不是简单地将电子政务的内容转移到移动客户端上，而是要顺应新媒体时代的潮流，通过进一步优化传统电子政务流程的前区，"倒逼"电子政务流程后区的优化乃至再造，而实现对传统电子政务流程的全面优化，使之以更便捷、精准的方式服务于社会公众。

早期的电子政务主要是利用固定、有线的信息网络来传输数据、提供电子化公共服务的。这样的电子政务有一个不便之处，就是政务工作人员与政务服务对象都要依赖有线互联网与台式计算机来接入政务系统。一旦离开办公区域，政务工作人员就容易失去对服务内容的控制，从而影响管理与服务的反应速度与效果。这一缺点在处理公共危机事件时体现得更为明显。

在移动政务的工作场景中，工作人员可以随身携带移动设备，随时接入城市移动通信网络开展相关工作。其作用与意义，不仅在于能够方便工作人员随时随地处理政务数据与业务，更重要的是可以将更多实时的政务动态信息传输给政务管理平台，从而提高管理决策的及时性与精准性。例如，利用移动政务管理平台，可以实时监控安装了 GPS 定位系统的公务用车。一旦车行轨迹偏离了预定线路，或超出了预定里程，系统立刻可以提示监控人员了解情况，按章处置。又如，巡查社区的网格员，可以利用手机终端将现场问题，以图像、语音等方式实时反馈给网格管理平台。这不仅可以提高后台管理人员决策判断的速度与准确性，更可以为"向一线授权"等理念的充分实现提供有效地支撑。因此，移动政务作为电子政务发展的新形态、新阶段，将深刻地改变政务管理与服务的面貌，推动"互联网＋政务服务"理念的深入发展。

二、移动政务的主要模式

移动政务主要包括了内部管理与对外服务两个方面的内容。它有五种主要应用模式，分别为 mG2G 模式、mG2E 模式、mG2B 模式、mG2C 模式及 mG2V 模式。

（一）mG2G 模式

政府部门之间的移动政务，简称 mG2G(mG to G)。这主要指各地方政府之间、各级政务部门之间，及其内设机构之间利用无线网络技术与移动终端，实现内部管理数据推送和业务信息处理的移动政务。绝大多数政府工作人员需要在固定的办公区域上班，因此 mG2G 模式主要应用比较特殊的场景。例如，上文曾提及的网格员巡视社区、公务用车使用监控等。

mG2G 在执行层、管理层与决策层各有其应用的侧重领域。对于执行层来说，主要应用于执行外勤业务。执勤人员可以利用移动政务客户端采集现场数据，实时发送回政务数据平台，或存储好数据，等回到办公室再利用固定网络上传。对于管理层来说，主要是利用移动政务平台向执行层传递数据信息,支撑与协调一线工作。对于决策层来说,主要是利用移动政务平台随时了解总体状况、掌握实时统计数据,在外出时也可及时接收、签发文件,布置工作任务等。

政府部门之间的移动政务服务重点是:第一,提升政务信息资源共建共享的效率,不断优化与改进电子政务流程,促进政务流程之间的无缝连接,提高管理效能;第二,促进政府职能转变,充分利用移动政务精简与优化行政审批流程,为社会提供优质高效的管理与服务,提升政府部门整体形象;第三,以最低的代价,实现部门之间的相互监督与权力制衡。

(二) mG2E 模式

政府部门与内部工作人员之间的移动政务,简称 mG2E(mG to E)。这主要是指政务部门内部工作人员利用无线通信技术实现网上办公的移动政务。与 mG2G 模式相比,mG2E 主要是向内部工作人员提供与个人相关的管理与服务事项,非涉密的管理类业务。其内容可以包括个人综合信息查询,电子邮件收发,内部管控文件查询与浏览,工作日程安排,工作任务提醒,在线学习与继续教育等。利用移动政务办公平台,还可以有效加强政务部门内部工作人员之间的合作和交流。随着小程序应用的普及,mG2E 工作不仅可以利用专门的政务 APP 来开展,也可以利用微信、支付宝等商业平台嵌入的小程序工作流来实施。例如,2020 年初使用频率比较高的个人健康信息申报,"每日健康打卡"等功能。

政府对内部工作人员的移动政务服务重点是:第一,提高内部管理与服务效能,支撑一线工作的展开;第二,实行全流程监控,不断优化与改进工作质量,提高岗位工作绩效;第三,加强业务能力培养,提高个人素养,促进团队建设。

(三) mG2B 模式

政府部门与企业之间的移动政务,简称 mG2B(mG to B)。这是指政府和企业之间利用移动通信技术实现政企互动的移动政务。企业是国民经济发展的基本经济细胞,促进企业发展,提高企业的市场适应能力和国际竞争力是各级政务部门共同的责任。利用 mG2B 可以进一步降低企业在与政务部门打交道时的运营成本,也可节约政府在提供公共管理和服务时产生的支出成本,为打造节约型、服务型政府做出贡献。mC2B 模式主要应用于电子证照办理、电子采购与招标、电子税务、公共信息咨询服务、中小企业电子服务等领域。

政府对企业的移动政务服务重点是:第一,为企业创建良好的社会环境,提供简便、低成本的管理服务,如开放公共数据等;第二,为企业的发展搭建相互交流与合法获取公共资源的平台,如建立电子交易平台等;第三,在法治框架下,对企业进行有效的监管,减少负面效应,如环境污染监控等。

(四) mG2C 模式

政府部门与公众之间的移动政务,简称 mG2C(mG to C)。这是指政务部门利用移动通信技术为公众提供"全方位、全天候、全流程"服务的移动政务。mG2C 的应用面比较广泛，主要的应用包括教育培训服务、就业服务、电子医疗服务、社会保障网络服务、电子税务服务、公共治理信息服务、公共管理信息服务等。当前建设的要点是以智慧城市建设为抓手，积极促进网上社区服务项目与网上个人政务服务事项进入移动政务平台。

政府对公众的移动政务服务重点是：第一，"全方位"的政务公开，政务部门要通过信息网络把各职能部门所负责的全部公共服务的事项内容、办事程序等向全体民众公布，使广大人民能够及时地全面地了解服务内容。第二，"全天候"的政务服务，政务部门要建立"一站式""一网式""一体化"政务服务平台，为公民提供 7×24 小时服务。第三，"全流程"的监管，公民在享受移动政务服务的同时，也可以及时对服务内容、效果等进行评价和监督，加强社会对政府的监督力度。

（五）mG2V 模式

政府部门与境外组织和人员之间的移动政务，简称 mG2V(mG to V)。这是指涉外政务部门利用移动通信技术为国外组织和人员提供的移动政务服务。政府具有对外职能。随着"一带一路"倡议的深入实施，国际组织与国外人士来华或有意向来华的越来越多，国内人员外出留校、访问、旅游与经商的数量也在激增。这就需要我们更加重视 mG2V 的建设。

政府对境外组织和人员的移动政务服务，一方面要向国外政府、公众提供有关我国各领域的宣传信息，对有意向投资本国的国外企业、公民所进行政策、法规、金融等环境方面的介绍，对国外游客进行的旅行目的的文化资源介绍以及签证、货币兑换等法律法规解释等。另一方面，还应具有移民管理、出入境服务等方面的事务处理功能。不局限于外交部、驻外使领馆的"两微一网一端"应用，我国的 mG2V 还应该能够对华侨、侨眷、华裔与华商提供相关的服务，形成系统化的涉外移动政务服务体系。

第三节
移动政务流程概要

一、移动政务流程的概念与特性

所谓移动政务流程（mobile government flow）是一个相对于传统政务流程而兴起的概念。随着移动互联网的兴起，它特指基于移动通信技术的政务管理与服务活动的集合。它以承载移动政务服务为主要特征，是一种全新形态的电子政务流程。如果说传统电子政务流程使政务流程的前区、后区连为一个整体，那么移动政务流程可以进一步优化流程的前区与后区，使得政务流程更加灵活、富有弹性而更具穿透力。

移动政务流程是一种"端到端"的服务流程。所谓"端"就是指政务服务外部的输入或输出点。这些外部的输出或输入点包括社会公众、公司企业以及相关政务部门等流程的相关方。随着移动客户终端的普及,政务服务的直接对象不再需要使用固定节点的计算机来连接政务服务。只要拿起身边的移动客户端,打开相应的软件进行"扫码"或"调用小程序",政务服务接受方就可以接入政务服务流程。支撑移动政务流程的各种软件(程序)应与第三方软件之间有较好的兼容性,这就可以使政务服务资源与社会资源之间有一个较理想的接口,而有利于政务部门充分利用社会资源来开展公共服务,提升政务服务的质量与水平。由此,移动政务流程可以进一步优化政务服务的前区。

移动政务流程可以增强传统政务流程的弹性与灵活性。作为政务流程,它必须以特定的制度为基础,符合法律法规与技术规范的要求。但这就使得流程具有较强的刚性,而导致应变能力不足。例如,在应对突发事件时,需要及时了解公众的意见与态度,采集相关的数据,利用传统政务流程来处理其效率会比较低,传统电子政务流程虽然较好地实现了流程的自动化,但受制于系统平台的技术规范等因素,难以根据实际需要迅速组建新的电子化业务流程。随着移动硬件和软件技术的成熟,小程序、电子表单等新型移动政务技术可迅速开发出相应的程序包,再利用"两微一网一端"等来发布这些程序包,就能将相应的移动政务流程投入应用,从而实现快速、精准采集数据的需求。这既维系了既有政务流程的规范性,又使其具有了更好的弹性与灵活性。

二、移动政务流程的发展类型

移动政务从提出至今大约有30余年的历史,主要经历了离线式移动政务、有线式移动政务和无线式移动政务三个阶段。[①] 相应的移动政务流程也形成了三种类型。

(一)离线式移动政务流程

早在20世纪90年代,随着笔记本电脑技术、掌上电脑等家用式PDA(personal digital assistant)应用日臻成熟,一些工业级PDA应用,如条形码扫描器、RFID读写器、POS机等,也进入了日常办公和管理领域。这就产生了两个方面的影响:一是个体的办公能力得到了极大的提升,二是产生了大量的数据需要专业人士来处理。为了提高工作效率,避免专业人员将时间浪费在往返于家庭与办公室之间,越来越多人认可了移动办公与SOHO办公(small office home office)等概念。但受制于通信技术水平有限与普及度不高等问题,人们仍需要在固定的办公场所里才能接入办公网络。因此,所谓离线式移动政务流程,实质是一种基于局域网的办公自动化模式。在这种模式中,专业技术人员可以离开固定的办公室,自行选择合适的地方,利用笔记本电脑等设备,进行数据与信息处理等工作。但他们还需要回到办公室,利用办公局域网提交数据处理的结果,并接受新的任务。因此,离线式

---

① 黄富玉,翟云.移动政务[M].北京:中国铁道出版社,2017:3.

移动政务流程核心内容是"定期连接"与"同步"。即根据日程安排,定期回到办公场所,利用邮件同步、日程同步等技术进行信息交换、存储与备份等工作。

由于政务部门在考勤等方面有着比较严格的要求,除非是外勤人员,普通行政办公人员并不适合采用这种流程来处理日常业务。因此,离线式移动政务流程利用率不高。但作为一种重要数据交换的方式,离线式移动政务流程的安全性能相对较好,故仍在政务管理领域的某些特殊场景中应用。例如,涉密数据的交换、存储与利用等。由于电子政务系统存有大量敏感数据,在政务内网进行数据交换、备份等操作时,需要利用离线式移动政务流程来承载特定的操作规程。

(二)有线式移动政务流程

随着虚拟专用网络(virtual private network,VPN)和无线网络技术的出现,有线式移动政务流程逐渐普及。所谓有线式移动政务流程,主要指政务工作人员可以利用政务虚拟专用网络(VPN)以及行动热点(Wi-Fi),在相对安全的网络环境下,远程接入电子政务系统,实施远程办公。有线式移动政务流程最重要的一项功能,就是将物理上分散的各级各类政务部门的网络数据库,用政务 VPN 从"逻辑"上连接起来而实现了"虚拟集中"。这尤其适合管理层级比较多、办公地理位置比较分散的国家和地区。因此,有线式移动政务流程的核心内容是"远程连接"与"虚拟集中"。

应用有线式移动政务流程,可以使电子政务向最偏远的山区、海疆延伸,形成覆盖全境的国家电子政务网络体系。但它主要应用于地区与部门之间的政务数据传递,能够承载的服务事项有限,面向社会公众的有线式移动政务流程以政务信息服务为主要内容。广义上的有线式移动政务流程还包括了政务固定电话热线,如 12345 政府服务热线等。

(三)无线式移动政务流程

在我国,广义的无线式移动政务服务出现时间比较早。手机短信(short message service,SMS)服务就是其中一种。它是伴随数字移动通信系统的发展而产生的一种电信业务。它通过移动通信系统的信令信道和信令网,传递一定容量的文字或数字短信息,从而形成了某种信息服务模式。这是一种非实时的、非语音的、可"一对多"的数据通信业务。基于手机短信的移动政务,主要功能就是发送手机短消息,属于政务信息服务的范畴。其稳定性较好,操作门槛不高,用户黏性强,至今仍是一种重要的移动政务流程应用方式。

随着无线网络技术的高速发展,尤其是移动互联网的成熟,新一代移动通信技术使无线式移动政务流程迅速发展起来。伴随着移动终端的大众化与移动商务的冲击,2014 年以来,移动政务服务的发展越来越快,形式越来越多样化。5G 时代,无线式移动政务流程的核心内容越来越明确——"服务",即面向社会公众提供基于客户终端的政务服务项目。当前,无线式移动政务流程正从以承载信息服务为主向以承载服务事项为主转变,从作为有线式政务服务的附设功能向网上政务服务的主要应用模式转变。

三、实施移动政务流程的前提条件

移动政务流程离不开电子政务流程的支撑。但它又是以新一代信息技术为基础，而超越了传统电子政务流程。例如，2020年初，我国中部某省会城市的官方慈善组织曾动员了数十名工作人员来清点库存物资。他们主要采用手工清点＋excel统计的方式，结果数日都未能完成任务。而一支仅十余人，但配备了各种移动信息化设备的专业队伍，仅用了2个多小时就完成上述工作。可见，移动信息化流程具有非常高的效率。全面实施移动政务流程，必将引起政务管理的一场新变革。但是，移动政务流程的成功不是一蹴而就的。引入移动政务流程必须满足一些特定的条件。

第一，移动政务流程所支撑的政务服务，应是已经具备了比较规范的网上办理流程的项目。第二，移动政务流程所支撑的政务服务，最好是能够规模化、集约化应用的项目。第三，移动政务流程所支撑的政务服务，应当是实现了数据共享的项目。我们知道，无论是政务APP、小程序还是电子表单，它们直接的优化对象集中于政务流程的前区，其本质上是一个"数据共享"流程。这些程序本身的规模不大，所携带的数据总量仍是有限的。因此，它们只能"带着数据跑，而不能代替数据跑"。以"证照分离"业务为例。基于小程序的微信政务流程，实质是基于数据共享的。"小程序"所扮演的真正角色，实质是帮助用户快速找到服务入口。在此基础上，它再从共享的政务数据中抓取一些信息，供行政审批相对人了解办理进度与办理结果等信息。而大量的行政审批环节，仍位于政务流程的后区。在这里，大部分业务还是使用普通电子政务流程来进行的。因此，只有针对具有较规范办事流程的审批业务，即对规范、合理的电子政务流程实施移动政务流程改造，才能取得其应有的效果。否则，所谓的移动政务服务只会给服务对象增加更多困扰。

近年来，"表格治理"这一常为人们所诟病的管理弊病，正在向微信等软件转移，小程序、电子表单应用有泛滥的趋势。究其原因，很大程度上就是因为这些政务流程仍存在断裂问题。人们不清楚这个业务所涉及的数据，到底有多少是可以从已建成的政务数据库中调取的，更不清楚采集回来的数据还可以利用在哪些领域，汇总后的数据可以推送到哪些政务数据库来进一步综合使用。由此，一方面，上级部门不断地要求下级部门提供统计数据，供决策使用；另一方面，基层部门不得不反复编制与填写内容雷同的表格，而形成了一个又一个碎片化的、微颗粒的"移动数据孤岛"。因此，移动政务流程需要运行在一个开放的环境中，一个政府、市场、企业与公众能够畅通交流的信息化环境中。政务信息公开、政务数据开放与共享是实施移动政务流程的根本基础。

第四节
移动政务流程的应用形式

无线式移动政务流程具有高度的弹性与灵活性,可以在不彻底改变既有政务流程的情况下,延伸电子政务的服务功能。在实践中,逐渐形成了基于移动政务门户网站的政务信息资源推送、基于移动客户端的用户身份认证、基于二维码的电子表格与单证管理、基于电子表单的业务数据处理、基于"App+小程序"的移动政务服务等应用形式。

一、基于移动政务门户网站的政务信息资源推送

所谓移动政务门户网站,可以理解为是一种基于无线应用协议(wireless application protocol,WAP),以移动电话(手机)用户为直接服务对象的政务网站系统。从其提供的服务内容来看,它实质是普通政务门户网站的"掌上应用版"。以"深圳政府在线"移动门户为例。"掌上应用版(手机版)"提供了与台式电脑版一致的栏目、功能和服务,包括首页、政务公开、政务服务、政民互动、走进深圳等频道。[①] 从移动政务门户网站的应用形式来看,它综合了移动通信技术与互联网的优势和特点,并与WAP、短信等移动通信方式实现了无缝连接,而将有线互联网站延伸到无线终端,实现了政务信息的"无线发布、掌上浏览"。

基于移动政务门户网站的政务信息资源推送,不同于传统的政务信息发布。传统的政务信息发布是单向度的,它有两点不足:一是无法做到将信息同步推送到多个应用端,二是无法做到受众细分,因此,它的宣传与服务的效果比较有限。而基于移动政务门户网站的政务信息资源推送流程,以移动政务门户网站为枢纽,可向"两微一端"等多个移动终端同步推送政务信息,在最大限度上实现了政务信息资源的多渠道投放。同时,它还可以根据用户的实际需求,开展"精准推送"式个性化服务。推送的内容不仅包括常规的政务信息与数据,如重大时政新闻、政策法规等内容,也可以包括特色的公共服务信息,如气象交通、教育培训、就业指导等,更可以包括网上行政审批事项的办理信息。

以行政审批项目进度查询业务为例。从政务服务的视角来看,查询流程的实现方式通常有两种。一种是主动式查询服务,即由政务部门通过手机短信等方式,将受理情况、办理进度、办理结果等信息告知申请人。一种是被动式查询服务,即由政务部门将相关信息,归并到某一界面(页面)中,供申请人自行登录系统来查询。在实践中,这两种类型的查询服务经常被同时使用。它们可以从政务流程的后区调取相关数据,从不同渠道推送给申请人,在一定程度上提高了电子政务流程的输出效率。随着"互联网+政务服务"的发展,可

---

① 深圳政府在线移动门户. 关于我们[EB/OL].(2019-09-26)[2021-08-13]. http://www.sz.gov.cn/cn/fzgn/gywm/index.html.

在网上进行的政务服务事项越来越多,移动政务门户将更加突出"服务事项"的应用,向着"精准推送""个性化服务"的方向发展。

二、基于移动客户端的用户身份认证

身份认证是各种网络应用的基本功能。政务服务用户身份认证通常有两种方式。一是匿名注册制,即由用户自行录入个人基础信息,系统根据用户录入的数据提供相应的登录账户及相关服务。但这种方式不能保证用户提供的是全面而真实的信息。二是实名注册制,即用户录入部分个人信息后,由系统自动与基础信息库数据比对,满足条件后,系统才提供相应的登录账户。随着人口基础信息库、法人单位基础信息库等国家基础数据库相继投入使用,实名制注册已成为电子政务系统身份认证的主要方式。

移动客户端是能够实现身份认证操作的一个重要基础,就是移动政务流程可与移动通信服务的实名制管理制度与技术对接。从技术层面上来说,移动电话号码是具有排他性的。其用户识别卡(subscriber identity module,SIM)号,可与用户身份证号码实现一一对应。根据《电话用户真实身份信息登记规定》(中华人民共和国工业和信息化部令第25号),我国于2013年开始实行"电话用户入网,需提供真实身份信息"制度。这样,凡是加载了SIM卡的移动客户终端在进行政务服务用户身份认证时,移动政务流程就可通过SIM卡的管理机制,调取移动通信服务商的管理数据,从而提升注册信息的真实性、可靠性,并可利用移动通信设备与服务商提供的安全保障机制,进一步提高用户数据的安全性。

三、基于二维码的电子表格与单证管理

所谓电子表格与单证,主要指传统表格、票据与证件等政务审批事项中所涉及的文本资料的电子版。用户登录相关的政务服务网站后,可以上传或下载这些电子版文档。提供上传、下载服务是政务网站的基本功能之一。随着信息技术发展,在移动政务流程中加载条形码,可实现电子表格、单证的管理业务等与传统电子政务流程的有效对接。

所谓条形码(barcode),就是将宽度不等的多个黑条和空白,按照一定的编码规则排列,用来表达一组信息的图形标识符。一个标准的物品(商品)条形码,可以加载出产国、制造厂商、物品名称、生产日期、型号、规格等多种类型的信息。条形码技术的构想诞生于20世纪40年代,但直到30多年后激光技术与计算机技术成熟,条形码才被广泛应用。

条形码技术在日常办公管理中的一般应用模式,可分为条形码生成与条形码应用等基本环节。所谓条形码生成就是首先按照统一的编码标准,如《商品条码 零售商品编码与条码表示 GB 12904—2008》等,为物品(商品)编制一套完整的代码。这个环节的工作,通常由物品的生成或供应商,在生产和流通环节完成。当一个物品进入到某单位后,工作人员会根据本单位的编码管理规则,为其加载相应的应用信息,如采购价格、保修规则、入库时间、使用单位、使用地点、使用人、保管人等。

加载了应用信息的条形码,结合自动识别技术,可以大幅提高各种物品,包括硬件设施设备、纸质文书文档等的日常使用和维护等工作的效率。条形码技术的管理应用可通过专用的条形码软件(管理信息系统)、条形码扫描器(读码器)与条形码打印机等设备的配合来实现。例如,一份纸质合同可能需要历经采购单位、资产管理、财务审计等多个部门工作人员的审核。编制合同的工作人员可以利用相应的条形码软件为这份合同添加管理标识条形码,并打印出来贴在合同书指定的位置。当这份合同进入任一工作环节时,其岗位负责人就可以使用读码器来扫描(读取)二维码,这样可以迅速从管理信息系统中调出相应的管理信息,了解其办理进度,添加本岗位对之进行处理的信息等。由此,可节省大量的信息查询时间。这不仅提高了各岗位的工作效率,为岗位操作流程加速,更有利于规范跨岗位、跨部门的流程管理。与政务服务用户身份认证流程相比,条形码技术在政务服务中的应用,实际上为物品(含纸质文档)的认证提供了技术支持。加载了条形码的各种政务表格、票据与证件,实质是记录了它们在政务流程中被各环节操作的相关信息。由此,既可以提示下一环节还需要进行哪些操作,更可以保证信息的准确性,从而提升流程的稳定性、可靠性与规范性。

近年来,我国在政务服务中不断推进与完善政务服务的二维条形码(2-dimensional bar code,简称"二维码")技术的应用。所谓二维码,也是一种条形码。它是一种利用某种特定的几何图形,按一定规律在平面(二维方向上)分布的、黑白相间的、记录数据符号信息的图形。与一维条形码相比,二维码是由多行组成的条形码,它不需要连接一个数据库,本身就可存储大量数据,结合手机二维码被读应用,可使得政务流程更加便捷,受到用户广泛认可。以国家税务总局"发票助手软件"为例。2017年,国家税务总局发布了《关于采用二维码便捷纳税人开具增值税发票有关事项的通知》《便捷开票二维码应用规范》等部门规章与技术规范。规定可利用"发票助手软件"为纳税人开具增值税发票,提供加载二维码服务。通过生成税票二维码,发票开具方不仅可快速获取发票抬头信息,节省开票时间,也实现了税票防伪的管理需求。

四、基于电子表单的业务数据处理

电子表单,亦称智能文档。这是一种针对结构化数据和非结构化文档之间信息处理问题,而形成的一种新型技术方案。我们知道传统的电子文档,如 excel 电子表格,尽管可以包括数值、函数式、文本等基础信息,但这些信息通常是静态的,难以做到动态实时更新。这表现在两个方面,一是,"跨岗位、跨部门"表格之间的数据难以实现交换;二是随着业务流程的推进,难以及时将相关数据补充到文档内。究其原因,就是一线工作人员在桌面办公中所使用的电子表格,与系统后台数据库之间往往是断裂的。人们曾力图通过开发管理信息系统(MIS)来解决这一问题。但是,基于传统信息技术研发的 MIS,尽管可与信息网络连接起来,解决了数据推送的效率问题,但是对于动态数据采集,尤其是一线工作中面临的弹性任务时,支撑力度仍显不足。例如,在突发事件处置中,需要及时汇总口罩、防护服等物资需求数据时,既有的 MIS 没有预先设定这些数据的条目,而基于 excel 等电子表格又无法实施动态统计,这就使得部分工作环节仍需手工操作来完成,导致工作效率低下等问题。

电子表单技术的出现与成熟,为解决上述问题逐渐形成了一种新的思路与办法。以我们常用的问卷星软件为例。随着电子表单技术的成熟,这款软件不仅可以发布问卷、组织在线考试,甚至可以在线支持普通会议的管理与服务流程。利用该软件提供的报名表单系统,可实现报名表单、年会邀请、意见反馈、需求征集、线上预约、会议签到等主要环节的一体管理。[①] 新型的电子表单技术,不仅保留了传统纸质文档的某些特性,如格式化外观等,还嵌入了数据库逻辑连接功能,如数据验证和路由指令等。这就可以使电子表单能够与后台数据库进行数据交换,使用户的信息、流程与业务模式最大限度的融合起来,从而大幅提高了业务管理效能。

在移动政务服务流程中使用电子表单,较常见的应用形式有在线预约、信息报送等。这实质是让电子表单成为政务流程前区的服务内容的载体,并让它成为访问政务信息系统的入口,通过它来激活电子政务流程,从而将位于政务流程后区的,分散于各环节、不同职能部门间异构的业务流程整合起来。例如,在公安户政业务中使用在线预约功能,让公众清楚"何时、何地、如何办理业务",一方面可以一次性告知公众需要带齐哪些资料,并减少公众排队等待时间,另一方面也激活了该事项的全流程,使审核、制证、归档等业务环节自动做好准备。目前,常用电子表单是基于 XML 应用技术开发的。国家标准《XML 在电子政务中的应用指南 GB/Z 19669—2005》对这一技术应用的方式方法进行了较详细的描述。

五、基于"App+小程序"的移动政务服务

所谓 APP(Application)主要指面向移动终端的软件,即移动客户端。广义的移动终端软件,结合工业用手持移动设备(cellphone device),早已广泛应用于地质勘探、仓储物流等科研、生产与交通运输领域。狭义的移动终端软件,主要指近年来兴起的可供智能手机、平板电脑等"掌上"设备使用的应用程序。

政务 APP 是指以提供政务服务为主要内容的移动客户端或应用程序。常见政务 APP 可以分为专业型和通用型两大类。所谓专业型政务 APP,就是服务于特定群体、特定行业领域事项的移动客户端应用程序。例如,2019 年 8 月上线的"粤商通"。这是一款面向公司企业,为企业提供跨部门商事服务,覆盖企业开办到注销全过程的"涉企服务"政务软件。所谓通用型政务 APP,主要指基于政务服务网一体化平台,面向公司企业、社会组织与个人提供综合服务的移动客户端应用程序。例如,浙江省的"浙里办"、安徽省的"皖事通"等。相对于移动政务门户网站来说,政务 APP 可集成的功能较多,尤其是易于集成政务服务事项。它对小程序等应用的兼容性好,运行较为稳定,通过移动政务流程与传统电子政务流程对接,还可实现"线上/线下"服务的无缝连接。因而,政务 APP 的发展速度非常快,有取代移动政务门户网站的趋势。但政务 APP 开发成本比较高,开发定型后维护、升级的成本

---

① 问卷星.报名表单系统[EB/OL]. https://www.wjx.cn/app/form.aspx.2021-08-13.

也不低。基于政务APP的移动政务流程弹性有限。近年来,随着"小程序应用"的成熟,基于政务APP的移动政务流程得到了进一步的优化。

所谓"小程序"就是指开发规模不大的程序包。以微信小程序(mini program)为例。这是一种不需要下载安装即可使用的应用软件。微信小程序可加载在微信APP中使用。当用户想使用特定功能的小程序时,如支付地铁、公交车票,只需在微信中调用相应的程序,而无须安装软件包。自微信在2015年推出小程序以来,几经升级改版,如今,它已与许多公共事业、政务服务领域实现了数据共享与流程对接。随着支付宝等软件也开始重视小程序的开发与应用,基于"App+小程序"的应用模式正在以前所未有的速度覆盖政务服务的各领域。

"App+小程序"是一种"共融共生"模式。对于政务App来说可以借助微信的社交用户优势、支付宝的商圈用户优势、抖音的娱乐圈用户优势等,将APP里的政务服务以小程序的形式在各种社交、商务与娱乐应用的客户端里传播。对于社交、商务与娱乐应用APP软件来说,也可以小程序为桥梁,借助政务APP的资源优势,吸引更多用户并保持用户的黏性。以微信小程序为例。从技术上来说,这是一种基于微信APP的技术组件。它为开发者提供了一系列基础组件,开发者可以利用"微信web"进行二次开发,并与开发者已有的App后台数据连通。从开发者的角度来说,小程序架构简单,比APP更易开发,还能够满足简单的基础应用。开发周期短、成本低,可满足低频使用的需求。从应用者的角度来说,小程序体现了"用完即走"的理念,具有无须安装,不占用桌面资源等优势。

从软件开发的视角看,基于"App+小程序"移动政务服务流程,将会彻底颠覆传统的流程管理模式。如果说,电子化流程以并发流程的方式,彻底改变了手工操作条件下形成的串联式流程,那么基于"App+小程序"的移动服务流程,将进一步优化电子政务流程。以纸质资料形成与传递为例,回顾手工操作模式。当我们以一张纸质表格为载体,表格以规定格式的方式,完成了数据采集、责任人确认(负责人签名)等任务。因此,对于规模不大、复杂性不高的业务,手工操作的优势就是在流程的前区,申请人可以一次性完成全部任务,而它的劣势在于前、后区之间是断裂的。这样,流程的后区需要将前区的工作任务重新整理一遍才能存档,且资料入库后被检索利用的效率偏低,造成了一定的资源浪费。

以普通客户在传统银行储蓄所窗口办理存取款业务为例。在不用排队的情况下,从客户填写纸质存取单,到工作人员在存折等单据上记录办理信息,至办完全部手续,发生在流程前区的业务所耗的平均时间在3分钟左右。也就是说,对于客户来说,3分钟以内可以办完基本手续。但对储蓄所来说,流程后区还将进行单据复核、资料存档等工作,所耗工作时间不会少于前区,因此,有必要引入电子化流程,减少后区工作量。

该业务采用电子化模式后,客户在窗口办理相关手续时,储蓄所的前区工作人员可以直接向流程输入基础数据,且可以打印出各种规范的单据,这样就可以大幅度减少后区的工作量,但这会使客户等待时间变长。一些银行为提升服务质量,曾试图推行窗口(对私)业务办理时间不超过3分钟的办法,但多数未能坚持下去。究其原因,一个重要因素就是因为采用了电子化业务处理模式,就要求为后区流程采集与推送实时数据。在流程前区完成全部数据输入,且核对清楚,同步发送到系统后台比对、存储,再返回前区、输出结果,所耗费的时间是难以进一步压缩的。对此,银行若希望进一步减低成本,压缩前区服务事项数量与服务耗时,一个行之有效的办法就是推行网上金融服务,通过规范化的移动金融服务流程,广泛利用金融类APP来引导客户自主使用自助服务项目,从而为实体的营业厅减轻工作压力。由此,银行还可以将流程重心放置在后区,将服务重心放在增殖业务上。

对于政务管理与服务来说,存在着与银行前台管理相类似的问题。因而,可采用同样的解决思路与办法——通过推行网上自助办理来为流程前区减少工作量。行政申请人登录移动政务门户网站(行政审批系统)后,就可在线填写电子表单,并上传加载二维码的电子版证明材料,同时还可实时查询办事进度,直至获得相应的电子版审批结果。这不仅可以减少政务前区的工作压力、规范流程后区的办事程序,在"App+小程序"的支持下,更可以让政务服务对象足不出户的接入移动政务流程,享受快捷、便利的网上政务服务。可以说随着"App+小程序"移动政务服务流程的大规模应用,必将全方位地推动传统的"岗位流程、跨岗位流程、跨部门流程"向"跨职能、跨区域、跨平台"的移动政务流程发展。

第五节
研习报告示例:车辆购置税移动征收服务流程设计

本章以车辆购置税移动征管为例,针对其传统在线服务流程存在的问题,提出应用移动政务流程优化纳税服务的设计要点。

一、研习对象:车辆购置税传统在线服务流程

在我国,由于电子政务建设起步较晚,2003年之前主要以政务内网建设为主。因此,车辆购置税征管机构的信息化应用呈现出"重内网建设,轻外网服务"的格局。在此基调下,车辆购置税提供了较为有限的在线服务,即主要表现为静态信息上网较多、以向纳税人提供单向的信息服务为主要形式,纳税人可以上网查询各种政策法规、了解办事流程、下载相关的表格,而在线交互式服务内容较少,部分车辆购置税在线征管平台提供了网上接收电子表格及佐证材料在线上传的功能。由此,构成了所谓车辆购置税传统在线服务流程。

但总的来说,这种形式的纳税服务其流程"前区"位于政务外网,而"后区"位于政务内网,二者是相对分立的。因此,可在线办理的"前置"环节较少。一些核心环节仍需要手工协助处理,难以全面应用数据自动比对分析等功能,而无法真正实现全流程电子化在线服务。可以说,这是一种在组织结构与业务流程在没有做较大改动、部门之间有限数据交换的条件下,单个部门依靠信息技术支持,而使得传统政务服务效率达到了"顶峰"的,以表格下载和数据录入为主要形式的"内/外网割裂式"征管服务。

(一)纳税人通过政务外网传报资料

一般来说,面向纳税人的车辆购置税传统在线服务流程主要包括以下几个环节。

一是纳税人登录税务局门户网站(政务外网),注册后登录车辆购置税在线办税平台,了解办税的相关要求。

二是下载并填写相关电子表格。纳税人需要下载并如实填写《车辆购置税纳税申报表》。需要指出的是,这种电子表格其实是尚未加载条形码技术的传统电子表格。

三是在线上传相关资料。纳税人将身份证明、车辆合格证明、机动车销售统一发票等资料的原件,以规定格式的电子图片形式上传到系统。

四是预约办税时间。资料填写并上传完毕后,纳税人可在系统上预约办税时间。

五是现场办税。纳税人携带各种证明材料原件,按预约时间前往规定地点提交审核。打印并签名的申报表、机动车销售统一发票和车辆合格证等资料的复印件,由主管税务机关留存,原件经审核后退还纳税人。

(二)征管部门在政务内网中审核资料

纳税人通过政务外网提交的审核资料,需要转移到政务内网来执行审核工作。上述工作,通常被分解为政务后台和前台两个岗位。其中,政务前台审核岗以线下直接面向纳税人为主要工作形式,又可分为纸质材料审核窗口和发证窗口。

一是后台审核岗在线审核相关资料。根据预约号顺序,依据纳税人如实填写的《车辆购置税纳税申报表》及所需提供的资料,在政务内网进行资料审核。同时对车辆的实际情况进行审核,核查合格证的厂牌型号与车价库中信息是否相同,人工校验比对申报表中的校验代码、车架发动机号与合格证信息是否一致,若信息一致,则进行车辆种类判断,使用车价库中的厂牌型号确定计税价格。若不一致,需查明原因并修正后,才能进入下一环节。

二是前台审核岗线下审核纸质版材料。征管部门在办理如车购税完税证明丢失补办,新型车辆计税价格核定等业务时,需要通过前台审核岗和发证窗口进行纸质版材料审核。

三是开具《税收通用缴款书》。前台工作人员审核无误后,开具《税收通用缴款书》。纳税人持《税收通用缴款书》自行前往银行窗口缴款。

(三)征管部门在政务内网中建立和保管完税凭证档案

根据《国家税务总局关于加强车辆购置税档案管理有关问题的通知》(国税函〔2009〕757号)要求,车购税征管机构应按照"一证一档"的模式为完税凭证建档。其中,征税车辆档案应包含纳税人身份证明、车辆价格证明、车辆合格证明、车辆购置税纳税申报表和税收完税凭证留存联;免税车辆档案应包含纳税人身份证明、车辆价格证明、车辆合格证明、车购税纳税申报表、车购税免(减)税申请表和车辆免(减)税证明资料。因此,纳税服务大厅在发出完税凭证后,要及时将收取的纳税申报表、相关复印资料归并入凭证档案。相关电子信息发送到档案管理科室。在办理车购税转籍业务时,纳税人应补充车辆变动情况登记表、换发的完税证明副本和收回的完税证明正本、档案转移通知书等资料。

二、研习内容

随着新一代信息技术的兴起,科学利用"互联网＋税务"大数据平台,实现车购税征管的规范化、流程化和信息化,实现政务信息资源共建共享已是大势所趋。这也是提高征管效能、控制和降低税收风险的有效途径,是推进纳税服务自动化、智能化和移动化发展的必然趋势。

车购税移动服务平台是以电子税务局为依托,充分运用区块链技术,以基于二维码的电子合格证、电子发票和电子身份识别等应用为核心模块,设计了多个纳税人自我服务、征管机构自动处理数据的环节。基于移动征管平台,纳税人在线即可提交全部材料,征管系统可自动识别车辆型号、判断计税价格、核定征收额度,直至发送电子完税凭证、完成电子归档等。这大幅度降低了业务流程中的手工处理比重,实现了"用户动手指,数据来跑腿"的纳税服务目标。

(一)在线生成电子纳税申报表

1. 用户在线注册

纳税人登录电子税务局,利用电子身份识别系统完成注册,输入账户、密码即可登录移动征管平台客户端。

2. 导入申报数据

车购税移动服务平台可根据纳税人的实际情况,支持两种类型的申报数据提交方式,即直接读取申报数据和手工录入申报数据。

(1)平台读取申报数据

车购税移动服务平台,利用区块链技术,具有抓取电子合格证、电子发票等结构化数据的功能。纳税人可利用平台的传图识别功能,上传国家统一标准的机动车辆电子版合格证和电子发票。平台将通过读取二维码,来抓取电子合格证和发票中加载的相关数据,并将这些数据按照预置的数据格式导入征收管理系统中。系统获取数据后,可自动进入下一环节的操作。

这种操作方式,主要是通过系统的标准化接口,将生成于车购税移动服务平台外部的标准化数据直接导入系统中。它适合于车辆基础数据已经全面标准化、电子化,且比较熟悉移动平台操作的纳税人。

(2)自主录入申报数据

纳税人在 App 上在线填写纳税申报表,需要录入纳税人名称、纳税人证件名称、证件号码、联系电话、邮政编码、地址、车辆类别、生产企业名称、机动车销售统一发票(或有效凭证)、价格、厂牌型号、关税完税价格、发动机号码、关税、车辆识别代码(车架号码)、消费税、购置日期、免(减)税条件等基本数据。

这种操作方式自动化程度相对较低,主要是针对尚未标准化的数据。由于采用手工录入方式将数据录入系统中,纳税人还需要同步将发票、合格证等的扫描版同步上传。征管人员需要手动下载上述申报材料进行审核。如果申报材料不清晰,或者数据不规范,纳税人很有可能要到现场提交原件,才能进入下一环节的工作。

(二)在线审核

1.车辆基础数据比对判断

车辆基础数据比对判断,根据其标准化程度可为两大类型。

一是车辆基础数据未经标准化处理的在线审核工作。例如,现阶段摩托车和农用车的合格证电子化、标准化程度不高,征管系统无法对它们的基本信息进行自动比对。因此,系统将根据扫描版的车辆合格证信息,在车价信息库中提取该车型的最低计税价格,并经人工审核后,进入下一环节。

二是标准化数据的在线自动比对。对于基础数据已经标准化的车辆,系统可根据纳税人上传的合格证、发票信息自动判断其车辆类型,并通过合格证编号、车辆识别号与系统内预设的相关信息进行自动比对,判断上传数据是否符合规范。比对通过,系统可以直接调用车价信息库数据,并进入下一环节审核工作。如果数据不符合规范,则需要采用其他流程来处置。

需要指出的是,标准化数据的在线比对,并非在征管机构自主研发的数据平台中完成。其原因在于,无论是采集车辆的基础数据,还是保持数据的持续更新、保障数据的真实性和可靠性等,都是征管机构无法独立完成的任务。因此,车购税征管部门主要依靠由相关部门主管的电子发票、电子合格证等系统中共享的标准化数据,来完成信息自动比对的(见图 5.1)。其实,就更高层次的视角而言,车购税征管数据只是"涉车管理服务"链上的一个环节。车购税征管机构应当主动迎合"前置"环节的数据标准,进而主动将征管数据纳入政务数据链之中,这才能更好地提升纳税服务质量和水平。

2.自动计算应征税额

自动计算应征税额一般有两种情形。一是购车发票金额不低于征收保底计税价的,按购车发票价计征。二是购车发票金额低于征收保底计税价的,按征收保底计税价计征。

具体过程如下:一是通过前一环节基础数据比对的纳税申报车辆,系统确定车辆型号后,立即调用发票数据,对计税金额、纳税金额等进行计算。二是系统自动使用该车型的配

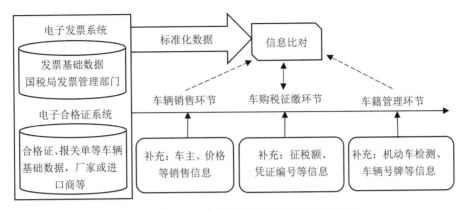

图 5.1 基于标准化数据的跨部门车辆信息比对

置序列号,在系统的车价信息库中匹配到该车型相应的最低计税价格作为征收保底计税价。三是如果该车型只有一个最低计税价格,系统会直接使用该最低计税价格作为征收保底计税价;如果是有两个或两个以上的情况,系统会提供人工选择功能,由人工进行选择操作;如果车价信息库没有该车型的最低计税价格,则需要进行手工车价信息备案,再进行申报。

3.自动生成《税收通用缴款书》

计算应征税额后,系统自动生成《税收通用缴款书》,并同步将应征信息传输到纳税人界面。由纳税人自主审核缴款书、应缴金额、备案银行及账户等信息。

(三)纳税人在线确认与缴款

纳税人核对《税收通用缴款书》无误后,即可在线确认,并选择已备案银行及账户,执行在线缴纳业务。银行收到所缴税款,立即反馈收款信息。

(四)纳税人自主打印完税证明

该环节操作可分两种情形。

一是全程在线办理。即对于车辆基础数据,包括车主、发票和合格证等,全部经过标准化处理的,可由纳税人在足额缴纳税款后,自主在线打印电子版完税证明。

二是部分环节需要线下处理,需要纳税人前往实体窗口办理确认手续。在这种情况下,系统收到银行收款反馈信息,即激活《纳税通知书》打印界面。纳税人需打印出《纳税通知书》并签名后,提交给办税服务窗口。窗口工作人员收到表格,确认税款已足额收取后,读取表格中二维码,并发送指令到 POS 机,再由纳税人前往 POS 机自行打印完税证明。

(五)自动归档

上述操作完成后,系统可对全部电子化业务数据进行自动归档。通过检索关键字段,实现同一车辆数字信息与图片信息的链接，形成电子档案，生成车辆（凭证）档案号。车购税后续业务将完全依托电子档案办理，不再调阅原件纸质档案。存储于移动服务平台外网服务器的业务数据，将在夜间自动传输至内网服务器，并及时完成归档、备份。

三、研习结果

基于移动政务服务平台的车购税征管流程，最显著的特点就是可以实现全流程电子化征管。它积极迎合大数据时代的移动化浪潮，以"最多跑一次"为目标，充分利用区块链技术来构建跨部门移动政务流程，从而不断优化纳税服务。

基于车购税移动服务平台，可以纳税人在线申请的方式，来激活电子化征管流程（见图5.2）。其主要过程包括以下环节：一是激活纳税人身份、车辆基础数据等自动比对流程，验证数据的真实性、可靠性等；二是激活自动计算征税额流程，并将应征税款等信息自动发送给银行收款机；三是激活完税凭证输出流程，自动生成完税凭证页面；四是自动激活跨部门信息共享流程，将完税凭证信息等发送到公安交通管理部门；五是自动激活电子归档流程，自动汇总车辆基础数据、应征税额和完税凭证、银行收款和缴款入库、车辆牌号（车籍管理）等信息。

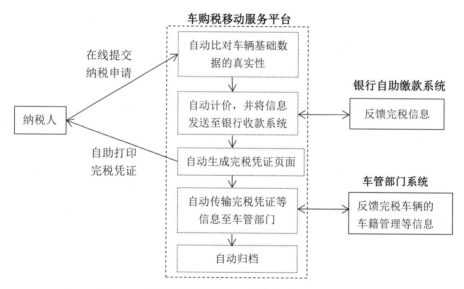

图 5.2 基于移动政务服务平台的车购税征管流程图

第五章习题

第六章

政务流程再造

研习目标

1. 了解政务流程再造的基础知识。
2. 熟悉政务流程再造的一般思路与方法。
3. 掌握政务流程再造的层次及其相互关系。

本章在梳理"再造"思想的发展脉络与流程再造一般方法的基础上,探讨了政府再造与电子政务流程再造的关系,按照政务的规范性将政务流程再造划分为功能性、制度性与价值性政务流程再造等三种层次类型,按照政务流程的特性将政务流程再造划分为岗位政务流程再造、岗位间政务流程再造、层级间政务流程再造、部门(职能)间政务流程再造、区域间政务流程再造和平台间政务流程再造等结构性层次。在案例研究设计与研习报告示例部分,通过对再造车辆购置税征管流程的需求分析,并结合价值层次、制度层次与功能层次考察了再造车辆购置税征管流程的可行性和实现路径,探讨了对实施车辆购置税征管流程再造的要点与思路。

第一节 研习指导

一、情景设问

材料一

迈克尔·哈默是一位享誉管理学界的当代著名学者。他的"再造"思想迄今都对管理实践有着巨大的影响。他曾针对西方企业管理中存在的问题提出了业务流程再造（business process reengineering，BPR）的理论与方法。在《企业再造》等书籍与文章中，他指出尽管现代企业家都很关注管理问题，但以往的管理活动实质是在假定外部环境是既定的、可预见的条件下进行的。他们把企业内部管理结构设计得很详细，把整个业务流程分解成种种任务，而试图让各个部门更加专业化地去完成各项工作。但其结果往往是组织架构越来越复杂、规模越来越臃肿，内部管理却越来越僵化了。即便引入一些自动化技术，许多企业仍未能真正改善其绩效。究其原因，这种管理模式只不过是在亚当·斯密所指认的分工制的基础上做了一点修补。其思维方式与理念仍停留在19世纪的水平上，甚至走向了亚当·斯密所预见的方向的反面。其中，一个关键性因素就是忽略了流程管理问题。被人为拆解的各个环节，不得不依赖更多人去接续，由此所导致的庞大而繁杂的管理体系，越来越不适应快速变化的新时代。他认为"在当前的'3C'（custom、compete、change，顾客、竞争、变化）世界中，以任务为导向安排工作岗位的做法已属过时。取而代之的是，公司应以流程为中心去安排工作。"①

那么，如何才能真正改变思维方式、转变管理思路，实现"以流程为中心去安排工作"的目标呢？他提出要进行"企业再造"，即"重新开始"！所谓"再造"不是搞拼拼凑凑，不是搞大杂烩，也不是给现行制度配备应急装置……企业再造的真正含义是要抛弃长时间以来所运用的工作程序，重新探索为使公司推出新产品、新服务，向顾客提供价值所必需的那种经营活动。所谓"再造（reengineering）"就是"针对企业业务流程的基本问题进行反思，并对它进行彻底的重新设计，以便在成本、质量、服务和速度等当前衡量企业业绩的这些重要的尺度上取得显著的进展"②

受"再造"思潮的影响，一批西方企业投入了大量资源，重新设计了它们的组织架构，重构了业务流程。然而，再造的某些结果可能没有理论中所描绘的那样理想，也不是所有企业都获得了成功。一些企业在激进的再造中似乎走样了——管理体系显得支离破碎，流程运行举步维艰。对此，哈默在《企业再造：企业革命的宣言书》的姊妹篇——《超越再造：世界快变下的企业竞争力策略》一书中，一方面承认了理想与现实之间的差距，另一方面提出了一些新的想法与思路。他指出公司走向以流程为中心并不创造或发明它们的流程，流程早已独立地存在，只是没有受到应得的注意和尊重。③因此，不仅仅要重新设计企业的生产和经营流程，建立起与之相适应的规章制度与组织结构，更要重视"人"的作用，人才是"业务"及其"流程"的根本。要让曾经脱节的流程连贯起来，就要倾听"来自第一线的声音"，让流程贯穿于研发、生产、仓储、销售与售后服务等活动的全过程。这是通向以"流程为中心"的管理的必经之路。

不可否认，哈默的观点是激进的，但也是极富创见的。他激励了更多企业去重视流程，

---

① （美）哈默，钱皮.企业再造：企业革命的宣言书[M].王珊珊，胡毓源，徐荻州，译.上海：上海译文出版社，2007：20.
② （美）哈默，钱皮.企业再造：企业革命的宣言书[M].王珊珊，胡毓源，徐荻州，译.上海：上海译文出版社，2007：24-25.
③ （美）哈默.超越再造：世界快变下的企业竞争力策略[M].沈志彦，孙康琦，楚卿子，译.上海：上海译文出版社，2007：10.

重视顾客的需求,重视发挥"人"的作用,从而真正地把握了信息化这个时代潮流,率先迈入了21世纪。这令哈默无愧于"企业再造之父"的称号!

材料二

从2014年起,一场被称为"多规合一"的改革,正在神州大地上紧锣密鼓地进行着。这年8月,国家发展改革委、国土资源部(现称自然资源部)、环境保护部(现称生态环境部)、住房城乡建设部联合发布了《关于开展市县"多规合一"试点工作的通知》(发改规划〔2014〕1971号)。该通知指出,为解决市县规划自成体系、内容冲突、缺乏衔接协调等突出问题,国家发展改革委、国土资源部、环境保护部、住房城乡建设部等部委将联合开展市县"多规合一"试点工作。试点工作将在广东省广州市增城区、广东省四会市等28个市县展开。试点工作的主要任务是,探索经济社会发展规划、城乡规划、土地利用规划、生态环境保护等规划"多规合一"的具体思路,研究提出可复制可推广的"多规合一"试点,形成一个市县一本规划、一张蓝图。①

其实,在此之前"多规合一"的试点工作已经在某些地区进行了先行试点。例如,山西省于2013年就开始以全省11个设区市的中心城市或市辖区为先行试点,推进城市规划"五规合一"。所谓"五规合一"就是指将国民经济和社会发展、城镇规划、国土规划、产业规划、环保规划的核心要素进行重组和整合,用以解决现行规划体制下各种规划各自为政、目标抵触、内容重叠、项目重复建设以及管理分割、指导混乱等系列问题。②

从"五规合一"到"多规合一",我们可以看到改革的力度正在不断加大。如今,许多地区正在以"多规合一"改革为推手,大力推行政务流程再造。上海市提出要结合前期100项业务流程优化再造事项试点的情况,全面推进政务流程的革命性再造。③

二、问题与思考

1. 业务流程再造的核心思想是什么?
2. 推行"多规合一"与行政审批流程再造有什么关系?
3. 实施政务流程再造的一般步骤是什么?

三、研习步骤建议

1. 确定研究对象。

---

① 中国政府网.我国在28个市县试点"多规合一"[EB/OL].(2014-12-06)[2020-02-02].http://www.gov.cn/xinwen/2014-12/06/content_2787509.htm.

② 中国政府网.山西试点推进城市规划"五规合一"以解决各自为政[EB/OL].(2013-11-12)[2020-02-02].http://www.gov.cn/jrzg/2013-11/12/content_2525718.htm.

③ 上海市人民政府网.上海市人民政府办公厅关于以企业和群众高效办成"一件事"为目标全面推进业务流程革命性再造的指导意见(沪府办〔2020〕6号)[EB/OL].(2020-01-22)[2020-02-02].http://www.shanghai.gov.cn/nw2/nw2314/nw2319/nw10800/nw39221/nw48505/u26aw64069.html.

2. 描述流程现状。
3. 分析实施再造的需求。
4. 提出实施政务流程再造的策略与一般步骤。

四、研习报告要求

1. 本作业可采用小组的形式完成,每组不超过 5 名学生。小组成员必须分工明确,各有侧重。
2. 研究报告的名称由"对象名称＋政务流程再造"构成。
3. 研究对象可以第 1～5 章的选题为基础。
4. 研究报告的主要内容应为流程的现状描述,结合价值层次、制度层次与功能层次的再造要求,讨论对其实施再造的要点与思路,以及实施再造的一般步骤。
5. 建议 9 个学时。其中理论与案例讲授 3 个学时,学生自主调研、形成报告 6 个学时。

第二节 "再造"思想的发展与流程再造的一般方法

流程会随着内外环境的变化而变化,既要保持流程的可靠性、稳定性,又要不断改善流程以实现价值增值,这一问题始终贯穿于组织的运行过程。随着信息社会的到来,"互联网＋"思想的兴起,流程再造思想付诸实现的可能性、可行性和可操作性越来越强。

一、"再造"思想的发展

流程优化、流程再造思想的形成与发展,与现代信息技术的支持密不可分。但是,在实践中那些纯粹依托信息技术来开展流程优化效果总是不太理想,而使得学者们又提出了"再造"思想与理论。然而,在《超越再造:世界快变下的企业竞争力策略》一书中,哈默为何不满足于现状,开始强调"人"的作用呢?

哈默等人在考察一些公司再造实例的时候发现,信息技术有时候非但不能优化流程,反而会固化旧有流程,而引起更多问题。例如,利用电子公文流转系统来处理公文,按照信息系统的特性,一份电子文件几乎可以在同时间传递给多个工作人员及其部门领导。然而,在"多头领导"的情况下,有时会出现有少数领导未及时批阅完全部文件,基层单位不敢有所行动的情形,有时又会出现所有领导都认为这份公文与自己无关而未做批示的情形。这反而降低了办文效率。在起草公文环节,有时又会出现这样的状况,"谁也不清楚,流程的起点,究竟是谁?"的问题。操持流程"输入"的,究竟是科室中负责草拟公文的具体执笔人,还是发布该任务的单位领导人? 不同的理解,会关系到如何让流程顺畅地走下去的问题,这实际上关系到"责任"问题,更关联到问责制的落实问题。

以上是在应用环节出的问题。其实,在导入办公自动化系统的时候,我们就遇到过许多更复杂问题。例如,通过引入办公自动化系统,一个组织开始积累电子化数据。然而,随着数据量的激增,若干岗位的效率提升了,但是整体效率并未得到提升。对一些岗位来说,"电脑成为高级打字机"。对此,一些部门的解决措施就是设置一名信息主管或信息员,由这名工作人员负责电子化文档,其他工作人员则按部就班地完成任务,即所谓的"双轨制"。还有些单位照搬了首席信息官(chief information officer,CIO),或首席知识官(chief knowledge officer,CKO)制度,试图通过传统模式来加强数据与信息管理。无论哪种做法,实质上都是在没有精简工作岗位、优化流程的情况下,增设了信息管理岗位,其结果只能是导致"结构性膨胀"等新问题。不仅如此,我们知道计算机等设备是有使用年限的,通常超过 6 年其实用价值就会衰减许多。经费投入了,但问题没有解决。因此,有西方学者将这种情况形象地比喻为"IT 黑洞"。这是美国经济学家罗伯特·索罗(Robert Solow),早在 1987 年就提出的著名观点。他指出从 1973 年开始到 20 世纪 80 年代后期,政府、企业将大量资本投入信息化项目建设,"到处都看到计算机,唯独在生产率统计中看不到",资金仿佛被投入一个无底的黑洞(black hole),不知道什么时候是尽头,收益到底在哪里……

可以说,理论与现实之间的巨大落差,使得学者们不得不反复审视自己的理论,力求更贴近事实、贴近现实问题。由此,再造理论在实践中也大致经历了若干次"再造"。

(一)从侧重战术层的再造到战略层的再造

最初的业务流程再造理论,往往侧重于战术层次,即冀望于通过一线操作流程上的改变,来改善企业绩效。可以说这只是一些"低层次"的再造,对于一些规模适当,无需太大协调力度的组织或项目来说,有其可取的一面。但对于复杂的、大型组织,部门与部门之间、环节与环节之间协调层次多,难以保持步调一致,实施再造若无法获得更高层次的全力支持,其结果可能比之前情况还要糟糕。经过反思,一些学者指出战略层的支持是至关重要的。这不仅能给业务流程再造提供方向上的指导,更能优化组织资源以支撑再造的实施。因此,流程再造应设定战略性的高度,通过加强顶层设计等办法,来支撑再造项目的顺利实施。

(二)从局部流程的再造到整体效能的再造

侧重于战术层次的再造,还有一个问题就是没有削减中间层次。即便是公司企业,庞大的中间层次也会越来越官僚化。因此,业务流程再造不能仅仅作为个别部门、个别项目的一个临时整改措施来对待,而应当从整体管理的高度上,来实施再造,即以提升组织的整体效能为目标来实施再造。哈默曾指出业务流程将成为 21 世纪企业的核心能力,成为一种企业的决定力量。从这几十年来的实践看,这是一个有着高度预见力的判断。如果说,工业时代许多企业都抱着建立百年不变的大企业的心态来实施组织管理的话,21 世纪的事实告诉人们缺乏应变力的组织已经无法生存于当今世界了。所谓组织效能再造,就是要不断变革管理生产作业方式和经营方式的能力,对组织的各种能力进行再造,从而保持持续竞争优势来使绩效获得显著性提高。

(三) 从操作流程的再造到思维模式的再造

哈默提出要关注"人"的作用,就是注意到思维模式对组织再造的影响。从那些失败的业务流程再造项目看,传统的思维模式对再造的实施会产生很大的负面影响。思维定式和以往的成功经验,往往会束缚人的手脚,而不敢于改变现实的面貌。因此,在以新流程为导向的组织再造实践中,必须加强对全体员工,尤其是高层管理人员的新理念、新思维的培育。例如,随着电子化流程的广泛投入运行,流程后区的工作量将大幅减少。这样位于"后台"的员工,就应当投向流程的前区,参与直接面向客户的服务工作。同时,也要敢于向一线员工授权。让一线员工根据客户的需求,调动甚至统合流程前、后的资源,从而达成再造的目标,这就需要改变旧的思维方式,以全新的思维模式去接受新的业务流程。

(四) 从内部流程的再造到外部网络的再造

在现代社会,一个组织环境适应能力与应变能力,不仅体现于它改造自身的能力,也体现在它与关联组织之间的互动。能否有效影响它的外部网络,让关联方一起围绕客户的需求,同步实施再造,这是再造理论的一个新的发展方向。我们知道,尽管每个业务流程总是要有它的起点与终点,然而它的"输入"与"输出"也总是与各关联方发生着深刻的互动的。因此,来自不同组织的各种业务流程,如果能够有效地汇聚在一起,不断重构对客户需求的理解与认识,为把握好每一个机会而努力。那么,就能极大地提升各方对这个不确定的社会的适应能力,实现整体性的战略优势。这对每一类型的组织,包括政府、企业与社会机构等来说都是同样重要的。

(五) 从被动的再造到主动的再造

思维模式是否正在发生变化,一个重要的标识就是对再造的态度,是等问题彻底暴露才考虑再造,还是防患于未然,主动实施再造。这正如上文所指出的那样,21世纪是一个快速变化的时代。以中国的发展为例,20世纪90年代,在有线电话网络大面积推广的同时,移动电话也在逐步推广。BP机刚取得"新媒体"资格没几年,在手机短信的冲击下,逐渐失去了市场,最终被移动互联网所淘汰。一个组织如果不能积极把握时代的脉搏,把握时代的发展方向,积极主动地实施再造,那么等到问题真正出现的时候,可能已为时过晚。这正如再造思想自身一样,它总是能够不断自我再造,而保持着对现实世界的解释力与洞察力。如今,21世纪也已经过去20年了,流程再造所具有的这一特性,使它充满了思想与实践的魅力而经久不衰。

二、业务流程再造的实施策略与一般步骤

"再造"从理念到实践,人们总结概括出许多种具体方法,例如,全新设计法(clean sheet approach)与系统化改造法(systematic redesign),等等。

对于这些方法的应用,并不存在一个放之四海而皆准的稳固"套路",而是可以根据实际情况进行综合使用,以形成更适合解决具体问题的思路与方法。以政务流程为对象进行再造,可以考虑采取较为温和的方式。这里以业务流程的生命周期法(process reengineering life cycle,PRLC)运用为例,介绍政务流程再造的实施策略与一般步骤。我们可以将之划分为6个阶段来进行。

(一)拟订战略决策

这个阶段的主要任务是开展再造的总体性策划,故常被称为政务流程再造的"宏观建模"阶段。主要是对流程本身及相关因素进行分析、论证。流程是一种极为重要的资源,再造具有重大的战略意义,且有较大的风险,因此,需要有决策层的全面参与。这一阶段的主要工作有以下几项。

1. 建立再造愿景

所谓"愿景"就是指希望看到的情景。建立愿景,就是通过向组织及每个成员描绘可能的将来而创造一个目标,以及实现该目标将带来种种变化,促使全体人员为实现该目标而共同努力。愿景将为全体人员增强归属感,为组织提升凝聚力。也只有每一位工作人员都清楚了愿景的内涵及其实现途径,才能把再造的理念转化为个人为之奋斗的目标与动力。

2. 确保管理层的支持

流程再造是一种对组织管理影响深远的变革。因此,高层管理人员之间,尤其是跨部门管理人员之间必须达成统一的认识,从而促使再造工作能够在不同部门之间协调运行。确保管理层支持政务流程再造,一个重要保证措施就是要让每一位管理人员十分清楚愿景的内涵、目标及其实施途径,并积极向各自的下属传达愿景的相关内容。

3. 挖掘流程再造的良机

业务流程再造的对象往往涉及多个相互关联的部门与业务。因此必须对各种业务在整体战略中的重要性进行评估和分析,从而确定支持战略目标的核心流程。在决定是否再造某一政务流程时,可以从考察下列问题着手。

(1)战略方面

该业务流程需要再造到什么程度才能真正实现总体战略?战略性地改造该流程的可行性程度有多大?例如,充分考察流程再造的愿景与国家推行网络强国战略、实施"互联

网+"行动计划之间的关联。

(2) 管理方面

现有管理制度、绩效考核方法等需要再造到什么程度才能真正支撑战略目标的实现？其可行性程度有多大？例如，充分考察随着"多证合一""多规合一"的推行，相应的政策法规、部门规章将发生哪些变化，这种变化对业务流程再造将产生怎样的影响等。

(3) 人员方面

现有职工的工作能力、技能和文化素质需要进步到什么程度才能真正支撑战略目标的实现？其可行性程度有多大？例如，随着移动办公技术、小程序应用的普及，现有的工作人员是否能适应这一变化？能否利用这些技术提高岗位工作效率，为流程的相关方提供服务等。

(4) 组织结构方面

现有的组织协调功能、团队的使用以及结构的正式程度，需要再造到什么程度才能真正支撑战略目标的实现？其可行性程度有多大？

(5) 信息技术应用方面

现有的信息技术需要提高到什么程度才能真正支撑战略目标的实现？其可行性程度有多大？信息技术是实施流程再造的关键因素之一。近年来，国家在各个领域推出了"互联网+"行动计划，这就需要我们注重把握这一历史性机遇，进一步升级、改造信息技术应用体系。对此，首先要围绕"互联网+"来拟订信息技术应用规划。从最新的技术应用思路与方法出发，重点考虑有哪些信息技术可以进一步提高管理与服务效能，有利于提升公众的满意度，打破部门界限并增进协调。其次，确认再造目标与信息技术之间的关系。例如，随着新一代信息技术的逐渐成熟，组织引入这些新技术将对既有的规则产生哪些冲击等。

4. 拟定流程再造总体方案

在充分了解核心流程以及信息技术环境后，流程再造领导小组下一步的任务就是拟定再造总体方案。方案应与组织的愿景与目标协调一致，明确再造将对组织机构与个人的潜在影响。同时结合前两步的成果，指出流程再造的重点与难点，为制订再造方案打好基础。

（二）制订再造计划

进入再造计划阶段，标志着流程再造工程正式启动。该阶段任务包括成立再造团队、制订工作计划、制定再造目标层次。

1. 成立再造团队

在得到了高层管理者的赞同和支持后，管理层可以委任一个流程再造负责人负责整个流程再造活动的运作和结果。流程再造项目负责人的首要任务是组成一个流程再造工作团队。这主要由各子流程的负责人组成。他们的职责是分析现有的流程，考察流程之间的关系，负责设计和执行新的流程。同时，也可外聘一些有经验的专业人士参与。

实施流程再造必然要删减、归并某些业务环节，这必将影响到众多的利益相关方。因此在着手进行流程再造时，应做好沟通、宣传工作，及时向上级汇报、向同级部门通报，并对本部门所有人员进行必要的有关教育，让大家认识到流程再造的意图。对于可能会精简、调岗的工作人员要及时做出安排，并予以公示。这样不仅可以得到更广泛的支持，还可以起到激发全体人员的创新精神和成就感，减少推进中的阻力，以求共同合作完成流程再造任务。

2. 制订工作计划

流程再造工作团队一项核心任务就是要对核心流程做出进一步的分析，以确定再造实施计划。实施再造之前应当编制一份详细的报告，描述项目的资源需求、预算、历程、日程表以及要达到的目标。可以根据日程表来编制预算报告、资源需求报告等子报告。

工作计划应当清晰明了。例如，在策划一个新流程时，应当描绘出该流程的定义和边界，去除流程组成中模糊内容，明晰流程的权责，为流程再造中进行重新定位提供有利的依据。这就需要结合"跨岗位、跨层次、跨部门、跨区域、跨平台"流程建设的需求来进行设计。同时，应当明确资源的评价和深层次的预算问题，以进一步确认所选定的子流程与其他子流程之间的衔接与协调问题。

3. 制定再造目标层次

组织的愿景与战略目标的实现不可能一蹴而就，流程再造的实施是有一个过程的。因此，要为再造拟订分阶段、分层次目标。在确定流程再造的阶段性目标时，应当树立高水平的"延伸目标"。延伸目标一般以世界一流标准为基础，或是通过行业领导者所设立的"标杆"来确定。例如，在行政审批流程再造中可以参考《质量管理体系 地方政府应用 GB/T 19001—2000 指南》(GB/Z 19034—2008)等国际与国家标准，建立相应的质量管理标准。以"多规合一"制度改革为愿景，以"三证合一""五证合一"为初始目标，逐步向"十七证合一""三十五证合一"，乃至高于"七十证合一"的目标层次逐渐过渡、分层实现。

（三）诊断分析现有流程

诊断分析现有流程是一直贯穿于再造实施过程的重中之重工作。这也是政务流程再造工作团队最重要的工作之一。他们首先要对现有流程进行描述，然后研究可能的方案，还要进一步对备选流程进行分析和试验。这一阶段的主要工作为：记录现有流程，进行流程诊断，分析现有流程的弊端。

1. 记录现有流程

这是对现有流程进行文字性描述，或者说"文档化"的工作。这包括对活动、控制、资源、规则和信息流等方面的描述。其中，最为关键的是对流程各要素之间、相关流程之间相互关系的描述。对此，首先要勾画出流程的大体轮廓，再从服务对象的需求出发，区分好流程的前区、后区，然后按照层次、职能分工、信息流方向等原理，逐步分解成若干个子流程。

2. 进行流程诊断

进行流程诊断时,再造团队的成员应全程跟踪流程的走向,并把握住以下工作细节:一是,清晰地描述流程的制度背景,避免与规章制度冲突。对于切实合理可行的方式方法,又缺乏政策法规依据的,应当及时征求上级意见,可以考虑在小范围内试行,以进一步探究其可行性、可操作性;二是,描述流程的相关方,包括有关的部门、内部和外部人员等;三是,描述组成流程的各要素,如信息系统、岗位职责、场地设备等资源;四是,详细记录现有流程的运行状况,注意把握流程的"卡"点。

3. 分析现有流程的弊端

实施流程再造,不是"为了再造而再造",而是为了解决在常规办法下,如采取流程优化方法,仍无法有效解决的"卡脖子"问题,这才必须施以再造的办法。一般情况下,流程的弊端是阻碍或分离有效工作流的活动和政策,是官僚习气、缺乏沟通以及非增值活动的结果。因此,分析弊端的重点应放在形成现有流程的制度基础,导致不需要的活动、活动中的瓶颈问题以及不必要的官僚步骤等问题的制度障碍,找准流程的"堵塞点"。

(四)设计与试点

实施再造,设计全新的流程要围绕"问题导向"来进行。所谓"问题导向",就是在找准"堵塞点"的基础上,根据要解决的问题来进行制度设计、组织结构设计、技术方案设计等工作。这就是说,在设计过程中既要与组织的愿景、战略目标保持一致,又要尽量协调流程的相关方,综合考虑岗位(环节)设置、物流、工作流与信息流运行方式等细节性问题。在这一阶段,需要再造工作团队的成员有突出的创新精神,敢于打破常规,大胆设计新的流程。这一阶段的主要工作为:拟定设计方案,调整人力资源和组织结构,选择信息技术平台,流程预拟。

1. 拟定设计方案

以"问题"为导向来拟定设计方案,一是要充分释放团队的创造能力,可以运用头脑风暴等方法,使用一些创造性技术和启发性语言去激发新的思维,引导大家产生新的设计思想,敢于提出看起来是十分"激烈的"观点与思路。对于各种观点与思路,要及时进行"文档化"。由于文本表达对逻辑性的要求往往高于语言表达,书写过程有利于化解一些听起来很好,但无法逻辑化的意见。这有利于形成"激进"但可行的流程再造设计方案。

2. 调整人力资源和组织结构

几乎所有的流程再造都把精简人力成本、职能权限与业务环节放在中心位置,这会使原有的组织结构发生极大的改变,而无可避免地触及部门和个人的利益格局。因此,人力资源管理等传统意义上的"实权"部门需要全面配合再造的实施。新的权限分配机制、人事及组织结构,要充分向实际参与流程再造的人员授权,保障他们对流程的控制权,以及必要的业务决策权,并加强事后监控,从而确保新流程的运行不会失控。

3. 选择信息技术平台

信息技术的发展日新月异,对于一般的组织机构来说,不可能总是追求高精尖的技术产品,从技术引入到消化吸收是需要一个过程的。因此,在选择信息技术平台时,要注意适用性、易用性与整合性的标准。所谓适用性就是要从管理与服务的需求出发,运用最符合工作需要的技术。其中最基础、最关键的基本问题有两个:一是能够与旧系统的数据互通,二是能够承载新的业务流程。易用性指技术系统或产品,比较容易上手操作,经过简单的培训,就可以较好地发挥这些软件或硬件系统的效用。整合性指使用的技术产品,不是孤立地参与到日常办公中,而是技术与管理的综合运用。

4. 流程预拟

流程预拟是为了在全面展开再造工程之前,使上级领导及流程相关方能全面了解并掌握新流程的特征、过程、工作分配机制、信息技术结构和系统需求等方面的情况。流程预拟需要模拟新流程的全过程。随着计算机模拟技术的成熟,利用软件系统来模拟全过程,演示与分享给更多参与者,提前让各方了解即将到来的再造场景,有利于调动各方的积极性,为各种变化做好准备。

(五)流程重构

流程设计完毕并通过预拟后,就可以对现有的流程进行真正的重构了。其中,最关键的步骤是要对信息技术平台与人力资源结构执行新的流程。这一步要重点关注向新组织设计方案的平滑过渡、综合改进。这一阶段的主要工作为:信息技术平台投入运行和工作团队重建。

1. 信息技术平台投入运行

流程的再造,不能影响既有业务的运行,尤其是对外服务内容,更不能因此降低质量。因此,承载了新流程的信息技术平台需要率先启用。随着信息技术平台的正常运转,新的工作团队就可以逐次投入到新流程的运作之中,而实现平稳切换。

2. 工作团队重建

这项工作重点在于向新的组织结构过渡,工作内容包括组织重建、人员转岗、工作交替以及职工培训等。要及时让所有人清楚在新的流程设计下,他们日后的工作任务和评价标准。需要指出的是,这个阶段的巨大变化可能会造成人心不稳。因此,需要通过上层领导、再造团队及其他员工之间的不断沟通和交流以缓解压力,释放新流程的能量。

(六)持续改进与评估阶段

新的业务流程开始执行后,需要进行实时监控与相应的评价,确认它与其他管理活动之间的联系是否畅顺,是这个阶段的主要任务,可以通过评估的方式来进行。

1. 评估的内容

一是新流程的表现,包括公众满意度、资源消耗、工作效率等内容;二是信息技术的表现,即故障时间、系统利用率、文件减少率等内容。这些监控的指标不仅有"硬"的指标,而且还有"软"指标的度量,如:职务、活动以及子流程之间的通信深度和广度、效率与设计参数的一致性的度量,等等。

2. 公众需求与流程行为目标的比较

再造后的评估需要确定再造目标的实现程度,也需要将公众的新要求与再造目标相比较,以寻找进一步的改进方向。流程再造与团队的结构、工作人员之间有很强的依赖性,所以应当对新设计的流程进行详细的审查,以确保流程的完整性、精确性和可操作性,考虑评估的结构性因素有助于流程的改进。

3. 与质量改进等管理活动相结合

尽管流程再造的目标与致力于逐步改进质量管理工作的目标有所差别,但在再造工程的最后阶段,即不断更新改进阶段,如果能将引起巨大变化的流程再造运动与渐进性改革的全面质量管理思想相结合,能够有更佳的效果。

第三节 政府再造与电子政务流程再造

一、"政府再造"的兴起

虽然,哈默等人直到1990年才正式提出"再造"理论,但在这之前西方国家就一直处于某种"再造状态"中。20世纪70年代中后期,西方发达国家为应对"滞涨"危机,企图通过改革政府来压缩规模不断膨胀的政府机构,削减财政赤字,平息民权运动,以挽回公众对政府的信任。学术界通常将之称为"新公共管理运动"。

经过十多年的改革,西方各国政府的运行状况确实出现了不小的改变,但仍有许多问题未能解决,最典型的就是财政赤字问题。随着企业再造理论的逐渐成形,学界相应地提出了"再造政府"的口号。以戴维·奥斯本和特德·盖布勒为例,他们于1992年出版了《再造政府——企业家精神如何改变公共部门》一书,提出:"要通过政府再造,建立一个高效率的、对公众负责的和更有回应性的政府。"具体而言,就是要推行大力度的政府改革措施,通过简化行政流程,优化政府组织结构,裁减机构与人员,削减财政开支等办法,实行小政府模式,从而提高政府管理的有效性。几年后,奥斯本在《摒弃官僚制》一书中更为激进地提出了"再造政府"五项战略,即核心战略、结果战略、顾客战略、控制战略与文化战略等。

对于西方学界来说,政府只是众多社会组织中的一种。基于政治与行政二分、"大社会,小政府"等传统理论,人们很容易认可"政府最主要的功能就是完成其法定事项"这样的观点。政府管理的核心内容就是按规则、有效率地完成其管理与服务任务。政府管理过程就是对政府业务管理的过程。因此,所谓"政府再造",就是政府业务流程的再造。再造政府业务流程,只要选准目标,就可以完全抛开既有管理制度的束缚,大胆地去做。例如,拉塞尔·M.林登在《无缝隙政府:公共部门再造指南》一书里,积极提倡"从一张白纸开始"。他给出了这样一个例子。有两名被各种表格、报告折磨得疲惫不堪的林业官,忽然回忆起从前的工作景象:一本森林服务手册小得可以放进制服的衣服口袋,但包含了所需要知道的所有知识。对此,一位官员指出:"为什么每当我们遇到难题时,我们总要增加一些什么——一个报告,一个体系,一项政策——而不去掉什么?"因此,他们决心"从头开始"!从"一张白纸"开始再造!借用这个故事,林登指出不接受已有的条条框框,是再造的前提。再造从技术上来说,就应当"从一张白纸开始",否则再造将失去效力。这样可以令公务员们重新思考一些基本的前提,着重关注最终的用户,而不是现成的手续和规则。同时,再造的实施也应当有一个明确计划。也就是说要明白为什么实施再造,搞清楚再造的目的是什么等问题。此二者的关系可这样来描述:从一张白纸开始帮助员工找到再造的方法,从策略开始的工作方法为员工指明整体目标是什么。① 当然,林登也清醒地认识到,"部门规章过多这一事实可能是公共部门有效再造的最大障碍。"②对此,他高度赞扬了美国前副总统戈尔扔掉"1600页"的联邦采购规章,削减了252000名政府雇员,节省了1080亿美元经费等做法,认为这些都是再造思维的体现,实现了再造理论的某些要求。

随着克林顿政府的上台,1993年美国提出了"国家绩效评估"(national performance review)计划。在此计划的基础上,克林顿政府成立了"政府再造小组"(reinvention team)和"政府再造实验室"(reinvention laboratory)等再造研究与实施机构。其中,政府再造实验室被定义为临时性的指导机构、各种试点改革方案实施和试验的场所。然而,在实际运行中,这些所谓的实验室都"被授权可以规避来自机构内部的规章制度的制约。"③这就是说,克林顿政府所推行的"再造",实质上是以打碎既有的部门规章体系为基础的。无论制订什么规则、拟定什么规章,都必须保证政府的运行过程是透明的,政府所控制的公共资源向企业、向社会无差别开放,这样才能使得公众重拾对政府的信心。由此,开展一场透明而

---

① (美)林登.无缝隙政府:公共部门再造指南[M].汪大海,吴群芳,等译.北京:中国人民大学出版社,2002:133.
② (美)林登.无缝隙政府:公共部门再造指南[M].汪大海,吴群芳,等译.北京:中国人民大学出版社,2002:142.
③ 范时杰."重塑实验室"的历史定位及对中国的启示[J].当代经济管理,2009,(12):88-93.

开放的运行制度改革,成为各国政府最为迫切的"再造"之点。这也是政府业务流程再造获得广泛认可的关键因素之一。

二、政务流程再造的概念与内涵

尽管政府再造理论在它的应用与发展历程中遭到了不少非议,一些地区的实践也没有达到预期的效果,但它面对问题所采取的姿态及其解决问题的思路与方法,仍有许多值得参考之处。许多发达国家在借鉴其理念的同时,推进了业务流程再造思想的应用,而令"政务流程再造"理论与方法逐渐成熟起来。

政务流程再造(government process reengineering,GPR)是政府业务流程再造的简称,主要指运用先进的管理理念和现代信息技术,对现有业务流程及其周边环境持续地进行改造,使之高效快速运转,以更好地服务公众,服务经济,服务社会。政务流程再造是对传统政府管理、社会管理和公共服务方式的改革与创新。它体现了以"公众需求为导向"的理念,是一项涉及多方互动、持续改进的系统工程。

在我国,广义的政务部门包括党委、人大、政协、民主党派、工青妇群团、司法等机关单位以及一些事业单位。因此,广义的政务及其相应的政务流程涵盖面更广,而与西方学界所指认的政府流程是有一定差别的。但是,企业(流程)再造(BRP)作为一种被证实了的、行之有效的管理思想与方法,正是基于它的形成与发展,政务流程再造(GPR)应运而生。BRP中的许多方法,为GPR提供了有益的借鉴。BRP与GPR两相呼应,极大地改变了当代组织机构管理以及公共服务的面貌,而令社会公众成为改革的真正受益者。

(一)政务流程优化与政务流程再造

政务流程再造与政务流程优化都是运用先进的管理技术和创新工作技术来改进(改变)政府业务的方法,但是二者是有明显区别的。

流程优化与流程再造的明显区别在于:优化是基于现有流程的,是对现有流程的改进和提升;再造则是抛开现有流程,面向未来重新设计一个全新的流程,有些时候甚至直指政府结构的变动并要求重构权力结构。

虽然流程再造与流程优化有着显著的区别,但都包含着以下关键的含义。

第一,政务流程优化与政务流程再造都是系统地、综合地改进绩效的方法。它们都需要回答公众需要什么,能实现什么,什么将会受到影响,变化将在何时发生等问题。这些必然冲击领导管理系统、人力资源管理、信息资源管理以及规章制度等。

第二,政务流程优化与政务流程再造都强调工作绩效的显著提高。绩效的提高主要体现在服务成本、质量和速度等作业指标的改进上。

第三,政务流程优化与政务流程再造都是在一定政治环境下发生的。不同的政策导向会渗透到政务部门的各个层次和分支机构,而产生不同的效果。当领导层发生变化时,新的政策可能会妨碍优化或再造计划。

第四,政务流程再造与优化都重视公众和利益相关者。

第五,政务流程优化与再造都强调根据"需要"来确定改革的广度和深度。

总结多年来的实践经验,我们注意到一种以"再造"为根本目标,而以"优化为先行"的模式,正在我国悄然兴起。例如,在行政审批制度改革中,早在20世纪,我国就拟定了改革的大政方针与战略目标,但在具体实施中却是分步逐渐推进的。回顾行政审批流程优化的相关内容,我们就会发现,国家首先试点了"物理上集中的并联审批"模式,然后开始推广以流程优化为核心内容的网上并联审批,紧接着推出了"多证合一"等改革措施。如今,随着"多规合一"改革的实行,政务流程的制度环境将发生彻底性的变革。"再造"猛然将已经来到了我们的身边,并将迸发出强大的改革力量,将彻底改变传统的政务管理模式,实现"互联网+政务服务"的改革愿景。

(二)电子政务与政务流程再造

政务流程再造与电子政务有着密切的联系。首先,政府业务流程的优化与再造需要政务信息技术的支持。正是由于计算机网络和数据库等信息技术的出现,人们才能彻底改造以手工操作为基础的传统政务流程。其次,电子政务的建设与发展也离不开政务流程再造的支持。建构电子政务系统需要清楚地了解业务流程,如果不进行业务流程再造(GPR),建立电子政务流程,那么电子政务就只能将原有流程照搬上网,其效果必然会大打折扣。因此,政务流程再造与电子政务是互为支持的。如果没有政务流程再造,电子政务就会建立在一个低效烦琐的流程系统上,有了政务流程再造,电子政务系统才有坚实的基础。

应当指出的是,我国电子政务的全面推行与政务流程再造理论的兴起几乎是同步的。在电子政务环境中,对传统政务流程的"再造"实际上已经开始了,但是从实际效果看,其广度和深度都很欠缺。数字鸿沟、信息孤岛、IT黑洞等西方国家电子政府建设过程中曾经遇到过的问题,在我国的电子政务建设与发展中同样发生了。过去,我们在"优化"的层面谈政府业务流程问题,实际是为让缺乏流程意识,缺乏规范化、标准化手段的传统政务,在电子政务建设与发展的过程中,逐渐探索出规范化、标准化建设的路径与方法。随着电子政务流程的形成,面对那些长期困扰我们的"卡脖子"问题,就必然要实施政务流程再造。这是实施"放管服"改革的要求,是推行"互联网+政务服务"的必然。

以并联审批流程为例。"多证合一""一照一码"制度能够成功实行,首先,得益于政务信息技术与电子政务技术的广泛应用。没有信息技术的支持,就不可能用"一照一码"来统摄各个领域的行政审批(许可)事项。其次,在并联审批中最常运用的并行流程,严格来说由于其接收信息的具体时间实质是有次序差别的,只不过利用电子政务系统来传送审批信息,其时间差距完全可以忽略不计,而实现了逻辑意义上"完全的"并行。最后,"多证合一""一照一码"制度本身就蕴含着丰富的"再造"思想。由统一的窗口负责接收全部的申请资料,并实行"一次性告知"制度,意味着职能结构将发生重构。如今,以政务服务大厅或行政审批局为枢纽的行政审批流程改革,实际上已经令"申请""审核""领证"与"事中、事后监管"等业务环节之间的关系发生了"戏剧性"的变革。随着"多规合一"的深入推行,中国特色的再造理论与方案呼之欲出。

第四节
政务流程再造的层次类型

政务流程再造按照政务的规范性,可划分为功能性、制度性与价值性政务流程再造。按照流程的结构性,可划分为岗位政务流程再造、岗位间政务流程再造、层级间政务流程再造、部门(职能)间政务流程再造、区域间政务流程再造、平台间政务流程再造等层次。

一、政务流程再造的规范性层次

(一)功能性政务流程再造

所谓功能性政务流程再造,就是对流程运行的技术机制所进行的再造。在当代社会,这就是指以信息技术为基础的政府业务流程再造。在传统政务模式中,为了使被人为分开的各业务环节既能够相互制约,又能保持一定的协调性,就不得不设置大量的交叉重叠岗位与中间层次,以及与之并行的监督体系。随着电子政务系统的成熟,这些业务完全可以政务大数据的形式,利用电子政务流程来执行,从而实现减少非价值性成本、优化简化政务流程的目的。这种以技术应用为特征,通过技术改进来支撑从"跨岗位、跨层级"的流程建设到"跨职能、跨区域、跨平台"的流程再造,即功能性的政务流程再造。

(二)制度性政务流程再造

所谓制度性的政务流程再造,就是以流程所处的大环境为对象,以涉及流程的各种法律、规范等为再造的直接对象。这是政务流程再造与政务流程优化的显著区别之一。政务流程优化也要对流程所处的制度环境进行梳理、整理。但是,流程优化方法往往局限在单个职能部门内,而牵涉的法律规范领域与数量比较有限。而政务流程再造,则要面对更广阔的公共行政与公共服务领域,因而对制度性政务流程再造十分敏感。

这就是说,要为"跨职能、跨区域、跨平台"的流程再造提供制度性的保障,首先就要对既有的制度本身进行再造。从当前的发展趋势来说,就是要通过削减过时的、相冲突的制度规范,为电子政务流程营造符合其时代性的法律规范。例如,曾有许多地方政府将"一门受理、统一收费、限时办结"等行政审批流程运作方式纳入地方性行政规章中,国家将电子政务写入《行政许可法》等,这些都属于制度性政务流程再造的范畴。如今,我国正在推行"多规合一"制度改革,力图通过在厘清"权力清单"与"责任清单"的基础上,实行"一颗印章审批"制来推动行政审批流程再造,这必将掀起制度性政务流程再造的新高潮。

（三）价值性政务流程再造

价值是最高的尺度。无论是政务流程再造的功能性层次，还是制度性层次，总会有其难以详尽的一面。再造思想、技术与方法，既有其超越时代性的一面，也会随着时代的发展而要不断地对其自身进行"再造"。所谓价值性政务流程再造，就是要以为人民服务、以公众为中心、以公众需求等为最高价值，去审视再造的每一细节，包括其前提、过程及其效果等诸多环节内容，从而实现对政务价值链的不断改进。因此，这类流程再造是电子政务流程再造的最高层次。

二、政务流程再造的结构性层次

所谓政务流程再造的结构性层次就是根据一个流程所涉及的范围与层次，来考虑它所要面对的再造要求。这主要包括以下六个方面内容。

一是岗位政务流程再造。这需要不断加强数据与技术平台之间的互联互通，通过加强桌面办公能力培训，增强数据、信息与知识库的支撑力度等方式方法，来提升个人素养与办公效率，从而让"向一线授权"的理念落实到位。

二是岗位间政务流程再造。这需要不断削减中间环节，通过加强横向间联系，营造团队精神等方式，来提升团队的办公效率。

三是层级间政务流程再造。这需要不断削减中间层次，通过打破层级界限，营造扁平化组织等方式，来提升行业领域的管理与服务效能。

四是部门（职能）间政务流程再造。这需要去除不必要的制衡机制，通过改变既有的权利分配机制，大幅度减少审批事项，加强事中、事后监管，建设横向一体化的管理与服务平台等方式，来提升区域内的整体性管理与服务效能。

五是区域间政务流程再造。这需要彻底打破"条块分割"与地方保护主义的影响，在更高层次的价值目标引领下，以实现"全国一盘棋"为目标，共同营建无差别、无缝隙、贯穿服务对象生命周期的公共服务体系。

六是平台间政务流程再造，需要打破信息孤岛，支撑数据与技术平台之间的互联互通，从而为提升个人及团队的素养与工作效率，"向一线授权"的理念落实到位提供有力的保障。

三、政务流程再造的层次关系

对政务流程而言，各种层次的政务流程再造总是同时存在的。但不同的历史时期，会有不同的关注焦点。对改革开放以来我国政务流程管理而言，最初的"再造"是以价值性政务流程再造为主导的。这主要发生于 20 世纪 80 年代。随着社会主义市场经济体制的确立与发展，政务流程所遵循的价值尺度也就相应地发生了变化。其主要表现为：一方面，为人民服务这一最高原则没有变;另一方面,以搞活市场经济,"简政放权"为目标的政务流程组织与管理,构成了近几十年以来的政务流程再造的根本价值尺度。

20世纪90年代以来,现代信息技术的高速发展,特别是以互联网应用为代表的商业与个人信息技术的普及,使得功能性政务流程再造的需求越来越迫切。回顾我国电子政务发展史,从"金字工程"的相继推出,到"政府上网"工程的实施,功能性政务流程再造逐渐成为一个时期的主要需求。从传统政务流程到电子政务流程,政务信息技术应用从无到有、从弱到强,电子政务流程曾经有过一个高速膨胀期。这是一种典型的功能性政务流程再造的结果。随着"互联网+政务服务"的推行,电子政务流程成熟度越来越高,我们注意到从一般电子政务流程到移动政务流程,一个流程的生命周期,即从其形成"输入"到完成"输出",其空间影响范围的激增,却是以其存续时间的大幅减少为条件的。如,一个以小程序(电子表单)为基础的移动政务流程,可以通过微信、微博等社交工具迅速将流程的各方连接起来。但其存在时间,有时候仅有几天,甚至完成一项登记任务,半天就可以结束其使命了。即便是与官方微信微博等绑定的政务小程序,也经常需要升级、变更,而变换着其内在组成方式。由此我们可以看出,一方面,功能性政务流程再造已经取得了相当大的成果,电子政务流程与传统政务流程的运行方式已经发生了根本性的区别,"逻辑上集中,物理上分散"的政务流程格局已经基本成型;另一方面,随着技术引用的普及,各种软硬件设施设备已经深深地与政务流程纠葛为一隅,功能性政务流程再造所能带来的"戏剧性变革"也越来越有限。

制度性政务流程再造成为当前最主要的需求,其最重要的原因就在于,当前电子政务发展面临着诸多"卡脖子"问题,集中表现为部门规章冲突较为严重,相当一部分规章越来越不适应"互联网+政务服务"的要求等。例如,某地区在试点"三局合一"改革时,力图在原食药、质监和工商职能的基础上进行整合,以此梳理市场监管和运行机制,构建大市场大部门监管新体制。但是,工商、质监、食药领域所执行的法规、部门规章兼容性差,遭遇了程序冲突问题。最常见的例子就是在一些审议程序中,工商的要求是:一般案件由基层工商所复制处置,案值30万以上的,需要分局开会讨论;质监的要求是:所有的案子都要经过开会讨论;食药的要求是:10万以上的开会讨论,10万以下的三人合议。这样在"三局合一"改革后,就遇到了标准统一问题。一旦参照某个部门的标准来执行,那么比照另两个部门的既定标准都会被认为存在程序错误问题。这一方面不能满足固有的行政监察要求,另一方面也有较大的执法程序争议风险。

随着政务流程再造的推行,需要通过制度性政务流程再造来解决的问题越来越多,牵涉面越来越广。而各种各样的政策法规、部门规章,将为制度清理整合带来巨大的工作负荷。不仅如此,从政务信息公开到政务数据开放,如何让公司企业、社会组织与普通公众能够无差别地获取政务数据,利用政务大数据公平公正地开展社会服务、社会研究等,如何让信息惠民等现实问题,也需要我们一方面抓紧对新一代信息技术、人工智能的应用研究,另一方面也要超越对技术的简单应用,而要为技术与制度的深度融合创造良好的环境条件。

这就需要我们以"价值"为导向,进行系统性的政务流程再造。具体来说,就是要以为人民服务为根本价值取向,以"问题"为导向,以"简政放权""一窗通办、一次办结""一网通办""全流程服务"等为层次目标,以"申请条件、申报方式、受理模式、审核程序、发证方式、管理架构"等功能性政务流程再造为"抓手",通过制定相应的再造方案与实施指南,将政务流程再造的思想理念落实到位。

第五节
研习报告示例：关于车辆购置税征管流程再造的思考与设计

车辆购置税开征至今已有近 40 年的历史。其征管流程变迁是一个"从无到有"不断变革的发展过程。从"交通规费"到"国税"、从以手工作业为主的征稽管理到现今高度信息化的在线管理服务,这其中蕴含着深刻的"再造"思想。随着数字政府与"互联网+政务服务"建设的深入推进,优化营商环境各项措施不断推出,结合"区块链"等新一代信息技术应用等的发展趋势,车辆购置税征管流程变革将迈向更高的"再造"层次。这可以从"价值性再造""功能性再造""制度性再造"等层面展开分析与思考。

一、研习对象

不可否认,近 40 年来的建设与发展使得车辆购置税征管流程发生了显著的变化。这使得车辆购置税征管效率在信息技术支持下达到了某种"顶峰"。然而,在"一车一证(票)"、比例税率的征管体制下,治理征收对象的各种不规范行为需要投入大量稽查资源,而导致实体机构日常运营成本偏高等问题未能得到较好的解决。因此,面向未来、面向高水平的管理与服务,仍有必要不断变革车辆购置税征管流程及其相应的管理模式。

（一）实体征管机构日常运营成本偏高

车辆购置税作为一种一次性缴纳的税种,就其具体征收方式而言实行"代征制"应当是成本最低的,亦即由车辆销售部门、生产厂家和入境关口海关等代为征收应缴税款。然而,代征制仅在车辆购置附加费时期执行了不到 10 年的时间。至 1994 年,车购费就全部改由车辆落籍地交通部门直接负责征收。其中,为避免海外客商等将海关关税和车购费混淆,增加海关工作的难度,1991 年交通部、财政部和海关总署联合发布了《关于非贸易渠道进口车辆改由进境地交通部门征收车购费的通知》((91)交财字 600 号)。通知规定非贸易渠道进口车辆的车辆购置附加费,改由车辆进境地交通部门负责征收,海关不再代为征收。而在此前,一些征费总额较大、征管任务较重的省(市),已经建立起专职的车购费征管机构、配属了相应的编制,独立开展车购费征收管理、财务管理、票证管理、档案管理和稽查等业务,形成了一定规模的征稽体系。

必须承认,在改变征收环节之前,漏征、少征和挪用车购费的现象比较普遍,"欠费"等"顽症"更难以消除,也存在"分成资金"使用不规范等现象。资料显示,1994 年,全国尚有

170个代征厂家欠费问题没有彻底解决,总欠费额达到4亿元;某省累计欠费达9299万元。而改变征收环节之后,车购费征费收入增长了20%。1996年,全国车购费征收车辆数达到299.1万辆,比上年同期下降了3%,但车购费征费收入却比上年同期增长了2%。其中,内蒙古、黑龙江、安徽、河南、四川、青海等省增长幅度达到17%以上。①

但与此同时,相应的征管成本也逐渐升高。1994年,为充分调动中央和地方两个积极性,交通部颁布了《车辆购置附加费分成资金使用管理办法》。该办法规定,中央与部分地方"按比例分配"车购费征费收入,并规定分成资金应主要用于公路建设项目,原则上不低于应得分成资金总额的70%。其余经费,一是可适当安排场站建设项目,二是可用于各级车购费征稽机构日常运行开支,包括经常性费用开支、专项费等。具体来说,覆盖了票据印制费、办公用品购置费、差旅费、宣传费、服装费、劳动保护费、会议费、车辆和设备购置费、办公及生活用房购建费,以及工资、辅助工资、其他福利和奖励基金等。由此可见,支撑征稽机构日常运行的经费,可达分成资金的30%。

以北京市为例,从1985年至1999年累计征收车购费总额103.6亿元。其中,1994—1996年,征费收入约76.6亿元,高峰时期有104名工作人员在岗。国家统计局公开数据显示,1994—1999年北京城市职工年均收入约为13788元。简单计算可得,每年仅工资支出一项就超过百余万元。若加上其他支出,车购费征稽成本不会低于6%。相比之下,对照部分发达国家和地区的(税收)征管成本率指标来看,英国为1.3%,瑞典和日本为1%,中国香港为0.8%,美国为0.6%,基本都在1%及以下。② 由此可见,车购费由代征制转变为车辆落籍地专职机构直接征收,虽然提高了征收收入,但征稽成本总体上仍然偏高。

2000年施行"费改税"之后,车辆购置税被明确为"国税",征收的强制性、规范性有了显著的提升。但其具体的征管流程,基本沿用了原交通征稽部门搭建的模式体系。近年来,依托"金税工程"、电子税务局等政务信息化项目工程建设成果,车辆购置税征管流程有了显著改善,但在不少细节上仍有较大改善和提升的空间。

(二)打击偷漏缴行为部门间协同困难

由于车辆购置税采用的是主动申报制,一些纳税人法制意识淡薄、对缴纳税费有抵触情绪,因此故意不缴纳或偷漏缴车辆购置税。对此,各级征管机构成立了专职稽查部门(科室),投入了不少人力物力去治理各种不规范行为。但仅仅依靠单一部门自身的力量去打击偷漏缴行为,难以真正做到"应征不漏"。

自施行"费改税"以来,常见偷漏缴行为有以下三种类型。一是套牌车辆偷漏缴税问题。车辆套牌一般指套用他人车辆号牌上路行驶的行为。尽管这是一种违法行为,但是车辆套牌后,可以偷漏缴各种税费,因而总有一些不法分子使用套牌手段来逃避应缴税费。

---

① 数据来源:许如清主编《平凡的十五年——车辆购置附加费征稽工作全记录 1985—1999》新华出版社 2000年版,第125—139页。

② 翁海萍.我国税收成本偏高的因素分析及对策[J].辽宁财税,1999(06):13-14.

打击套牌车辆属于公安交管部门的职责。按照现行《中华人民共和国交通安全法》的相关规定,对于套牌车辆主要是予以罚款处理,罚款额通常不高于2000元。同时,相关法规未明确税务部门具有对套牌车辆行使征缴、处罚等权力。因此,打击套牌车辆的部门间协作往往缺乏持续性。二是"厂内"使用车辆拒缴税问题。所谓"厂内"车辆主要指大型厂矿企业、林牧业单位内部使用的生产经营车辆。这些企业往往以车辆仅行驶在单位内部道路而不必承担"用路者养路"义务为由,拒缴相关税费。兼之上述单位通常保有较大数量和较多类型的车辆,车辆运行路线不固定、保管分散,税务稽查部门难以实地核查每一辆车是否足额缴纳车辆购置税。因而,这些企业往往是漏缴"大户"。三是边远地区应税车辆征缴困难。我国地大物博,但发展不平衡不充分,边远地区的行政管理机构不健全,行政执法成本偏高问题一直困扰着历届政府。边远地区居民数量少,汽车、摩托车和其他生产经营性车辆总量更少,群众自用车辆往往不去申领车辆号牌,也不缴纳各种税费。各部门如果要派出工作人员登门稽核,其成本投入往往比实际征缴到的税费还要高。因此,此类车辆的车辆购置税征缴问题一直未能得到较好的解决。

(三)征税额计算方式复杂推高征管成本

为落实"用路者养路"精神,减少因课税对市场主体产生的负面影响,车辆购置税采用了固定比例税率,而未采用类似于车船使用税的定额税率。具体来说,根据《中华人民共和国车辆购置税法》,车辆购置税实行从价定率的办法来计算应纳税额,亦即应纳税额是按照纳税人实际支付给销售者的全部价款来计算。在实际操作中,车辆购置税应纳税额的确定可分为三种情况:一是按不包括增值税的实际支付价款确定,二是按核定计税价格确定,三是按特殊规定确定。

所谓固定比例税率,就是对同一课税对象,不论其数额大小,实行等比负担。这有利于体现税负的横向平衡原则。比例税率有一定的弹性,在不出台新税种,不提高税率的情况下,可使税收收入随经济的发展和国民收入水平的提高而增加,这有利于体现效率原则。比例税制也有利于调节收入分配,响应国家大力发展经济型汽车,限制高档车的政策。此外,车辆购置附加费曾采用过产品差别比例费率,即对国产车按10%的费率计征,进口车按15%的费率计征,这其实是一种非关税贸易保护措施。但在比例税制下,为保证应税额计算精准,解决计税价格不实、信息滞后等问题,不断推升车辆购置税征管成本。

1. 虚开发票故意压低计税价格问题

在我国,购车发票往往是计算车辆购置税应税额度的常见依据。以往,为规避包括车辆购置税在内的各种税费,车辆购置方与销售方,很容易达成一个共同的利益趋向:虚开、少开购车发票,同时把发票价格略抬高于最低价格,既为购车者少缴车购税,又使得机动车销售商能够隐瞒销售收入,少缴增值税。在这种情况下,纳税人在纳税申报时,提供的申报资料是不合规范的,税务机关即使知道这种情况,但也并无证据予以证实。

2.最低计税价格确定信息不对称

我国作为一个汽车消费大国,市场上的车辆类型越来越多。同一品牌的车辆可能存在着多种不同档次的车型,同一型号的车辆在不同地区的销售价格也可能不同。这就给车辆购置税的车价信息管理工作带来了巨大的挑战,主要表现如下:一是为了保证负税额的公平,车价管理工作就必须认真考察每一具体型号的差异,确定合理的计税价格;二是为了适应汽车市场的发展速度、做好纳税服务,就必须提高确定计税价格工作效率,并兼顾区域间的公平。

考察上述问题的成因,说到底都是部门间协同问题。当然这里所指的"部门间"协同,不只是政务部门,而更在于作为整体的政府机构与企业、社会之间的协同问题。例如,实体征管部门运营成本偏高问题,看似是机构内部事务,但是仔细分析其问题的成因,可以归结为生产经营部门所提供的涉税车辆数据不规范而导致的,亦即征管部门难以对生产经营环节进行税控的问题。因此,解决政务部门与生产经营部门之间的协作问题,是运用流程再造工具破解现实困境的关键所在。

二、研习内容

基于再造车辆购置税征管流程的需求分析,解决政务部门与生产经营部门之间的协作问题,可以通过创建虚拟征管机构、构建虚拟业务平台和打造虚拟服务体系等方式,来全面变革现有的征管模式、改变部门间协作状态。对此,本例通过价值性再造、功能性再造和制度性再造的分析框架,来展现再造车辆购置税征管流程的维度及其实现路径。

(一)价值性再造

近年来,为积极推进国家治理体系和治理能力现代化,从中央到地方高度注重数字政府建设,不断推进"互联网+政务服务"、推出了多种优化营商环境的具体措施等,为车辆购置税征管流程乃至征管模式再造奠定了价值基础。因此,对于车辆购置税征管流程再造来说,首要的就是国家治理体系和治理能力现代化建设理念,进一步提升"治税"理念。这意味着,在数据碎片化、服务移动化的时代,区别于传统电子政务建设思路与方法,各级政务部门不仅要致力于解决系统分散化、数据碎片化和服务裂解化等问题,更要以整体化的姿态,让人民群众将碎片化时间利用起来,去获取各种各样高质量的政务服务。

具体来说,一是再造"数据治理"理念,即实现由"用数据治理"向"对数据治理"转变。所谓"用数据治理",实质是将"数据"作为一种工具来使用。这是一种以政府管理为出发点,对与社会公共事务相关或涉及公共利益的数据资源和数据行为的治理思路。例如,关注政府数据的开放和共享、互联网内容治理等问题。"对数据治理"则是将"数据"作为一种对象,一方面要对政府在行政管理中产生或使用的尤其是在信息系统中存储数据的治理,比如政务数据清洗、数据挖掘等;另一方面要将上述政务数据与产生于社会领域的各种数据结合起来,通过公共数据与政务数据的融合、贯通,来助推政府与社会的数字化转型升级,从而实现对社会公众"全方位、全流程"的服务。

二是再造政务服务理念,实现由"公共服务的供给侧"向"公共服务供给侧与需求侧并重"转变。当前,我国的政府职能正从管理型转向管理服务型,利用互联网这种快捷、廉价的通信手段,打造"一站式"政务服务平台,加大"一网通办""一窗受理""一次办好"覆盖范围,全力推进全流程网上电子化审批,打造政务服务"新业态"。政府可以与公众进行双向交流互动,通过信息公开增加办事执法的透明度,同时通过了解社会公众的需求,营造政府机构与公众之间的平等关系,也提高公众的参与度和政策的认可度,有效缓解社会矛盾,体现了以人为本的服务理念。

三是再造流程管理理念,实现"提升内部管理质量"与"提供对外服务水平"的融合。关注政务流程、分析与优化车购税征管流程的实际目的,就在于在政府内部进行纵横间数据的整合共享,推动政府运作由物质空间分散化布局逐步走向虚拟空间整体性布局[①];在政务外部汇聚社会需求,提供公共服务,从而实现政府内部管理的科学化、对外服务的精准化、有效化,最大程度实现公共利益。

对此,可以从"机构虚拟化、业务虚拟化、服务虚拟化"这三个维度来思考再造征管流程和征管模式的可能方式。

1.创建虚拟监管机构

所谓虚拟监管机构,植根于虚拟组织理论与对政府机构虚拟化的构思。虚拟组织是由半永久性的、相互依赖的(部分依赖,部分独立)、地理上分散的组织单元所形成的结构,通过持续的调整其组织形式以对市场需求和信息通信技术的不断变化做出反应,从而提高整体绩效。它具有跨越组织边界、互补的核心能力、知识共享、地理位置分散、参与者的平等性、电子沟通等特点。虚拟组织定义的边界在电子信息技术应用的前提下扩大至管理技术的应用,即在政府部门内部或政府与社会之间建立为解决某一特定问题的富有弹性、反应灵敏的临时性协作的伙伴关系或"动态联盟"。[②] 而虚拟征管机构,就是在虚拟政府中运作,存在于组织间网络以及网络化的计算系统中,可令政府工作人员在电子化方式下一起工作,利用信息技术代替组织某些部分行事或增加组织某些方面影响,具有随时开放、成本低廉、可忽略物理位置和组织边界合作、解决问题不需让人面对面等特点。[③]

基于机构虚拟化实施车辆购置税流程再造,就是运用流程再造工具来整合当前处于分散状态的政务服务项目和系统,以整体化的姿态统合为一个跨部门的、无缝隙的、综合性的一体化平台。其重点是以既有的政务信息流和工作流为对象,通过梳理并打通其中的堵点、痛点,不断延长数据链条,为创建虚拟征管机构奠定基础。具体来说,一是考察其中耗时最多的节点,这往往代表着流程的"堵点"。能否将该节点的工作分解,又或采用新的工

---

① 王孟嘉.数字政府建设的价值、困境与出路[J].改革,2021,326(4):136-145.
② 唐权,谭奕.虚拟政府概念界定研究[J].现代商贸工业,2011,23(21):48-49.
③ 张锐昕.电子政府概念的演进:从虚拟政府到智慧政府[J].上海行政学院学报,2016,17(6):4-13.

作方法来降低时耗，这是运用技术工具打通堵点的常规方法。二是考察消耗资源最多的节点，这往往代表着流程的"痛点"。例如，数据信息无法实现实时交换，而需各部门工作人员手动汇总数据，才能进行信息比对。这就说明现有的政务数据安全管理制度、技术和方法等方面仍有未能理顺之处，因而需要消耗大量资源才能保障跨部门接口的延时接通。三是厘清既有流程的输入点和输出点，考察能否进一步延长数据链条，不断增加政务数据的量级和维度来丰富纳税服务的形式和内容。这不仅有利于在政务部门之间形成完整的数据链，更可以为企业、社会和公民提供安全可靠、精准有效和颗粒度好的数据信息服务，从而真正实现再造车辆购置税征管流程的目的。

2. 构建虚拟业务平台

与虚拟机构相适应，车辆购置税征管业务也可以纳入一个虚拟的业务体系之中。在这样的业务体系之中，车辆购置税的征管业务是作为政务服务整体中的一个环节，存在于管理体系之中、呈现于纳税服务体系之中。从服务于纳税人的视角来看，这样的管理服务体系就是要将关涉到车辆购置、使用等诸多环节的税费缴纳业务，与关涉到车辆购置、使用等诸多环节的公共服务整合到一个平台内，从而实现根据服务对象的生命周期来提供"无缝隙服务"。

基于虚拟业务平台来"再造"车辆购置税的征收管理服务，一是可以按照全周期管理的理念，来促进数据的关联和整合，通过采取自动采集数据、智能校验审核等方式，进一步消除各层级、各部门、各岗位之间的隔阂，从而实现以服务对象为中心的流程再造思路，将当前"数据多跑路、群众少跑腿""只跑一次腿""一件事一次办"等思想理念，进一步提升到"一网通办、数据全流程、群众不跑腿"的高度。二是可以积极落实"信息惠民"的理念。构建集查询、咨询、学习等涉税服务一体化的虚拟业务平台，可通过"移动互联＋人工智能"等方式，来实现车购税征管的"无纸化、全国通、全天候、非接触、实名制、免填单"等业务构想，增进办税缴费便利性，从而全面实现纳税服务的精准化、智能化、集成化。

3. 完善虚拟服务体系

所谓虚拟服务体系，就是以虚拟业务平台为基础的，集虚拟政务服务（业务）与用户自我服务为一体的服务体系。它植根于服务管理理论等思潮，注重"客户主动参与服务生产过程"等思想理念。从服务管理的视角看，在线服务的一个重要特征就是用户的"自我服务"，亦即一个信息系统的用户可以根据系统开发者的程序与界面设计，完成过去需要由服务提供方来完成的工作任务。如今，一些政务服务大厅提供的"自助服务（POS）机"就是这一理念的初级形式。创建虚拟征管机构、构建虚拟业务平台的真实目的，实质上就是要将"客户主动参与服务生产过程"的理念，提升到建立虚拟服务体系的高度上。因此，这样的虚拟服务体系应当有以下特征：一是社会公众可以"足不出户"的获取各种在线政务服务，二是社会公众可以最简洁的操作方式参与公共事务，三是政务部门可以最低的成本完成各项服务管理工作。

从现有的政务信息化基础条件看,我国已投入了大量政务设施设备、采集了大量的基础信息与数据、建立了统一的政务门户网站系统和全国一体化政务服务平台等。根据《第47次中国互联网络发展状况统计报告》显示,截至2020年12月,我国互联网政务服务用户规模达8.43亿,较2020年3月增长21.6%,占网民整体的85.3%。《2020联合国电子政务调查报告(中文版)》显示,中国电子参与水平"非常高",全球排名第9。在成绩面前也必须认识到,仍有两个重要问题亟待解决:一是硬件设施设备的集约化应用问题,二是数据安全与数据利用之间的矛盾关系问题。同时,我们也注意到尽管全国一体化政务服务平台的用户规模庞大,但个人用户能够接受的服务事项仍然偏少、活跃度不高,关涉个人的各种数据仍分散在不同部门,未能更好地利用起来等。

对此,可以考虑结合区块链技术,通过构建以个人门户为枢纽的"大数据"授权平台,来盘活资源、将全国一体化政务服务平台升级为虚拟业务平台,从而将每一位个人用户嵌入到虚拟服务体系。具体来说,就是依托政务区块链技术,将分散在不同系统、不同部门的,关涉企业和公民的数据信息,向全国一体化政务服务平台的"个人ID"汇集。交汇后的数据,由企业法人或公民个人负责管理。当它们需要办理特定政务事项时,就可以授权具体的部门使用相关数据信息。在虚拟业务平台上的办事结果,也可以同步发送到各虚拟机构和事项申请人那里。

根据上述设计思路,具体到车辆购置税政管服务,就可以通过区块链技术建立虚拟服务体系。通过车辆购置税征管数据嵌入统一的数据共享交换平台,以居民身份证号码作为唯一标识,实现涉及政务服务事项的证件数据、相关证明信息等跨部门、跨区域、跨行业互认共享。[①] 基于区块链技术的数据高冗余存储和安全保护,个人可以自由配置数据访问的权限。当车辆购置税征管需要调用个人信息时,可以通过居民身份证号码,直接查询所需的电子证照和相关信息,作为办事的依据。公众自由拥有并控制个人信息,对办税所需的个人身份信息、车辆识别信息、车价信息等数据进行自主授权,从而可以"足不出户"便获取各种在线政务服务,同时以最简洁的操作方式参与公共事务。公众主动参与服务生产过程,政务部门也可以最低的成本完成各项服务管理工作,最大程度实现公共利益。

(二)功能性再造

从功能性再造视角看,为了贯彻落实以人民为中心的理念,汇集社会公众需求,解决系统分散化、数据碎片化和服务裂解化等问题,就需要遵循"对数据治理"的思路与方法,以挖掘政务数据潜能为首要目标,运用大数据、物联网、云计算、区块链、人工智能等新一代信息通信技术重塑组织架构和业务流程,进一步消除各层次、各部门、各岗位间的信息壁垒,从"人人互联"逐步走向"万物智联",推动政务数据、公共数据与社会数据的融合、贯通,从而增强政务部门与社会公众合作的整体性、协同性。

---

① 陈涛,董艳哲,马亮,等.推进"互联网+政务服务"提升政府服务与社会治理能力[J].电子政务,2016,164(8):2-22.

1.面向虚拟征管机构再造"后区"管理

"后区"自身就是一个总体性的虚拟征管机构。它具有支持、监督前区和中区,引导虚拟服务体系和业务平台再造等高级功能。"后区"作为各级各类虚拟征管机构的集合,它不直接面向社会公众,而是以政府内部管理的"再造"为核心目的与目标。其工作的重点就是不断变革既有的政务服务流程,通过构建政务服务模型来完善政务服务链,由此支撑数据中区的创新,最终实现服务体系的"再造"。一般来说,"后区"应具有以下功能:一是采集、存储和分析产生于前区、中区的各种数据信息资料,形成融合政务数据、公共数据和社会数据的大数据体系;二是利用大数据体系监控前区、中区运行,分析影响政务服务效能的难点和"堵点";三是通过"对数据治理"来创新政务服务形式和内容,不断变革政务服务流程。

由此,车辆购置税的实体征管机构与虚拟征管机构的关系,其关键问题在于如何将实体性组织机构及其相应的职能职责,溶解在"后区"中而成为总体性虚拟征管机构的一个环节。构建虚拟征管机构的重要目标,就是在持续提高征收水平的前提下,通过将核心业务岗位嵌入到总体性机构中,来简化和整合既有的车辆购置税垂直管理体系、一线办税服务机构、区域间协同稽核科室(岗位)、计税价格信息采集工作等,从而不断削减实体机构的编制规模,直至不再需要保留独立的实体性机构。因此,从功能性再造视角来考察车辆购置税虚拟征管机构建设问题,需要重点考虑以下三个方面的问题。

一是采集、处理、分析产生于公安、地税、银行、海关等部门的相关数据,采集公众需求信息,形成政务数据、公共数据和社会数据融合的大数据体系。车辆购置税征管可以利用信息服务平台和功能的可重构性、可复用性等柔性可扩展性特征,推动政府各部门数据的联通、共享、交换和存储[1],将业务分散嵌入到不同流程和环节中[2],提升区域内的整体性管理与服务效能,构建虚拟征管机构。该模式在某种程度上可以改变过去以任务分工和计划控制为核心的流程设计理念,简化行政程序,压缩政府层级,增强政府合作的整体性、协同性[3],实现流程的跨部门化和集约化管理,为民众提供便捷和实惠的服务。

基于对各部门相关数据的采集、处理、分析和联通,形成一体化的虚拟征管机构,可实现业务分类和归集、"一表通办"。由此,应税车辆可以在落籍注册或办理过户时一并缴纳车辆购置税,也可以由机动车销售商或生产厂家进行代扣代缴,或在纳税人办理交通安全强制责任险时一并缴纳。从而通过改变既有的权利分配机制,去除不必要的制衡机制,大幅度减少审批事项,进而加强事中、事后监管,提升整体性管理与服务效能。

二是监控后台化,亦即利用大数据体系监控前区、中区运行,分析影响政务服务效能的难点和"堵点"。"后区"可以对前区和中区进行监控,更好推动业务流程的融合和贯通,实现岗位政务流程的再造。近年来,车辆购置税税源流动性不断增强,而传统监控手段主要依赖于国税部门的内部监督、审计部门的专业监督,征管环节单一,自身监控手段有限,自

---

[1] 张君.智慧社区建设中存在的主要问题及对策[J].中国经贸导刊,2017,858(11):79-80.
[2] 李国青,李毅.我国智慧社区建设的困境与出路[J].广州大学学报(社会科学版),2015,14(12):67-71.
[3] 郭宁宁.整体性治理视域下数字政府建设的协同困境与整合策略[J].安徽行政学院学报,2021,62(2):29-36.

动化、全流程化不足。通过数据化的后台监控,可以加强对现有信息资源实现跨地区、跨系统的整合利用,推进信息共享,大幅度削减内部制衡成本,落实"向一线授权"的理念。通过在全国范围内搭建车辆购置税综合控管平台,共享各省机动车车辆信息,实时掌握销售收入情况,开展比对、分析、评估、协查,从而有效加强税源监控管理。同时,能够增强车辆购置税信息资源与公安、地税、银行、海关等部门横向连接,促进与系统外数据的交换,高效利用社会公众网络资源,形成完整的税收监控网络系统,提高信息资源利用率。

三是通过"对数据治理"来创新政务服务形式和内容,不断变革政务服务流程。车辆购置税征管可以通过继续简化、精简办事环节,不断向"一线放权",实现部门(职能)间政务流程再造,实现从"数据多跑路、群众少跑腿"到"数据全流程、群众不跑腿"。车辆购置税的征管可以利用现有信息平台,支撑数据与技术平台之间的互联互通,建设横向一体化的管理与服务平台,如推行网上申报和远程征税系统,充分利用信息化搭建的平台,将车辆购置税征管机构与汽车销售企业进行数据共享和连接。车主进行网上咨询、网上申报,汽车销售企业反馈的应税车辆缴税信息传递给车辆购置税办税大厅审批。办税大厅的工作人员复核相关信息和应纳税额,无误后点击审批权限,通过电子身份证和人脸识别核实纳税人基本信息,从而实现"不见面审批""无需跑腿"的审批模式。远程征税系统的推广,将大大减少纳税人来车辆购置税办税大厅的数量,极大缓解办税大厅承载的办税压力,同时也可方便纳税人购车后迅速办结车辆购置税的缴税事宜,极大地方便纳税人办理车辆上牌手续,减少纳税人的纳税成本和时间,为纳税人提供优质规范、公正透明的纳税服务,也降低了征纳双方成本。[①]

2.面向虚拟业务平台创设"数据中台"

"数据中台"从本质上来说属于"后区",功能性角度来说实质就是"虚拟业务平台"。由于它可接入各种社会部门、商业部门的服务事项,因而不完全等同于政务后区。一是可用来连接"前区""后区";二是聚集了各种可直接调用、对比的管理与服务数据信息。

创设"数据中台",通过广泛汇聚和整合各渠道政务服务数据资源,将关涉到车辆购置、使用等诸多环节的税费缴纳业务,与关涉到车辆购置、使用等诸多环节的公共服务整合到一个平台内,为前台各类主题业务、政务服务提供全方位数据支撑和服务,实现根据服务对象的生命周期来提供"无缝隙服务"。

车辆购置税征管系统可以通过数据汇聚,将车辆电子合格证、电子发票、车架号码、计税信息等跨部门、跨层级、跨区域的数据进行清洗、整合、集成和归类,实现政府间数据协同共享完善数据质量管理,提供多样化数据服务。数据中台为前台快速匹配所需能力和资源,提升响应效率,满足应用需求,且后台无须根据新的业务进行过多调整;后台维护时,也不会对前台应用产生影响。[②] 从而打通信息壁垒,推动数据的整合和共享,提高数据利用的

---

① 梅华.我国车辆购置税动态管理模式构建研究[D].华中师范大学,2011:20.
② 明承瀚,徐晓林,王少波.政务数据中台:城市政务服务生态新动能[J].中国行政管理,2020,426(12):33-39,89.

效率。部门之间的相互监督与权力制衡，将在利用"跨部门数据库"来实现，即采用自动比对各部门的业务数据的方式来发现问题、弥补漏洞，不断完善征管业务体系。

3.面向虚拟服务体系再造"前区"服务

政务服务"前区"最主要的功能就是让用户获取最完善、最完整的服务，让社会公众能够便捷地获取多样化的服务内容，体验个性化的"全生命周期服务"。因此，"再造"前区服务实质就是从"信息惠民"出发，改变现有的信息获取模式、办事模式、审批模式，降低社会的办事成本，亦即不要让普通群众为了办理简单的行政事务，也要事先去研究各种规定、流程而成为"业务专家"。用户可以在"前区"以业务分类形式，预置各种服务事项；预载业务链条，根据自身需求，不断激活业务链条上的不同分支。"前区"向"数据中台"发布指令，激活税务、车管、生产商、海关等多个政务部门，以及银行、保险等社会（商业）部门的业务数据与服务。

与虚拟机构相适应，车辆购置税征管业务将被"揉碎"后嵌入到虚拟业务平台之中。所谓"业务揉碎"，就是将传统征管流程中相互支撑、形成一定逻辑关系、次序关系的各环节打散后，与其他业务组合起来，共同执行。例如，车主在购置车辆后，与社会车辆管理相关的各种政务服务事项、商业与社会服务事项就可以全部激活。这可以包括缴纳车辆购置税和车船使用税、购买车辆保险（交强险等）、机动车检测、申领车辆号牌等。例如，用户在4S店购车成功，即自动激活缴税业务，缴税成功即激活车辆检测、申请车辆牌照、机动车辆保险等系列业务。车辆购置税虚拟征管机构可以将车辆购置税征缴的窗口服务延伸至车辆购销场景，如"4S"店等。市民购车后，可由税务代理人（汽车经销商）将加载在电子发票、电子合格证中的数据信息，直接发向电子税务局平台。税务部门通过调用虚拟业务平台中的"后台"数据，自动比对车辆型号、识别代码、发动机号等车辆基本信息、发票信息及计税信息等，即可自动审核纳税人提交的数据信息。审核完毕，系统直接将完税凭证发送至纳税人手机，并同时传递信息至交警部门和企业，车主收到后便可直接进行汽车上牌。利用信息技术进行业务的整合和嵌入，通过虚拟征管机构再造管理"后区"，免去了纳税人跑办税厅的路程，便捷的办税体验也提升了顾客的购车体验。

（三）制度性再造

制度性再造是组织特征和技术之外，数据实现良好治理的重要路径。面向虚拟服务体系建设的制度性再造，需要在政策法规、部门规章、内部规范体系和标准化建设等层面共同发力，为创新政务服务模式提供制度动力和保障。

1.制定相关政策为构建政务虚拟服务体系提供制度动力

政务流程的特性决定了任何一种政务服务形式的普遍推行，都需要得到国家法律法规的认可和保障。政务虚拟服务体系作为政务服务的一种未来形态，带有较强的探索性，也具有一定的风险性。因此，短期内无法以立法的方式来推进它的应用。对此，一是需要利用政策手段,为探索虚拟服务体系的基本规律、构建和运行虚拟服务体系的方式方法等提供"试错"的空间,从而逐步提升虚拟服务体系的可接受性。二是需要通过优化法律法规体系,加强对个人数据获取、信息网络和信息安全、共享信息资源等领域的保护,推动政务数据、社会数据融合,完善数据共享机制,从而为虚拟服务体系扫除制度障碍。三是运用政策手段加大政府、企业和社会领域执行通用数据信息标准和规范的力度,从而保障政务数据流可以及时有效地与企业、社会数据汇通,提升政务流程的延展性。

2. 整合部门规章为虚拟征管机构建设提供机制保障

要实现政府部门的系统、服务和数据的整合,建立虚拟征管机构,需要从组织和制度安排的角度设计各种保障机制。简·芳汀曾指出:"通过整合组织和制度安排的目标,确定交叉点,保持机制的平衡,有利于推行新的信息技术。"① 这就是说,对于车辆购置税政务流程再造而言,在政策空间之下,还需要立足于政府整体建设,通过进一步整合部门规章,注重建立"跨部门规章",以共同的标准规范来消解政务部门之间的隐性壁垒、消除社会数据和政务数据之间的壁垒,从而为构建虚拟征管机构提供保障机制。具体来说,一是要整合各部门的数据信息管理规范,促使各部门的数据信息真正实现同构化。二是要实现各部门的组织架构和岗位职责规范化,使得各部门之间有更为明确的业务接口。三是要打通孤立的资源分配和利用模式,促使各部门的人力、物资和财政等方面资源随业务协同流通,实现资源互补。

3. 加强内部规范体系建设为虚拟业务平台提供运行保障

与整合部门规章、建立跨部门规章相适应,内部规范体系也是超越单一部门,而面向跨部门业务平台的规范体系。作为虚拟业务平台的内部规范体系,一是要保障跨部门数据信息的安全性,通过明确日常安全使用规章制度、细化各项安全和应急防护措施的实施准则、加强信息化知识及安全意识的培训、审批数据和电子文档的安全存储和传输等方式,降低因跨部门数据汇交而导致的安全风险等。二是要保障跨部门接口的稳定性,以制度化的方式,在稳固既有的跨部门协同机制的基础上,不断链接更多参与机构,使得跨部门接口在发展中获得稳定性。三是要保障跨部门人力、物力等资源互补的可持续性,打破传统的基于单一部门的制度激励方式,构建具有跨部门效力的激励机制,增强参与虚拟业务平台工作人员的成就感和归属感等。

4. 充分运用标准化手段固化和推广政务流程再造经验

从建设整体性政府的现实过程出发,实施再造流程通常会由特定地区率先试点。由试点地区在实践中不断将其成功经验固化为"地方性知识",形成地方标准,然后将之推向更广域的范围进行检验,进而形成更高层次的行业或国家标准。

---

① 简·芳汀.构建虚拟政府:信息技术与制度创新[M].邵国松,译.北京:中国人民大学出版社,2004:11.

因此，运用标准化手段将试点地区的地方性知识升华为普遍知识，至少要逐步实现两个层次的目标。一是要在整合特定区域范围内企业、社会团体和政府等方面的数据信息标准，建立统一的接口、平台对接和运行管理标准等，使纳税服务相关数据信息，可畅通的贯穿于区域性的税务、公安、海关、交通管理等部门的业务协同之中，为形成跨行业领域的操作体系奠定基础。二是要将区域性的业务操作规范体系，整编为地方性的业务规范标准，并不断扩展它的应用范围和领域，使之能够在更广阔的地区和行业得到实践检验。三是不断整合实践经验、修正完善各项标准，最终固化为跨行业领域的国家标准。

三、研习结果

再造车辆购置税征管流程，既需要解决当前的征管问题，又要避免既往的征管问题重新出现，还要最大限度地规避可能导致的新风险。因此，运用流程再造方法，打造一种面向未来的征管模式，需要进行翔实的需求分析，考察再造的层次类型。

运用需求分析方法，结合车辆购置税征管模式变迁史可以发现，车辆购置税征管部门在"平移"了原车购费征管模式之后，不断规范征管体系，加大信息技术投入力度，最大限度地堵塞了征管漏洞，稳定了税源并逐步提高了税收收入。而后，又进一步运用区块链、移动政务等技术来简化征管环节，力争降低税收社会成本。但打击偷漏缴行为需要投入大量稽查资源、纳税凭证和档案工作管理量依然较大、实体征收机构日常营运成本居高不下等问题的存在，使得再造车辆购置税征管流程，进一步降低征管成本具有现实需要。

分析问题的成因并探究对策，可以发现政务部门间协同仍有较大的改善空间，企业、社会和政府之间的数据也未能充分共享，征管部门还可以通过向企业授权、合并税务发票、全面推广自助服务等方式，进一步简化征管环节，亦即通过构建"企业服务，政府监管"的纳税服务模式，来解决征管成本过高等问题。因此，再造车辆购置税征管流程是可行而有必要的。

从流程再造的视角看，创建以"企业服务，政府监管"为主要特征的征管模式，可以通过创建虚拟征管机构、构建虚拟业务平台和打造虚拟服务体系等方式，来不断创新跨领域、跨部门的流程体系。虚拟服务体系主要由三个方面的内容构成（见图6.1）。一是企业、社会和政务数据的融合。结合车辆购置税征管的需求来说，就是要在国家基础数据库的支撑下，不断吸纳企业的生产经营数据，通过构建跨部门数据共享系统，为虚拟服务体系构建基础的数据链条。二是政企数据共享，依托虚拟业务平台向企业授权，融合政务服务和企业服务，以面向"同一的服务对象"，亦即各种纳税人、缴费人、保险义务人等提供统一的在线服务。三是构建虚拟监管平台，亦即通过建立跨部门监管系统，实现国税、车籍管理、交通规费征稽等部门的业务融合。

这里所谓"同一的服务对象"是相对"被分裂的服务对象"而提出的。这是指在传统的管理体制下，不仅企业服务和政务服务相分离，各种政务服务本身也是"分裂"的，并造成了服务对象的"身份分裂"。例如，一名购置了机动车的"车主"，在面向不同管理主体时，其身

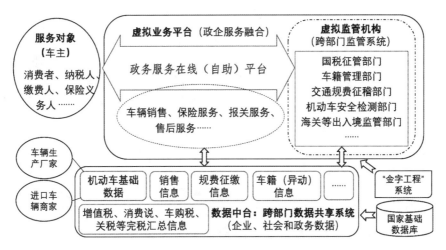

图 6.1　虚拟服务体系示意图

份就会被分裂为消费者、纳税人、缴费人、保险义务人等。每一管理主体在其业务规范中都会设计特定的凭证或证明文件,用以标识管理事项的参与方履行了自己的责任和义务,而使得凭证带有了多重寓意。车辆购置税完税凭证至少包括三重寓意:一是证明车主按规定完成了纳税义务,二是证明征管部门按规定完成了征收任务,三是证明车籍管理等部门按规定完成了协税义务。

需要指出的是,在现有的技术条件下,各种管理"凭证"或"证明文书"是不可或缺的。然而,当"凭证"作为多重权力义务实现的象征,自身具有了权威性之后,又会使得各部门围绕"凭证"管理构建起更为复杂的业务体系。这正如我们所看到的,以车辆购置税完税凭证为载体,征管部门设计了一系列的"建档""转籍""异动"等业务。这也是传统纳税服务的"服务"只能从规范征管体系出发,即便运用流程优化等方法,也只能消解部分环节,而无法真正从便捷纳税人出发,去变革整个征管体系的原因所在。

因此,实施车辆购置税流程再造,不仅要解决纸质完税凭证时期,使车主成为各部门之间"信息传递人"的烦琐性,更要改变"车主"作为管理服务对象,成为管理权力制衡和业务协同之间矛盾的"受力点"的困窘状态。这就是说,再造的对象不限于功能性的,更要提升到制度规范设计层面,亦即要在维系必要的权力制衡前提下,以价值再造来引领制度规范创新,从而不断化解业务管理规范化要求与业务办理便捷化需求之间的矛盾。由此,以价值性再造考量为再造车辆购置税流程的逻辑起点,就是要通过"问题导向"来厘清"企业服务,政府监管"模式的真正内涵,为创建虚拟征管机构、构建虚拟业务平台和打造虚拟服务体系等功能性再造梳理关系,为制度性再造明确目的和目标等,从而促使征管流程再造通向更高层次的服务体系再造。

第六章习题

参考文献
Reference

[1] 吉桑尼.漫游:无线互联网的世界[M].王海权,译.北京:中信出版社,2002.

[2] J.佩帕德,P.罗兰.业务流程再造精要[M].高俊山,译.北京:中信出版社,2003.

[3] 迈克尔·哈默.超越再造:世界快变下的企业竞争力策略[M].沈志彦,孙康琦,楚卿子,译.上海:上海译文出版社,2007.

[4] 梅绍祖,James T. C. Teng.流程再造——理论、方法和技术[M].北京:清华大学出版社,2004.

[5] 保让·安德森,等.绘制工作流程图——从入门到精通[M].郎菲,译.北京:中国标准出版社,2010.

[6] 弗朗茨,柯克莫.埃森哲顾问教你做流程管理[M].谭静,叶硕,贾俊岩,译.北京:机械工业出版社,2015.

[7] 戴维·M.克伦克,小厄尔·H.麦金尼.管理信息系统概论——流程、系统与信息[M].赵苹,李焱,姜祎,译.北京:中国人民大学出版社,2016.

[8] 李习彬.规范化管理——管理系统运行设计方法论[M].北京:中国经济出版社,2005.

[9] 孙宗虎,王瑞永.通用管理流程设计与工作标准[M].北京:人民邮电出版社,2006.

[10] 王玉荣,葛新红.流程革命2.0:让战略落地的流程管理[M].北京:北京大学出版社,2011.

[11] 金国华,谢林君.图说流程管理[M].北京:北京大学出版社,2013.

[12] 王胜会.管理流程设计实务[M].北京:人民邮电出版社,2014.

[13] 赵卫东.智能化的流程管理[M].上海:复旦大学出版社,2014.

[14] 王磊.微服务架构与实践[M].北京:电子工业出版社,2015.

[15] 金国华.中国流程管理实践百问[M].北京:电子工业出版社,2016.

[16] 贾福新.事业单位流程设计与管理制度[M].2版.北京:中国劳动保障出版社,2016版.

[17] 邱小平.基于工作流的业务流程管理与优化[M].北京:科学出版社,2018.

[18] 秘祖利.管理就是定制度、走流程、抓执行[M].北京:中国纺织出版社,2018.

[19] 钱晓忠,潘宇峰,倪衡如.社区卫生服务中心规范化管理流程汇编[M].上海:上海交通大学出版社,2018.

[20] 刘刚.微信小程序开发图解案例教程[M].2版.北京:人民邮电出版社,2019.

[21] 覃正.电子政务流程变革[M].北京:科学出版社,2006.

[22] 覃正,郝晓玲,等.电子政务流程按需搭建[M].北京:科学出版社,2007.

[23] 赵豪迈.电子政务中政府模型与建模方法研究[M].北京:人民出版社,2009.

[24] 戴黍,刘劲宇.电子政务管理导论[M].北京:高等教育出版社,2011.

[25] 甘仞初.电子政务系统的体系结构[M].北京:机械工业出版社,2011.

[26] 姜晓萍.地方政府流程再造[M].北京:中国人民大学出版社 2012.

[27] 陈群民.打造有效政府——政府流程改进研究[M].上海:上海财经大学出版社,2012.

[28] 张万宽.政府流程再造:理论框架与典型模式[M].北京:清华大学出版社,2013.

[29] 涂子沛.大数据:正在到来的数据革命,以及它如何改变政府、商业与我们的生活(3.0升级版)[M].桂林:广西师范大学出版社,2015.

[30] 程国平,陈韦予,侯振华.智慧政务[M].武汉:武汉理工大学出版社,2016.

[31] 郭俊华.移动政务服务与用户需求——移动政务服务用户接受模型的实证分析[M].上海:上海人民出版,2016.

[32] 刘劲宇,韩莹莹.政务管理实验实训教程[M].武汉:华中科技大学出版社,2016.

[33] 李征坤.互联网+政府服务:开启智慧型政府新时代[M].北京:中国铁道出版社,2017.

[34] 黄福玉,翟云.移动政务[M].北京:中国铁道出版社,2017.

[35] 胡广伟,曹银美.基层政府智慧政务之路 政务服务O2O整合路径与实践[M].北京:科学出版社,2017.

[36] 沈亚平.转型社会中的系统变革:中国行政发展30年[M].天津:天津人民出版社,2008.

[37] 马骏,孙麾,何艳玲.中国"行政国家"六十年:历史与未来[M].上海:上海人民出版社,2012.

[38] 陈天祥,郑佳斯.迈向共建共享新格局:广东探索社会治理创新[M].广州:中山大学出版社,2017.

[39] 颜昌武.公共行政学简明史:以西蒙-沃尔多争论为主线[M].北京:社科文献出版社,2019.

[40] 高培勇."费改税":经济学界如是说[M].北京:经济科学出版社,1999.

[41] 许如清.平凡的十五年——车辆购置附加费征稽工作全记录[M].北京:新华出版社,2000.

［42］ 财政部国库司.粮库建设资金 车辆购置税交通专项资金实行财政直接拨付管理制度释义[M].北京:经济科学出版社,2002.

［43］ 董秀薇.IT环境下税收征管业务再造[M].北京:中国税务出版社2005.

［44］ 国家税务总局流转税管理司.车辆购置税和机动车辆税收"一条龙"管理教程[M].北京:中国税务出版社,2006.

［45］ 国家税务总局货物和劳务税司.车辆购置税政策和征管业务指南[M].北京:中国税务出版社,2020.

与本书配套的二维码资源使用说明

  本书部分课程及与纸质教材配套数字资源以二维码链接的形式呈现。利用手机微信扫码成功后提示微信登录，授权后进入注册页面，填写注册信息。按照提示输入手机号码，点击获取手机验证码，稍等片刻收到 4 位数的验证码短信，在提示位置输入验证码成功，再设置密码，选择相应专业，点击"立即注册"，注册成功。（若手机已经注册，则在"注册"页面底部选择"已有账号？立即注册"，进入"账号绑定"页面，直接输入手机号和密码登录。）接着提示输入学习码，需刮开教材封面防伪涂层，输入 13 位学习码（正版图书拥有的一次性使用学习码），输入正确后提示绑定成功，即可查看二维码数字资源。手机第一次登录查看资源成功以后，再次使用二维码资源时，只需在微信端扫码即可登录进入查看。